高等院校“十四五”规划教材·基础课系列

立德 尚能 笃学 创新

大学体育与健康

（活页式）
图解示范
视频指导

◎主 编 韩 健
◎副主编 马 斌 邓 舒
◎参 编 程晓峰 张 洪 叶 辉 陈 良 刘 洁 邵慧明
蒋志红 谭越阳 彭 严

華中科技大學出版社
http://www.hustp.com
中国·武汉

内 容 简 介

本书根据中共中央、国务院《关于深化教育改革全面推进素质教育的决定》和教育部《全国普通高等学校体育课程教学指导纲要》的精神，坚持学校教育要树立“健康第一”的指导思想，明确了高校体育在素质教育中的地位和我国高校体育教学的目标和任务。本书在编写过程中注重将理论和实践相结合。全书共15章内容，主要包括体育与健康、运动防护以及各项运动等。

本书即可作为高等院校的大学体育教材，也可作为体育运动爱好者入门学习的参考书。

图书在版编目(CIP)数据

大学体育与健康/韩健主编. —武汉：华中科技大学出版社，2022.8(2025.8 重印)
ISBN 978-7-5680-8265-5

Ⅰ. ①大… Ⅱ. ①韩… Ⅲ. ①体育-高等学校-教材 ②健康教育-高等学校-教材 Ⅳ. ①G807.4 ②G647.9

中国版本图书馆 CIP 数据核字(2022)第 153920 号

大学体育与健康 韩健 主编
Daxue Tiyu yu Jiankang

策划编辑：汪 粲
责任编辑：余 涛 李 昊
封面设计：原色设计
责任校对：谢 源
责任监印：周治超
出版发行：华中科技大学出版社(中国·武汉) 电话：(027)81321913
武汉市东湖新技术开发区华工科技园 邮编：430223
录 排：华中科技大学惠友文印中心
印 刷：武汉科源印刷设计有限公司
开 本：787mm×1092mm 1/16
印 张：13.75
字 数：322 千字
版 次：2025 年 8 月第 1 版第 5 次印刷
定 价：59.80 元

华中出版

本书若有印装质量问题，请向出版社营销中心调换
全国免费服务热线：400-6679-118 竭诚为您服务

前言

大学体育课是大学生以学习身体锻炼方法为主要手段，通过合理的体育教育和科学的体育锻炼过程，达到增强体质、增进健康和提高体育素养为主要目标的公共必修课程。《大学体育与健康》以《国家中长期教育改革和发展规划纲要(2010—2020年)》和《国家学生体质健康标准》为依据，结合当前高等学校教育的实际情况和特点编写而成，旨在进一步深化体育教育改革，更新观念，帮助大学生建立正确的健康观念，掌握科学锻炼的方法和手段，养成体育锻炼的习惯，树立终身体育思想，让体育锻炼成为大学生活的一部分。

我国的大学体育课程以教授大学生进行身体锻炼为主要目标，指导大学生科学地参与体育锻炼，以增强体质、增进健康、提高体育素养。目前，各高等院校体育教学多以田径的跑、跳、投和“三大球”“三小球”等运动项目为主，而关于体育欣赏、运动促进健康的本质及培养终身运动习惯的教育引导内容则相对较少，对大学生体育素养、身体健康有很大帮助的功能性训练、体能训练和康复再生等内容也尚未引进体育教学中。为改善体育教学现状，推动高等院校的体育教学改革，促进学生身心健康，弘扬积极的运动观、体育观、健康观，宣传“处处可运动，人人能健康”的新常态健康生活方式。

本书主要讲述了大学生所需具备的各种健康、体育知识，以及常见的各种体育活动锻炼方法。在内容选择上，本书既注重科学性，又讲究针对性和实用性，力求做到精练规范、覆盖面广、通俗易懂、指导性强。

本书共15章，内容主要包括体育与健康基础、体育锻炼与运动处方、田径运动、足球、篮球、排球、乒乓球、羽毛球、网球、健身健美、健美操、体育舞蹈、形体训练、武术、拓展训练等内容，并在最后详细介绍了国家学生体质健康标准。本书内容全面，适合作为高等院校的体育教材，也可供广大体育爱好者阅读。

本书由韩健担任主编，马斌、邓舒担任副主编。参编有：程晓峰、张洪、叶辉、陈良、刘洁、邵慧明、蒋志红、谭越阳、彭严。

本书在编写过程中，参阅了大量的相关书籍，在此一并表示感谢。因为时间紧迫及编者水平有限，书中难免存在不足，恳请各位专家和同学们批评指正！

编者

目录

第 1 章

体育与健康基础

1.1 体育与健康段述

1.1.1 体育概述

1. 体育的含义

体育的概念有广义和狭义之分。体育的广义概念是指以身体练习为基本手段，以增强人的体质、促进人的全面发展、丰富社会文化生活和促进精神文明为目的的一种有意识、有组织的社会活动。它是社会总文化的一部分，其发展受一定社会的政治和经济的制约，并为一定社会的政治和经济服务。体育的狭义概念是指一个发展身体，增强体质，传授锻炼身体的知识、技能，培养道德和意志品质的教育过程；对人进行培育和塑造的过程；教育的重要组成部分；培养全面发展的人的一个重要方面。

2. 体育的分类

体育一般包括学校体育、竞技体育和大众体育三大类。

1）学校体育

学校体育是有目的、有组织、有计划地对学生传授锻炼身体的知识和技能，促进学生身体全面发展，增强体质，培养高尚的道德品质和坚强意志品质的教育过程；是我国体育体系的主要组成部分；是实现我国体育目的、任务的重要手段和途径；是开展全民健身运动的战略重点和基础。同时，学校体育与德育、智育、美育等都是整体教育的组成部分，为培养全面发展的新世纪人才发挥着重要的作用。

2）竞技体育

竞技体育是指为了最大限度地发展和不断提高个人、集体在体格、体能、心理及运动能力等方面的潜力，以取得优异运动成绩而进行的科学的、系统的训练和竞赛。

竞技体育具有以下特征。

(1) 具有激烈的对抗性和极高的观赏性,运动员可最大限度地发挥潜能,以战胜对手。

(2) 具有较强的功利性,运动员为了取得优异成绩而参与竞赛。

(3) 竞技比赛具有国际性,比赛规则国际通用,结果也被社会公认。

(4) 参加竞赛的运动员代表的是一个国家或一个团队,增强了活动的严肃性。

3) 大众体育

大众体育又称社会体育,是指人们以健身、健美、娱乐、保健、医疗、康复等为目的而参加的体育活动。它作为学校体育的延伸,是体育终身化的表现,是人们日常文化生活的重要组成部分。

大众体育具有以下特征。

(1) 健身性。这是大众百姓参加体育活动的主要目的。

(2) 娱乐性。大众体育可使参加者体验到身心的快感。

(3) 自主选择性。参加者可根据自己的需要和实际情况选择活动的时间、地点和内容。

(4) 生活性。大众体育已成为人们日常生活的一部分,并逐渐日常化和生活化。

(5) 余暇性。大众体育是参加者度过余暇的方式之一,是丰富业余生活的手段。

3. 体育的功能

1) 健身功能

体育以身体运动为基本表现形式,这决定了体育的强身健体功能。该功能主要表现在以下五个方面。

(1) 可以改善大脑的供血、供氧情况,促使大脑皮质的兴奋性增加。

(2) 可以改善肌肉的血液供应状况,增加肌肉内的营养物质,促使肌肉有更多的能量储备,以满足运动的需要,提高运动能力。

(3) 可以使人体内的能量消耗增加,代谢产物增多,加快新陈代谢,从而使内脏器官各系统的功能都得到改善。

(4) 可以增强人体的免疫力和对疾病的抵抗力,提高人体对外界环境的适应能力。

(5) 可以防病、治病,推迟衰老,延年益寿。

2) 娱乐功能

体育运动能得到广大社会成员的喜爱,一个重要原因是体育与文化、艺术等活动一样具有较强的娱乐功能。人们在体育运动的过程中能体验到乐趣和快感,因而它也成为人们娱乐的一种形式。

3) 教育功能

体育是学校教育的一个重要组成部分,是教育的一个重要手段和方面。几乎所有国家都把体育作为教育的内容之一。体育在培养人们健康、合理的生活方式,集体主义精神,爱国主义精神,刻苦耐劳、顽强拼搏精神等方面有着重要作用。

4) 交流功能

体育运动是促进人们友谊和增强团结的重要手段,通过体育活动,能够加深人们的情感交流，增加人与人之间的相互了解，改善人际关系，共同创造和谐文明的社会环境。

5）政治功能

从奥运会的发展和近代体育比赛中的许多事情来看，体育和政治有着密切的联系。一方面，体育在为各国外交政策服务方面所起的作用是众所周知的，最典型的事例就是中国的“乒乓外交”，用和平的方式促进中美两国关系的正常化；另一方面，体育在宣传民族自强和爱国主义精神方面所起的政治作用也是不可低估的，在体育比赛中获胜可以提高民族威望，振奋民族精神。

6）经济功能

由于体育是人的活动，特别是体育成为一种很多社会成员参加的经常性活动后，总是在一定的物质消费的基础上进行的，必然要消耗一定的人力、物力和财力。因此，与体育活动相关的服装、器材、装备和体育场地设施等就会随之而产生，体育服务等社会行业必然会出现。

1.1.2 健康概述

1. 健康的含义

根据世界卫生组织（WHO）的解释：健康不仅是免于疾病和衰弱，而且是保持身体上、精神上和社会适应方面的完善状态。该定义将人类健康与生理的、心理的和社会的因素联系在一起，包括以下三层含义。

第一，躯体健康，是指躯体的结构完好，功能正常，躯体与环境之间保持相对的平衡状态。

第二，心理健康，又称精神健康，是指人的心理处于完好状态，包括正确地认识自我，正确地认识环境，及时适应环境。

第三，社会适应能力良好，是指个人能力在社会系统内得到充分的发挥，个体能够有效地扮演与其身份相适应的角色，个人的行为与社会规范和谐一致。

2. 衡量人体健康的标准

近年来，为了便于普及健康知识，世界卫生组织提出了衡量人体健康的 10 条标准，具体如下。

（1）精力充沛，能从容应对日常生活、工作与学习。

（2）处事乐观，态度积极，乐于承担责任，与人和谐相处。

（3）善于休息，睡眠质量好。

（4）应变能力强，能适应各种环境的各种变化。

（5）对一般感冒等传染性疾病具有一定的抵抗力。

（6）体型匀称，体重适当，身体各部分比例协调。

（7）眼睛明亮，思维反应敏捷。

（8）牙齿清洁，无损伤、无病痛，牙龈无出血。

（9）头发光泽，无头屑。

(10) 走路轻松,肌肉、皮肤富有弹性。

3. 影响健康的因素

健康由多种因素互相影响、互相制约。一个健康人的身体机能及其工作环境都处在一个相对平衡的状态,如果这种平衡被破坏,就会影响到人体健康。

世界卫生组织在 1988 年宣布,每个人的健康 60% 取决于自己,15% 取决于遗传,10% 取决于社会因素,8% 取决于医疗条件,7% 取决于生活环境和地理气候条件,并且强调要加强健康教育、健康保护、健康促进,提倡自我保健。这种新观念要求人们把注意力由偏重于治疗转向积极地预防和保健,由依赖医生转向自己把握健康的命运。

4. 亚健康

亚健康状态又叫“第三状态”或“灰色状态”,是介于健康和疾病之间的一种状态,是指机体在内外环境的不良刺激下引起心理、生理发生异常变化,但尚未达到明显病理反应的状态。

1) 亚健康的表现

亚健康在临床上常被诊断为疲劳综合征、内分泌失调、神经衰弱、更年期综合征等。它在生理上的表现为:疲劳、乏力,活动时气短、出汗和腰酸腿疼等;在心理上的具体表现为:精神不振、情绪低落、反应迟钝、注意力不集中、记忆力减退、烦躁、焦虑和易惊等。

2) 亚健康的原因

结合大学生的特点以及相关因素,造成亚健康的主要原因有以下几个方面。

(1) 学习与就业压力大。目前,大学生学业负担较重,学习压力大,加之社会就业压力很大,很多学生又缺乏正确的就业观念,对自己的前途感到很渺茫,容易产生心理负担,最终导致亚健康。

(2) 心理因素。心理素质的脆弱与个性缺陷是大学生出现亚健康的心理因素,往往引发相应的亚健康状态。

(3) 生活习惯不良。大学生的亚健康状态与个人生活习惯直接或间接相关。

3) 亚健康的预防

从本质上说,亚健康与不良生活及行为关系密切。我们可通过以下几点预防亚健康。

(1) 要有健康的心态,不要过分固执和以自我为中心,不要自寻烦恼,要宽容和忍让,保持平和的心态。

(2) 养成良好的作息习惯,注意劳逸结合,一般都要保证每天 8 h 的睡眠,这样才能消除疲劳,使精神和体力得到好的恢复。

(3) 切忌不良嗜好,纠正不良行为,如吸烟、酗酒等。

(4) 要定时定量地吃饭,膳食营养搭配合理。

(5) 积极参加体育锻炼,多进行户外运动。

1.2 体育与身心健康

体育与健康是两个不同的概念,但它们之间又存在着内在的必然联系。我们可以从体育与健康各个要素的关系来思考体育与健康的关系。

1.2.1 体育锻炼可以促进个体身体健康的发展

体质是指有机体在遗传变异和后天获得的基础上所表现出来的综合的、相对稳定的特征。它是人的运动能力、劳动工作能力乃至全部生命活动的物质基础，而体育锻炼是增强体质的最直接、有效的手段。良好的体质是促进身体健康的有效保证。

1. 体育锻炼能够促使人健康发展

骨骼的生长发育需要不断地吸收营养物质，体育锻炼能促进血液循环和增加对骨骼的血液供应，同时，体育锻炼中的各种动作，也具有促进骨骼生长的良好刺激作用。通过科学的体育锻炼会使肌肉体积增大、肌肉中脂肪减少、肌肉毛细血管增多等，使身体显得丰满且结实。

2. 体育锻炼可使人体功能得到充分发展

适当的体育锻炼对维持和增强人体活动具有重要意义，长期从事体育锻炼能增强体质并具有延年益寿的功效。国内体育科学研究观察发现，体育锻炼可以提高人体的运动机能和心脏、循环系统的机能。国外科学家还做过一种试验，让健康青年连续躺在床上 9 天，发现他们的心脏循环系统和呼吸系统及新陈代谢的工作能力平均下降 21%，心脏容积缩小 10%。

3. 体育锻炼可以促进人体的基本活动能力

人体的基本活动能力是通过身体素质来描述的。体育锻炼可以提高身体素质，提高基本活动能力。身体素质的好坏是以速度、力量、耐力、灵敏和柔韧等人体机能的综合能力作为标准的。

1）速度素质

速度素质是指人体快速运动的能力，是人体身体素质中最基本的素质之一。体育锻炼可使人体对外界刺激的反应速度加快，并使人在较短的时间内完成指定动作。

2）力量素质

力量素质是指人的机体或机体的某一部分肌肉工作(收缩和舒张)时克服外界阻力的能力。力量素质在体育运动中最为重要，没有力量素质作为基础，任何体育运动都不可能完成。日常的体育锻炼和专门的练习可以显著提高肌肉力量，有利于更好地学习、生活和娱乐，使人体受益终生。

3）耐力素质

耐力素质是指人体长时间活动或对抗疲劳的能力，是反映人体健康水平或体质强弱的一个重要标志。进行体育锻炼可发展肌肉耐力和全身耐力，提高心肺功能。

4）灵敏素质

灵敏素质是指在外界刺激突然变换的条件下，人体能迅速、准确、协调地改变身体运动方向和位置的能力。它是人的运动技能、神经反应和各种身体素质的综合表现。进行体育锻炼可较好地发展灵敏素质，如体操、武术、滑冰、球类运动等都是发展灵敏素质的有效项目。

5）柔韧素质

柔韧素质是指人体在运动时各关节的活动幅度和范围，以及肌肉和韧带的伸展能力。柔韧素质由 3 个因素决定，即关节的骨结构，关节周围组织体积的大小，关节的韧带、肌腱、肌肉和皮肤的伸展性。体操、艺术体操、武术、跳水和田径运动等项目可较好地发展人体的柔韧素质。

1.2.2 体育锻炼可以促进个体心理健康的发展

体育锻炼既是一种身体活动，也是一种心理活动。因此，体育锻炼不仅有助于身体健康，而且对心理健康也有着积极的作用。体育锻炼对个体心理健康的作用主要表现在以下五个方面。

1. 体育锻炼有助于改善情绪体验

情绪状态的调控能力是衡量体育锻炼对心理健康影响的最主要的指标。个体在复杂多变的社会环境中，常常会产生紧张、压抑、忧虑等不良情绪反应，体育锻炼可以使个体从烦恼和痛苦中摆脱出来。

体育锻炼之所以能够改善情绪体验，是因为体育锻炼的参加者能体验到运动带来的愉快感。心理学家认为，适度负荷的体育锻炼能够促进人体释放一种多肽物质——内啡肽，它能使人体获得愉快、兴奋的情绪体验。因此，参加体育锻炼，尤其是参加那些自己喜爱和擅长的体育锻炼，可以使人从中得到乐趣，从而产生良好的情绪状态。

2. 体育锻炼有助于培养坚强的意志品质

体育一般都具有艰苦、疲劳、激烈、紧张、对抗以及竞争性强的特点。学生在参加体育锻炼时，总是伴随着强烈的情绪体验和明显的努力。因此，通过体育运动，有助于培养学生勇敢顽强、吃苦耐劳、坚持不懈、克服困难的思想作风，有助于培养集体主义和爱国主义精神，有助于培养机智灵活、沉着果断、谦虚谨慎等意志品质。体育运动使学生保持积极健康向上的心理状态。

积极参加体育课及各种课外文娱活动，有利于学生的身体健康，为其健康的心理发展提供稳固的物质基础，对学生的身心发展能起到积极作用。体育运动能促进身体形态的发育，改善人体机能，提高运动能力，并对提高学生的认识水平，培养良好的情绪和意志品质，形成优良的性格特征起到积极作用。由于体育锻炼是通过学生自己的身体运动而实现的，所以它不仅增强了学生的体质，同时对促进学生的心理健康起到积极的作用。

3. 体育锻炼有助于提高智力

正常的智力是正确感知和认识世界的前提，是心理健康的基础。经常参加体育锻炼，不仅使锻炼者的注意力、记忆力、反应、思维、想象力等得以提高和改善，还可以让人情绪稳定、性格开朗，而这些非智力因素对人的智力具有促进作用。

4. 体育锻炼有助于治疗心理疾病

社会竞争的日益激烈和生活压力的加大会使人产生焦虑、忧愁、烦恼、悲观等不良情绪，这些不良情绪容易导致心理障碍。适当的体育锻炼能使个体获得心理满足，产生积极的成就感，从而摆脱不良情绪，消除心理障碍。此外，通过体育活动，能增加彼此交流，宣泄情感，放松身心；还能完善心理，学习看淡胜负，享受比赛。

5. 体育锻炼有助于形成和谐的人际关系

现代社会生活节奏的加快使人们越来越趋向封闭的状态，从而造成人与人之间缺乏感情交流，人际关系渐渐疏远。体育锻炼可以打破这种封闭状态，让不同年龄、文化素质的人聚集在运动场上，进行平等、友好、和谐的交往，使人们互相产生信任感，从而有效进行情感和信息的交流。

1.2.3 体育锻炼可以提高个体适应社会的能力

体育锻炼是一种具有很强的社会价值取向的活动，可将个体置于群体之中。体育锻炼对于个体适应社会的能力的培养主要体现在以下两个方面。

1. 提高人体适应环境的能力

有体育锻炼基础的人对外界环境适应能力强的基本原因有两点：一是长期进行体育锻炼，增进了健康，强壮了体格，身体的各个组织系统在中枢神经支配下，承受外界刺激和协调各组织系统的能力得到增强；二是从事体育锻炼，往往是在各种外界环境和条件的刺激下进行的，因而使自己机体得到锻炼，适应能力不断提高。

2. 促进社会交往和增进友谊

体育锻炼是一种社会活动，人们在体育运动过程中，不仅能够锻炼身体，而且在各种锻炼活动中可以促进社会交往和增进友谊。所以，“健康”是体育的终极目的。在职业教育体育教学中贯彻“健康第一”的指导思想已经确立，培养学生终生锻炼的意识和习惯，以达到培养大学生德智体美劳全面发展的目的。

1.3 高校体育的内涵

学校是培养学生的场所，强身健体是大学体育教育最基本的目标。科学证明，体育锻炼是进行自我心理调节和增强体质的有效手段之一。高校学生由于经常处于紧张的学习状态，如果适当地参加一些体育锻炼，不仅能起到积极的休息作用，而且还能使学生的身心得到良好的调节。

1.3.1 高校体育的作用

在我国，高校体育既与竞技体育和体育锻炼三位一体，组成完整的体育系统，又与德育和智育有机结合构成学校教育的主要内容。高校体育是一种独具特点和多功能的社会活动方式，它对个体学生和整个社会都有着重大而深远的影响。其作用具体表现在以下四个方面。

1. 高校体育是贯彻社会主义教育方针，培养德、智、体全面发展人才的一个重要方面

在我国，学校培养人才的质量标准和目标是使学生在德、智、体等方面得到全面发展，使之成为有理想、有道德、有文化、有纪律的社会主义建设者和接班人。社会主义现代化建设要求学生既要坚定正确的政治方向，热爱中国共产党，热爱祖国，全心全意为人民服务，又要具备一定的文化水平和专业知识，掌握为现代化建设服务的本事，同时还要有健康的体魄。没有健康的体魄做后盾，难以在现代化建设中发挥应有的作用。

2. 高校体育是发现和培养体育人才，为国家输送优秀体育后备力量的重要源泉

在高校体育教育中，可以及早发现体育苗子，再对其进行系统和科学的训练，使之成为国家优秀体育后备人才。因此，高校体育应该在普及的基础上，重视业余运动训练，并有目的、有计划和有组织地开展业余运动训练工作，使学生掌握基本的体育知识和技能，提高学生的身体素质和运动技术水平，为国家培养体育后备力量。

3. 高校体育是促进学生身心和谐发展的一个重要组成部分

随着年龄的增长，学生自我意识不断增强，个性特征逐渐明显，但是意志品质发展还不稳定，身心不平衡，性格也不成熟。高校体育通过开展多种体育活动形式能有效地帮助学生稳定心理状态，进行自我调整和提高自控能力等。高校体育应重视学生主体意识和兴趣爱好，不断深化教学改革，不断创造新的教学模式和活动内容，有效地促进学生身心的全面发展。

4. 高校体育是提高国民体质水平的一项重要战略措施

青年学生正处于生长发育的旺盛阶段，经常参加适当的体育锻炼，能促进机体的生长发育，提高身体素质，为一生的幸福打下坚实的基础。根据遗传学和优生学理论，一代人身体强壮，能使后代人体质一代胜过一代，从而逐步提高中华民族的体质水平。

青年学生是祖国的未来和民族的希望，青年学生的体质水平是中华民族体质水平的象征和标志。高校体育教育的目标是使学生的身体得到良好的锻炼，体质水平不断提高，同时能培养他们终身参与体育锻炼的良好习惯，使他们总是以充沛的精力、健康的心态和强健的体魄去从事学习和工作。

1.3.2 高校体育教育的目的和任务

高校体育的目的是为社会主义现代化建设培养德、智、体全面发展的人才，使学生的身心得到全面和健康的发展，使其更好地完成学校的学习任务，将来更好地建设祖国和服

务社会。

为了能够达到大学体育教育的目的，高校体育应该完成以下四个任务。

(1) 全面锻炼学生的身体，促进其身体形态结构、心理和生理机能的发展，提高其身体素质和基本的体育活动能力，提高其对外界环境的适应能力。

(2) 使学生掌握体育和健康的基础知识，学会锻炼身体的技能与方法，掌握部分体育项目的基本技术，并能运用所学知识进行自我调控、自我检测和自我评价，为其终身健身奠定良好的基础。

(3) 对学生进行爱国主义和集体主义教育，培养其积极乐观、顽强拼搏和团队合作意识，使其能正确对待个人和集体的成功与失败；树立现代体育意识，把健康与学习、生活和自身发展等联系起来，提高其对体育的兴趣和对体育比赛的欣赏能力，养成积极参加体育锻炼的习惯。

(4) 发展学生的体育才能，提高学生运动竞技水平。学校是培养人才的场所，应在普及体育教育的基础上对部分体育基础较好并具有一定专项运动才能的学生，进行课余的专项体育锻炼，进一步增强他们的体质，为国家培养和输送体育后备力量。

1.3.3 高校体育教学的组织形式

1. 体育课程

高校体育课程是培养高级专门人才的现代教学计划的基本组成部分，是高等院校教学计划中的基本课程之一，是高校体育工作的中心环节，是实现体育目的的基本组织形式。

2. 课外体育活动

课外体育活动一般包括早操、课间操和课后运动三种。它们是体育课程的延续和补充，也是高校体育的基本形式，目的在于增强学生体质，培养学生自觉锻炼身体的习惯，同时可以陶冶学生情操，丰富学生文化活动，发展学生个性，对于完成体育课程教学任务具有潜移默化的作用。开展课外体育活动要从实际出发，因地制宜。

3. 课余体育训练

课余体育训练是指利用课余时间，对部分身体素质较好，并有运动专长的学生进行系统训练的一种专门教育过程，它是学校体育的一种主要组织形式。学生课余运动训练有着目标的双重性、对象的广泛性、时间的课余性、运动项目的专门性与训练手段的多样性相结合等优点。

4. 体育竞赛

体育竞赛主要包括秋季运动会和春季运动会，是学校课外体育的组成部分，是实现学校体育目的的重要组织形式。学校开展体育竞赛，对于检验体育教学和训练效果，交流经验，互相学习，促进运动技术水平的提高有非常重要的作用。体育竞赛能广泛吸引学生参加体育活动，推动学校群众性体育活动的开展，增强学生体质并可以丰富学生课余文化生活，增强学生体育意识，培养学生的勇敢顽强、奋发向上、团结友爱、遵守纪律等优良品质。因此，体育竞赛在培养学生集体主义精神，促进校园精神文明建设等方面发挥着重要作用。

思考与练习

(1) 简述健康的含义。

(2) 简述体育锻炼对个体身心健康的作用。

(3) 简述高校体育的作用。

(4) 高校体育教学的组织形式有哪些?

第 2 章 体育锻炼与运动处方

2.1 体育锻炼概述

2.1.1 体育锻炼的原则

1. 自觉积极性原则

自觉积极性原则指体育锻炼者有明确的健身目标，充分认识体育锻炼的价值，自觉积极地从事体育锻炼活动。体育锻炼是一个自我锻炼、自我完善，并需要战胜各种困难过程。同时，还要有一定的作息制度作保证，把体育锻炼当作生活中不可缺少的一部分，才能奏效。

提高体育锻炼的自觉积极性方法为：树立正确的锻炼目的，把体育锻炼当作是日常学习和生活的自觉需要，激发锻炼的主动性，培养兴趣，当一个人对一项体育活动产生兴趣时，就会对这项体育活动表现出极大的主动性和自觉性。

2. 安全性原则

安全性原则要求锻炼者在体育锻炼过程中要始终注意保护自己，做到安全第一。安全性原则的主要内容包括以下六个方面。

（1）在制订或实施锻炼计划前，一定要进行体检，得到医生的许可。如果患有某种疾病或有家族遗传病史，就需要找医生咨询，按照医生的建议进行锻炼。

（2）在有条件的情况下，请运动医学专家根据个人的体质健康情况制订运动处方，它可以指导人们有目的、有计划地进行安全、科学的锻炼。

（3）每次锻炼前必须做好充分的准备活动，克服内脏器官的生理惰性，防止出现运动损伤。

（4）饭后、饥饿或疲劳时应暂缓锻炼；疾病初愈不宜进行较大强度的锻炼。

（5）每次锻炼后，要注意做好调整放松活动。这有利于促进身体的恢复，以便更好地投入学习中去。

(6) 在锻炼过程中不要大量饮水，以免加重心脏的负担或引起身体不适。运动后不宜洗凉水澡。

3. 循序渐进原则

循序渐进原则是指体育锻炼必须遵循人体自然发展、机体适应的基本规律，从不同的主客观实际出发，合理安排运动负荷，在渐进的基础上提高锻炼水平。

贯彻循序渐进的原则同样要遵循其方法：体育锻炼力戒急于求成，必须根据锻炼者自身的实际情况确定运动负荷的大小，做到量力而行。同时锻炼开始时，重视准备活动；锻炼结束后，做好放松整理活动。

4. 持之以恒原则

持之以恒原则是指体育锻炼必须经常性进行，使之成为日常生活中重要内容。体育锻炼贵在坚持，不能设想在短时间内取得显著效果，必须长久地积累。

要遵循持之以恒原则，应该根据个人能力，确立一个能够实现的体育锻炼目标，不宜太高，制定一个切实可行的长期锻炼计划，逐步养成习惯，使体育锻炼成为生活的重要组成部分。

5. 全面性原则

全面性原则是指体育锻炼必须追求身心全面和谐发展，使身体形态、机能、身体素质及心理素质等方面得到全面协调的发展。体育锻炼能加快新陈代谢，使身体各系统、组织、器官和谐发展，达到身体相对的完善和完美。

要遵循全面性原则，在选择体育锻炼的内容、方法时要尽可能考虑身体的全面发展，一般以一些功效大、兴趣较浓的运动项目为主，以其他项目为辅进行全面锻炼。

2.1.2 体育锻炼的方法

大学生在进行体育锻炼时，不仅要遵循体育锻炼的基本原则，还应掌握正确的锻炼方法，以达到体育锻炼的目的。

1. 重复锻炼法

在运动锻炼的过程中，多次重复同一练习，两次(组)练习之间安排相对充分休息，从而增加负荷的锻炼方法叫重复锻炼法。此方法的关键是一次练习后，间歇时间应当充分，这样可以有效提高锻炼者的无氧、有氧混合代谢能力，提高各种技术应用的熟练性与机体的耐久性。不同的重复次数，对身体的作用就不同，重复次数越多，身体对运动反应的负荷量就越大。如果重复次数不断增加，可能使身体承受的负荷超过极点，乃至破坏身体的正常状态而造成损害。

运用重复锻炼法的关键是掌握好负荷的有效价值(最有锻炼价值负荷量下的心率)，并据此调节重复的次数。通常认为，普通大学生的负荷心率在 130～170 次/min 的范围内较为适宜。

此外，运用重复锻炼法还要注意根据锻炼项目的不同特点和锻炼者不同体质状况随时加以调整，以免机械呆板的锻炼使锻炼者产生厌倦情绪。

2. 循环锻炼法

练习者在练习前，设立几个不同的练习点（或称作业站），并按照既定顺序和路线，依次完成每个练习点的练习任务。即一个点上的练习一经完成，练习者就迅速转移到下一个点，下一个练习者依次跟上。练习者完成了各个点上的练习，就算完成了一次循环，这种练习方法就叫循环锻炼法。

运用循环锻炼法，关键是要按照全面性原则去搭配项目。就大学生而言，锻炼时既要发展四肢，也要发展躯干；既要运动胸背部，又要运动腰腹部；既要追求形态的健美，也需要注意机能、素质的全面发展。为此，必须科学地搭配运动项目。根据已有的经验，一般选择 6～12 个已为锻炼者掌握的简单易行的项目为宜。

3. 变换锻炼法

通过不断变换运动负荷、练习内容、练习形式以及条件，以提高锻炼者的积极性、适应性及应变能力的方法称作变换锻炼法。此方法可以有效地调节生理负荷，提高兴奋性，强化锻炼意识，克服疲劳和厌倦情绪，以达到提高锻炼效果的目的。

4. 间歇锻炼法

与重复锻炼方法一样，间歇的时间也要依据负荷的有效价值去调节。一般来说，当负荷反应（心率）指标低于有效价值标准时应缩短间歇时间，而高于有效价值标准时可延长间歇时间。实践中，一般心率在 130 次/min 左右时，就应再次开始锻炼。间歇时不要静止休息，而应边活动边休息，如慢速走步、放松手脚、伸伸腰或做深而慢的呼吸等。因为轻微活动可使肌肉对血管起到按摩作用，帮助血液流回和排出代谢产生的废物。

5. 负重锻炼法

负重锻炼法是指使用沙袋、杠铃、哑铃等重物进行身体运动来锻炼身体、增强体质的方法。

一般来说，为增强体质而进行负重锻炼，应该采用最大摄氧量和最大心排血量以下的负荷。因为过大的负荷可能给心血管和呼吸系统带来不良的影响，为了保证这种锻炼方法对身体的良好作用，在运动负荷价值阈范围内（心率在 120～140 次/min）可以多次重复或连续。

6. 连续锻炼法

在锻炼的过程中，为了保持有价值的负荷量而不间断地进行连续运动的方法叫连续锻炼法。此方法要求负荷强度较低、负荷时间较长、无间断地连续进行运动。从增强体质出发，需要间歇就停一会儿，需要连续就接二连三地进行下去，所以该方法既讲究间歇，又讲究连续。连续、间歇、重复都是在整个锻炼过程中实现的。

连续锻炼时间的长短，同样要根据负荷价值有效范围而确定，通常认为在 140 次/min 左右的心率下连续锻炼 20～30 min，可使机体的各个部位都长时间地获得充分的血液和氧的供应，因而能有效地发展有氧代谢能力和耐力素质。

2.1.3 体育锻炼中的饮食要求

经常从事体育锻炼，可促进胃肠道的蠕动和消化液的分泌，对消化吸收机能可产生良好影响。但是，如果在体育锻炼后不注意饮食卫生，暴饮暴食，则会严重影响锻炼者的身体健康。合理的饮食习惯应包括以下几点。

(1) 体育锻炼后，不要急于进食，要使心肺功能稳定下来，胃肠道机能逐渐恢复后再用餐。这段时间一般为半个小时，如果是下午进行较剧烈体育锻炼，间隔的时间应相对更长。

(2) 体育锻炼后的补水是可行的，只要口渴，在运动后即刻补水，甚至在运动中补水。

(3) 补水要注意科学性，不可暴饮。体育锻炼后的补水原则是少量多次，可以在运动后每 20～30 min 补水一次，每次饮水量 250 mL 左右，夏季时水温应在 10℃ 左右，其他季节最好补充温水。

2.2 运动性病症的预防与处理

2.2.1 极点和第二次呼吸

人体在剧烈运动时，由于内脏器官的活动能力落后于运动器官的需要，从而产生一种特殊的机能障碍，身体内酸性物质逐渐堆积，会引起呼吸和循环系统活动失调，使人产生一种非常难受的感觉，如呼吸困难、头晕胸闷、下肢沉重、动作迟缓，并伴有恶心等现象，这种运动生理反应现象称为“极点”。

极点现象出现后，再继续坚持运动，随着机能的调节及内脏器官机能的改善，氧供应增加，运动能力又将提高，极点现象会逐渐消失，生理过程出现新的平衡。这种现象在运动生理学上称为“第二次呼吸”。

1. 极点的预防

经常参加锻炼的人，极点现象出现得晚，持续时间短，身体反应也较轻；反之，极点现象出现得早，且持续时间长，表现得也较重。产生极点现象，是由身体从平常安静的状态进入运动状态时，体内各器官及系统都需要一段时间作为适应。训练水平低和运动前的准备活动不足，都会增加出现极点现象的可能。反过来说，运动前做足准备活动，身体适能状况得到改善后，极点现象就会推迟或减轻，甚至不再出现。

2. 极点的处理

出现极点现象时，应保持冷静，同时降低运动速度并有意识地进行深长的呼吸。这样，运动器官不但对氧需求量减少，而且也减少了传向大脑的神经冲动，从而使躯体性和植物性神经中枢之间协调关系改善，动力定型恢复，“第二次呼吸”就会很快到来，你又可以轻松地运动下去了。

2.2.2　运动性腹痛

运动性腹痛指在运动过程中或运动结束时产生的腹部疼痛，腹痛为急腹症及运动中腹痛共有的症状，但腹痛的程度、部位和性质因运动负荷的大小、病变脏器所在的部位以及引起腹痛的不同原因而有所差异。在中长跑、马拉松跑、篮球、竞走和自行车运动中发生率较高。

1. 运动性腹痛的预防

（1）全面加强身体的锻炼，提高生理机能和训练水平，尤其是中长跑运动项目，对心脏和呼吸系统的机能要求较高。心脏泵血功能差，则会引起肝淤血而产生腹痛，呼吸机能差，导致呼吸弱、急促，形成喘息式的呼吸，因而发生呼吸肌痉挛。

（2）做好充分的准备，如慢跑，使内脏器官的功能水平与运动器官的机能水平相适应，避免因缺水而起的腹部疼痛。

（3）制定合理的膳食制度，养成良好的生活习惯。一日三餐，应定时定量，运动前不宜吃得过饱。不要吃难以消化的食物，饭后不要马上运动，空腹也不要做剧烈的运动，因为这样可能会引起肠运动增强或肠痉挛而引起腹痛。

（4）加强自我管理。在锻炼的时间，应对自己的健康状况和身体状况进行观察，因为一些腹痛，只是一些疾病所致，而运动只是一种诱因。如果是这样的情况，应当及时停止运动，去看医生。

2. 运动性腹痛的处理

运动中发生腹痛时，首先要进行初步的鉴别，如果没有器质性的病变迹象，应减慢运动速度，降低运动强度，加大呼吸深度，调整呼吸与动作的节奏，用手按压疼痛部位，一般疼痛即可减轻。若疼痛不减轻，甚至反而加重，就应立即停止运动，针刺或用指点揉内关、足三里、大肠俞等穴位以缓解疼痛，必要时可口服阿托品等解痉止痛药物。

2.2.3　肌肉痉挛

肌肉痉挛即抽筋，是肌肉不自主地强直收缩的表现。在体育运动中，最易发生痉挛的肌肉是小腿腓肠肌，其次是足底的屈拇肌和屈趾肌，在游泳或在天气炎热的环境中长时间运动时发生肌肉痉挛的情况比较多见。

1. 肌肉痉挛的预防

加强体育锻炼，提高身体的耐寒力和耐久力；运动前做充足的准备运动和伸展操，对易抽筋的肌肉做适当的按摩；冬季运动后须做适当的保温，如游泳后应立即将泳衣更换，穿上保暖的衣物；夏季运动时，尤其在长时间运动前、中、后，必须有足够的水分、电解质和

维生素 B_1 的补充;不在通风不良或密闭的空间做长时间或激烈的运动;以放松的心情从事运动,学会在运动中放松肌肉。

2. 肌肉痉挛的处理

(1) 反方向牵引痉挛肌肉。不太严重的肌肉痉挛只要以相反的方向牵引痉挛的肌肉,症状一般可以得到缓解。牵引时切忌用力过猛,用力宜均匀、缓慢,以免拉伤肌肉造成二次损伤。

(2) 腓肠肌痉挛时,可伸直膝关节,同时用力将踝关节充分背伸,拉长痉挛的腓肠肌;屈拇肌和屈趾肌痉挛时,可将足及足趾背伸。

(3) 对痉挛肌肉部位进行按摩、热敷。在牵拉的同时可以对痉挛肌肉部位进行按摩,以揉捏、重力按压等手法为主;也可针刺或点掐委中、承山、涌泉等穴位;还可以使用热敷的方法来减轻疼痛。

(4) 局部用药。严重的肌肉痉挛有时需要采用麻醉才能缓解,若肌肉抽筋的时间很长,则局部喷洒或擦一些松筋止痛的药水或药膏。

(5) 停止运动,注意休息。发生肌肉痉挛后不宜再次进行运动,必须停止运动进行休息,并加强痉挛部位的保暖;若再次发生抽筋,则需考虑肌肉是否过度疲劳或脱水,是否需补充水分和电解质。

2.2.4 肌肉酸痛

运动后肌肉酸痛的原因是运动时肌肉活动量过大,引起局部肌纤维及结缔组织的细微损伤,以及部分肌纤维的痉挛所致。这种酸痛不是在运动结束后马上出现,而是发生在运动结束 1～2 天以后,因此也称为延迟性疼痛。由于这种酸痛现象只是局部肌纤维的细微损伤和痉挛,不影响整块肌肉的运动功能。所以,酸痛后经过肌肉内部对细微损伤的修复,肌肉组织会变得更加强壮,以后同样负荷将不易再发生酸痛。

1. 肌肉酸痛的预防

锻炼时,应根据自身的身体状况安排锻炼负荷,尽量避免局部肌肉负担过重;锻炼时,要充分做好运动前的准备活动和运动后的整理活动。

2. 肌肉酸痛的处理

可以对酸痛的局部肌肉进行热敷和按摩,这样能促进血液循环,有助于损伤组织的修复及痉挛的缓解,也可以对局部肌肉进行静力牵张练习,先保持伸展状态 2 min,然后休息 1 min,重复进行。另外,还可以口服维生素 C,维生素 C 可促进结缔组织中的胶原合成,有助于损伤的结缔组织的修复。

2.2.5 运动性晕厥

在运动中,由于脑部突然血液供给不足而发生的暂时性知觉丧失现象,叫运动性昏厥。主要表现为全身无力、头昏耳鸣、眼前发黑、面色苍白、失去知觉、突然昏倒、手足发凉、脉搏慢而弱、血压降低、呼吸缓慢等。

运动性晕厥是由于剧烈运动或长时间运动，使大量血液积聚在下肢，回心血量减少所致，同时也与剧烈运动后引起的低血糖有关。

1. 运动性晕厥的预防

平时要经常坚持体育锻炼，以增强体质；久蹲后不要突然起立；不要带病参加剧烈运动；疾跑后不要立即停下来；不要在饥饿情况下参加剧烈运动。

2. 运动性晕厥的处理

应立即使患者平卧，足部略高于头部，并进行由小腿向大腿方向推摩或拍击。同时用手指点压人中、合谷等穴位，必要时给氨水闻嗅。如有呕吐，应将患者头偏向一侧；如停止呼吸，应立即进行人工呼吸。轻度休克者，应由同伴搀扶慢慢走一段时间，帮助进行深呼吸，即可消除症状。

2.2.6 运动中暑

在温度高、通风不良、头部缺乏保护、被烈日直接照射的情况下，长时间体育锻炼易发生中暑。中暑早期可有头晕、头痛、呕吐现象，逐步发展为体温升高，皮肤灼热干燥。严重者可出现精神失常、虚脱、抽搐、心律失常、血压下降，甚至昏迷，危及生命。

1. 运动中暑的预防

在高温炎热季节锻炼时，应适当减少运动量和锻炼时间；避免在烈日下长时间锻炼；夏天在室外锻炼时，应戴白色凉帽，穿宽敞薄衣；在室内锻炼时，应保持良好通风并备有低糖含盐的饮料。

2. 运动中暑的处理

首先将患者扶送到阴凉通风处休息，同时采取降温消暑手段，如解开衣领、额部冷敷做头部降温，喝些清凉饮料、十滴水，并补充生理盐水或葡萄糖生理盐水等。严重患者，经临时处理后，应迅速送医院进一步治疗。

2.2.7 运动性贫血

运动性贫血是指因运动引起的血液中血红蛋白含量减少至正常水平以下的一种运动性病症，主要表现在头晕、恶心、呕吐、气喘、体力下降，运动后心悸、心率加快和脸色苍白等。营养摄入不足或者消化系统功能较弱的锻炼者，在参加运动时易出现运动性贫血。

产生运动性贫血的原因主要包括：①运动时机体对蛋白质与铁的需求量增加，一旦需求量得不到满足，就可能引发运动性贫血；②在运动时，脾脏释放的溶血卵磷脂会使红细胞的脆性度增加，这容易造成红细胞的破裂，从而导致运动性贫血。

1. 运动性贫血的预防

首先，要加强营养，保证有充足的蛋白质和铁质的供应。

然后，参加体育锻炼时应循序渐进，尽量不超越自身的生理负荷。

最后，在运动前后适当补充一些抗氧化剂，如维生素 C 和维生素 E，能够增强红细胞抗氧能力。

2. 运动性贫血的处理

合理安排运动量和运动强度，并补充富含蛋白质和铁的食物，也可以服用硫酸亚铁片剂和维生素 C。症状严重者，可暂时停止高强度的运动训练，仅做些小运动量的体育活动。另外，锻炼者在平时应注意营养的全面性，克服偏食的习惯。

2.3 常见的运动损伤与防护

2.3.1 常见的运动损伤

1. 擦伤

擦伤是运动中最常发生的一种损伤，多发生于对抗性项目活动及摔倒等意外情况下。

1）主要症状

皮肤被擦破出血或有组织液渗出，有一定的创口。

2）处理方法

小面积轻度擦伤，伤口干净者，只需涂抹一些红药水即可；大面积重度擦伤，先用生理盐水清洗伤口后，涂抹红药水，再覆盖消毒布，然后用纱布包扎。

2. 撕裂伤

在剧烈运动或受到突然强烈撞击时，会造成肌肉撕裂，常见的有眉际撕裂等。

1）主要症状

伤口周围多不整齐，常常伴有周围软组织的损伤。

2）处理方法

轻度伤用红药水涂抹即可；裂口大时需止血和缝合伤口，必要时注射破伤风抗毒血清，以防感染。

3. 挫伤

挫伤又称“撞伤”，是由于皮肤受钝器打击或直接与硬物碰撞而引起的损伤。它分为单纯性挫伤和混合性挫伤，前者是指皮肤和皮下组织的挫伤；后者是指在皮肤和皮下组织挫伤的同时，还合并其他组织器官的损伤（如腹部挫伤可能会伴有内脏器官的破裂）。挫伤多发生在大腿、小腿、腹部及头部等部位。

1）主要症状

单纯性挫伤表现为局部疼痛、肿胀、淤血、压痛和运动功能障碍。内脏器官损伤时，则出现头昏、脸色苍白、心慌气短、出虚汗、四肢发凉、烦躁不安，甚至休克。

2）处理方法

单纯性挫伤在24 h内冷敷或加压包扎，抬高患肢或外敷中药。24 h后可进行热敷、按摩和理疗，进入恢复期可进行一些功能性锻炼。混合性挫伤并出现休克的伤员，经急救处理后，应尽快送医院检查和治疗。

4. 肌肉拉伤

肌肉拉伤是指肌肉主动强烈收缩或被动过度拉长所造成的肌肉微细损伤、肌肉部分撕裂或完全断裂。这是最常见的运动损伤之一，在引体向上和仰卧起坐练习时容易发生。

1）主要症状

肌肉拉伤后，伤处疼痛、肿胀、压痛，肌肉紧张或痉挛，触之发硬。肌肉严重拉伤时，患者可感到或听到断裂声，疼痛和肿胀明显，皮下淤血显著，运动功能出现严重障碍，肌肉出现收缩畸形。肌纤维部分断裂时，伤处可摸到凹陷；肌腹中间完全断裂时，出现“双驼峰”畸形；一端完全断裂时，肌肉收缩成“球状”畸形。

2）处理方法

轻者可即刻冷敷，局部加压包扎，抬高患肢，24 h后可实施按摩或理疗；肌肉部分或完全断裂时，加压包扎后，立即送医院做手术缝合。

5. 关节韧带损伤

关节韧带损伤是指关节受外力异常扭转而造成的韧带损伤及关节附近其他软组织结构的损伤。在体育运动中，以腰部关节、肩关节、髌骨和踝关节的损伤最为常见。例如，跳水时因两腿后摆过大，造成腰部关节扭伤；投掷、排球扣球和大力发球时，常出现肩关节扭伤；跳高、跳远时由于踏跳不合理或摔倒受到撞击，会导致髌骨损伤；由高处跳下时，失去平衡，使踝关节过度内翻或外翻致使踝关节扭伤。

1）主要症状

一般表现为压痛、疼痛，急性期有肿胀和皮下淤血，关节功能发生障碍等。

2）处理方法

一般性扭伤在24 h内可采用冷敷，必要时加压包扎；24 h后采用理疗、按摩和针灸治疗，待疼痛减轻后可增加功能性练习。对急性腰部损伤，如果出现剧烈疼痛，则不可轻易扶动，应让患者平卧，并用担架送医院诊治。处理后，应卧硬板床（或在腰部下面垫一枕头），使肌肉韧带处于放松状态。

6. 骨折

骨折是指骨的完整性和连续性在外力的作用下遭到破坏的一种损伤。常见的骨折有肱骨骨折、尺（桡）骨骨折、手指骨折、小腿骨折和肋骨骨折等。

运动中有身体某部位受到直接或间接的暴力打击时，可造成骨折。例如，摔倒时手臂直接撑地，易引起尺骨或桡骨骨折等。

1）主要症状

患处出现肿胀，疼痛难忍，肢体失去正常功能，肌肉可产生痉挛，骨折部位可见到畸形。严重骨折伴有出血、神经损伤和发烧，乃至休克等症状。

2）处理方法

一旦出现骨折后，暂勿随意移动患肢，应先用夹板或其他代用品固定伤肢。例如，出现休克时，应先施行人工呼吸；若伴有伤口出血，应同时施行止血，并及时护送医院治疗。

7. 关节脱位

关节脱位又称脱臼，是指因受外力作用使关节失去正常的连接关系。关节脱位可分完全性脱位和半脱位（或称“错位”）两种，以肩、肘关节脱位较为常见。严重的关节脱位伴有关节囊损伤。

1）主要症状

常出现畸形，即刻发生剧烈疼痛和明显压痛，关节周围显著肿胀，关节功能丧失，有时发生肌肉痉挛，严重时出现休克。

2）处理方法

用夹板或三角巾固定伤肢，并尽快护送医院治疗。如没有整复技术和经验，切不可随意做复位动作，以免加重伤情。

8. 脑震荡

脑震荡是指头部受到外力打击后，脑神经细胞和神经纤维普遍受到震荡后所引起的意识和功能的一般性障碍。脑震荡的常见原因是摔倒时头部着地，头部受到外力打击等。

1）主要症状

伤后即刻发生意识丧失、呼吸表浅、脉搏缓慢、肌肉松弛，瞳孔稍放大但左右对称；清醒后，常伴有头晕、头痛、恶心或呕吐、失眠、耳鸣和记忆力减退等。

2）处理方法

立即让患者平卧，不可坐起或立起，头部冷敷，注意保暖。对昏迷者可用手指掐点人中、内关等穴或给嗅闻氨水；对呼吸障碍者，可施行人工呼吸，并立即送医院诊治。患者在恢复期，要保持环境安静，卧床休息，直至头痛、头晕症状消失，切忌过早地参加体育运动和脑力劳动。

2.3.2 运动损伤的防护

（1）加强运动安全教育。克服麻痹思想，提高预防损伤的意识。

（2）认真做好准备活动。对可能发生运动损伤的关节和易伤部位，要及时做好预防措施。

（3）合理安排运动量。做练习时防止局部运动器官负担过重。

（4）加强保护与帮助。在加强同伴间的相互保护与帮助的同时，特别要加强和提高自我保护能力。例如，摔倒时立即屈肘、低头、团身滚动，由高处跳下时用前脚掌着地，同时屈膝缓冲等。

（5）加强医务监督，提高自我保健意识。

2.4 运动处方

2.4.1 运动处方概述

体育锻炼可以达到预防疾病、治疗疾病和健身的作用。不同的身体状况应采取不同的锻炼方法，否则易使人体受到伤害，尤其是那些身患疾病的人，必须严格按照运动处方进行体育医疗。

2.4.2 运动处方的概念

20 世纪 50 年代，美国生理学家卡波维奇提出了运动处方的概念，1969 年世界卫生组织开始使用运动处方术语，从而在国际上得到认可。运动处方的完整概念是：康复医师或体疗师，对从事体育锻炼者或病人，根据医学检查资料（包括运动试验和体力测验），按其健康、体力以及心血管功能状况，用处方的形式规定运动种类、运动强度、运动时间及运动频率，提出运动中的注意事项。运动处方是指导人们有目的、有计划和科学地锻炼的一种方法。

2.4.3 运动处方的种类

运动处方的运动种类可分为耐力性（有氧）运动、力量性运动及伸展运动和健身操三类。

1. 耐力性（有氧）运动

耐力性（有氧）运动是运动处方最主要和最基本的运动手段。在治疗性运动处方和预防性运动处方中，主要用于心血管、呼吸、内分泌等系统的慢性疾病的康复和预防，以改善和提高心血管、呼吸、内分泌等系统的功能。在健身、健美运动处方中，耐力性（有氧）运动是保持全面身心健康、保持理想体重的有效运动方式。

有氧运动的项目有：步行、慢跑、走跑交替、上下楼梯、游泳、自行车、功率自行车、步行车、跑台、跳绳、划船、滑水、滑雪、球类运动等。

2. 力量性运动

力量性运动在运动处方中，主要用于运动系统、神经系统等肌肉、神经麻痹或关节功能障碍的患者，以恢复肌肉力量和肢体活动功能为主。在矫正畸形和预防肌力平衡被破坏所致的慢性疾患的康复中，通过有选择地增强肌肉力量，调整肌力平衡，从而改善躯干和肢体的形态和功能。

力量性运动根据其特点可分为：电刺激疗法（通过电刺激，增强肌力，改善肌肉的神经控制）、被动运动、助力运动、免负荷运动（即在减除肢体重力负荷的情况下进行主动运动，如在水中运动）、主动运动、抗阻运动等。抗阻运动包括：等张练习、等长练习、等动练习和短促最大练习(即等张练习与等长练习结合的训练方法)等。

3. 伸展运动和健身操

伸展运动及健身操较广泛地应用在治疗、预防和健身、健美各类运动处方中,主要的作用有放松精神,消除疲劳,改善体型,防治高血压、神经衰弱等疾病。

伸展运动及健身操的项目主要有:太极拳、保健气功、五禽戏、广播体操、医疗体操、矫正体操等。

2.4.4 运动处方的组成

运动处方由运动方式、运动强度、运动持续时间、运动频率和运动中应注意的问题五个部分组成。

1. 运动方式

提高心肺适能,多采取有氧耐力运动,如健步走、慢跑、骑自行车、登山、游泳、秧歌舞等;肢体的功能锻炼,可采用力量练习、柔韧性练习、医疗体操、水中运动方式。

2. 运动强度

运动强度一般用运动中的脉搏数反映运动的强度,准确测量 10 s 脉搏乘以 6 即代表运动中的每分钟心率。在运动处方中要求达到个人的最适合运动心率计算公式如下:

最大心率(次/min)=220-年龄(岁)

心力储备=最大心率-安静心率

最适合运动心率=心力储备×75%+安静心率

在有氧运动中,运动强度取决于走或跑的速度、蹬车的功率、登山时的坡度等。在力量和柔韧性练习中,运动强度取决于给予助力或阻力的负荷重量。运动强度是否恰当,关系到锻炼的效果和锻炼者的安全。应该按照个人的特点,确定锻炼时达到的强度和安全范围。

3. 运动持续时间

在耐力运动处方中,主要采用“持续训练法”,应该规定有氧运动持续的时间。在力量运动处方和柔韧运动处方中,则需要规定完成每个动作的重复次数、每组练习所需要的时间、共需要完成几组、两组的间隔时间等。

运动持续时间与运动强度相互影响,增加强度则运动时间会减短,反之,负荷减轻时则可以持续运动更久,持续时间可用距离或能量消耗来代表。美国运动医学会(ACSM)建议每天中等强度持续练习 30~60 min,每次活动能量消耗为 300 千卡左右。

4. 运动频率

运动频率指每周锻炼的次数。应该根据锻炼目标确定运动频率。3~4 次/周、30~60 min/次中等强度的有氧运动,即可达到维持心肺适能的目的,1 次/d 的锻炼可以收到更佳的健身效果。对某些疾病患者，可以适当增加锻炼次数，如对于糖尿病患者，如 2 次/d 在餐后 1 h 各锻炼 20～30 min，可以对血糖调节产生良好的作用。进行 2～3 次/周的力量练习，2 次练习之间休息 24～48 h，可以使机体得到“超量恢复”，收到更好的锻炼效果。

5. 运动中应注意的问题

为了保证安全，根据健身者的具体情况，提出锻炼时应当注意的事项，如锻炼时心率不应超过靶心率、对患有慢性疾病的患者注意监测疾病状态、进行力量练习时注意预防意外事故等。

2.4.5 运动处方制订的原则

1. 因人而异的原则

运动处方必须因人而异，切忌千篇一律。要根据每一个参加锻炼者或病人的具体情况制定出符合个人身体客观条件及要求的运动处方。不同的疾病，运动处方不同；同一疾病在不同的病期，运动处方不同；同一个人在不同的功能状态下，运动处方也应有所不同。

2. 全面性原则

运动处方应遵循全面身心健康的原则，在运动处方的制定和实施中，应注意维持人体生理和心理的平衡，以达到“全面身心健康”的目的。

3. 有效性原则

运动处方的制定和实施应使参加锻炼者或病人的功能状态有所改善。在制定运动处方时，要科学、合理地安排各项内容；在运动处方的实施过程中，要按质、按量认真完成训练。

4. 安全性原则

按运动处方运动，应保证在安全的范围内进行，若超出安全的界限，则可能发生危险。在制定和实施运动处方时，应严格遵循各项规定和要求，以确保安全。

2.4.6 常见的运动处方

1. 高血压患者运动处方

运动目的：①调整大脑皮质的兴奋与抑制过程，改善机体主要系统的神经调节功能；②降低毛细血管、微动脉及小动脉的张力，调节血液循环，降低血压；③降低血黏度和血液循环的代偿功能，改善微循环，增强物质代谢的氧化还原和组织内的营养过程；④发展机体和血液循环的代偿机能，改善和恢复患者一般状况；⑤减轻应激反应，稳定情绪，抑制身心紧张，消除焦虑状态。

运动方式：①快走与慢跑，速度为 120 步/min(约 7 km/h、2 m/s)；②缓慢上下自家楼梯或蹬功率自行车。

运动强度：运动心率控制在120次/min以内，或者最大体力的50%。

运动持续时间：每次60 min。

运动频率：每周3次，持续20周。

注意事项：①高血压病人运动时间应该避免在清晨和晚间；②药物治疗和合理的运动相结合，锻炼不能代替药物；③控制体重改变饮食习惯，做到低盐低脂低糖；④保持良好的生活规律；⑤最好在专业人员的指导下进行运动康复；⑥在运动中注意安全，防止运动损伤。

2. Ⅱ型糖尿病患者运动处方

运动目的：①改善糖和脂肪代谢，提高肌肉对葡萄糖的利用率，降低血脂，减少血糖和尿糖；②改善病人对胰岛素受体的敏感性，逐渐减少口服降糖药和胰岛素的需求量；③增强机体的免疫力、抵抗力，增强体质。

运动方式：①低强度周期性有氧运动，如步行、慢跑、游泳、功率自行车等；②全身肌肉都参加的伸展、柔韧、灵活性的运动，如医疗体操、健身操、健身舞、太极拳、太极剑、保健养身气功等；③娱乐类球类运动，如保龄球、门球、网球等。

运动强度：运动心率控制为170(180)－年龄。例如，您的年龄是40岁，你的运动心率需要控制在170(180)－40＝130(140)次/min。

运动持续时间：每次15～60 min，其中适宜心率应保持15～30 min。

运动频率：每天1次或数次，但每日总运动时间不宜超过2 h，每周至少3次。

注意事项：①糖尿病人运动时间带在：餐后30～60 min为宜；②运动疗法必须和饮食疗法、药物疗法结合起来，通常先实施饮食及必要的药物治疗，待血糖和尿糖得到适当控制后，再开始运动疗法；③运动量要适当，过度疲劳会引起酮症，使病情加重，尤其要避免短时间较剧烈的运动或能引起明显兴奋的运动；④运动中易发生低血糖者，可将运动前的胰岛素剂量适当减少，或者在运动前适当增加食物摄入，在运动中宜随身携带饼干和糖果，以防低血糖的发生；⑤避免在将要进行运动的肢体上注射胰岛素；⑥运动应该循序渐进，从较小的运动量开始并逐渐增加，并持之以恒。

3. 轻度冠心病的运动处方

运动目的：恢复体力、减少复发；提高心脏功能，增加对体力负荷的耐受量；控制体重、降低过高的血压，从而控制冠心病的危险。

运动方式：①步行，速度为4 km/h；②走跑交替，步行1 min与慢跑0.5 min，交替进行20次；③慢跑，速度为8 km/h；④骑自行车，速度为8 km/h。

运动强度：低强度过渡到中等强度，50%最高心率控制在130次/min。

运动持续时间：每次20～30 min，辅助性放松项目可每天进行10～20 min。

运动频率：每周3～4次。

注意事项：①健康检查，确定身体能够负担每次的运动；②最好有人陪伴进行；③做好准备活动，10 min左右适宜的准备活动可保护心脏、肌肉和关节，以避免运动损伤；④运动后调整：不要突然停止运动，跑步运动之后，至少再慢走 2 min，负荷练习后要休息 5 min，然后洗个温水澡。

4. 痔疮的运动处方

运动目的：促进直肠、骨盆、腹腔内的血液循环，降低静脉压，减少淤血，消除便秘，增强肌肉力量。

运动方式：①仰卧于床上，全身放松，两腿交叉，臀部与大腿用力夹，同时肛门用力上提；②仰卧屈膝于床上，两手放在头下，脚和肩做支撑点，使臀部离床，同时做收肛门动作，放下时还原；③坐在床边或者椅子上，两腿交叉，进行夹腿、收臀，做提肛动作，同时站起，坐下时还原，肌肉放松；④两腿交叉站立，两手叉腰，做练习时臀、腿用力夹紧，同时做提肛动作，做动作前、动作完成后要放松身体。

运动强度：开始采取低强度，经过一段时间锻炼后，逐渐向中等强度过渡，运动时最高心率控制在 140 次/min。

运动持续时间：每次 30～40 min，坚持 1 个月。

运动频率：每日 2～3 次。

注意事项：①不食或少食辣椒、酒等刺激性食物；②取得较好效果后，要坚持防止复发；③每次便后，要坚持做 10～20 次提肛动作；④凡有剧痛的肛门裂、痔疮发炎，嵌顿性脱肛伴有急性炎症者，不宜做以上锻炼。

思考与练习

(1) 简述体育锻炼的原则和方法。
(2) 简述运动性腹痛的症状及预防措施。
(3) 常见的运动损伤有哪些？
(4) 简述运动处方的含义。
(5) 运动处方的种类有哪些？
(6) 制订运动处方的原则有哪些？

第3章

田径运动

3.1 田径运动的简介

3.1.1 田径运动的起源与发展

田径运动是在人类基本运动形式的基础上产生的，在人类对它的不断认识中发展起来的。19世纪20年代，英国伊顿公学首次举行了田径比赛。1928年奥运会首次举行了女子田径项目的正式比赛。奥运会田径赛、世界杯赛和世界锦标赛被公认为当今最高水平的田径比赛。

我国最早的田径比赛是1890年在上海圣约翰书院举行的。1913年的远东运动会田径赛是我国首次举办的国际田径大赛。新中国成立后，我国的田径运动有了更广泛的开展，竞技水平也有了大幅度提高，涌现了一批创造世界纪录和在国际重大赛事中摘金夺银的运动员，特别是女子中长跑已于1993年登上了世界级比赛的巅峰，王军霞还获得了“欧文斯”杯的殊誉。但就总体水平而言，我国与欧美发达国家还有很大差距。

3.1.2 田径运动的含义

田径运动是以走、跑、跳跃、投掷等动作组成的锻炼身体的手段，或按规定的规则进行比赛的运动项目。人们通常把田径运动中用时间计算成绩的项目称为“径赛”；把用高度或远度计算成绩的项目称为“田赛”；把由跑、跳、投部分项目组成的竞赛称为“全能运动”。

3.1.3 田径运动的特点与作用

田径运动内容丰富、锻炼形式多样。场地、器材和设备比较简单，参加锻炼一般不受时间、人数、性别、年龄、季节、气候的限制，便于广泛开展。

田径运动多在室外进行，人体能经常接受日光、空气等自然力的锻炼。经常系统地参加田径锻炼，能促进人体的新陈代谢，协调神经系统与运动器官之间的联系，提高心血管系统、呼吸系统及其他内脏器官的功能；能全面地发展力量、速度、耐力、灵巧和协调等身体素质；还能促使走、跑、跳、掷的技能更趋合理有效，从而保持和提高人体适应生活和工作的能力。同时，参加田径运动还可以培养人的吃苦耐劳、勇于克服困难等优良品质。随着社会的发展和现代教育的兴起，群众性的体育活动与娱乐性的竞技活动将更加广泛开展。

3.2 田　　赛

田赛项目包括跳跃和投掷两大类。跳跃类项目有跳高、跳远等，投掷类项目有推铅球等。

3.2.1 跳高

跳高是一种由有节奏的助跑、单脚起跳、越过横杆落地等动作组成，以越过横杆上缘的高度来计算成绩的比赛项目。

1. 技术要点

过杆技术有跨越式、剪式（亦称“东跳高方式”）、滚式、俯卧式和背越式等。这里重点介绍背越式。背越式跳高技术由助跑、起跳等 4 个部分组成（见图 3-1）。

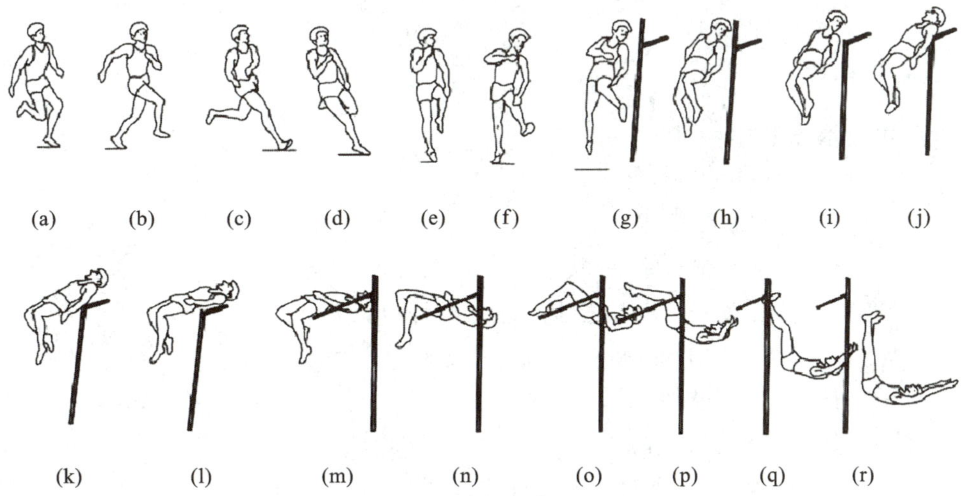

图 3-1　背越式跳高示意图

1）助跑

助跑背越式跳高是弧形助跑。助跑距离一般为 6～8 步（也可以适当加长）。前几步是直线助跑，后几步（最后 3～4 步）是弧线助跑（见图 3-1（b）至图 3-1（d）），助跑的前几步与普通加速跑相似，后几步助跑时，身体向圆心倾斜，前脚掌沿弧线积极落地，具有轻松自然、节奏快速，重心稍高而平稳前移的特点。

助跑动作结构包括：①弧线助跑；②外侧脚以前脚掌内侧，内侧脚以前脚掌外侧着地；

③脚着地点离身体重心投影点较近；④后蹬角度较大；⑤摆侧髋高于并领先于跳侧髋；⑥摆侧肩高于并领先于跳肩；⑦身体重心较高；⑧整个身体内倾。

2）起跳

用身体远离横杆的脚起跳。助跑到最后一步时，起跳腿以大腿带动小腿迅速向前伸出，用脚跟先着地并迅速过渡到全脚掌，接着在摆动腿用力蹬伸和助跑水平速度的推动下，身体重心迅速前移，上体及时跟上，起跳腿屈膝缓冲，当身体重心移至起跳点的上方时，起跳腿迅速蹬伸，髋、膝、踝三关节充分蹬直成一条直线，摆动腿膝关节微屈，以大腿发力带动小腿积极有力向前上方摆起，两臂积极配合摆动，起跳一侧臂自然在侧下方，另一侧手臂随摆动腿前摆，使身体向上腾起（见图 3-1(e)至图 3-1(g)）。

3）过杆

起跳动作结束后，人体进入无支撑的腾空阶段。由于弧形助跑和起跳时摆动腿的摆动带髋转动，身体腾空后向上“旋起”（身体由纵轴旋转逐渐转变成背对横杆姿势），这时摆动腿膝关节放松，小腿自然下垂，肩部继续伸展；头和肩过杆后，向后仰头，带动上体向后伸展，使髋部上挺充分展开，身体在空中形成反弓，头、肩、背、臀依次越过横杆（见图 3-1(f)至图 3-1(p)）。

4）落地动作

落地动作是考虑落地的部位，以较大的身体部位着地，或以能产生屈伸的肢体着地，从而延长着地时间，吸收力量，使身体安全着地。以往腹滚式着地，以右手、右肩、背后、右脚四点顺序着地，应用关节的分节运动来逐渐缓冲着地力量，但现在采用翻转的方式过杆着地。

2. 练习方法

1）起跳技术练习

(1) 原地摆腿和摆臂练习。

(2) 原地和行进间起跳练习。

(3) 上一步和三步助跑起跳练习。

(4) 沿圆圈或弧线做上一步和三步助跑起跳练习。

2）助跑与起跳结合技术练习

(1) 3～5 步弧线助跑起跳练习。

(2) 3～5 步助跑起跳跳上海绵垫。

(3) 对着高横杆做 3～5 步助跑起跳练习。

(4) 3～5 步助跑起跳用头、手、摆动腿做膝“触高”练习。

(5) 短程助跑起跳，做坐上高架或海绵台练习。

3）过杆技术练习

(1) 原地倒肩挺髋练习。

(2) 原地做起跳倒肩挺髋模仿练习。

(3) 原地跳起挺髋后做向上同后甩腿练习。

(4) 3～5 步助跑起跳，背卧上海绵台（架）练习。

(5) 3～5 步助跑，借助于助跳板或低跳箱起跳做过杆练习。

(6) 3～5 步助跑过杆练习。

4）背越式跳高完整技术练习

全程助跑完整练习。

3.2.2 跳远

跳远又称急行跳远，是在助跑中用单脚起跳腾空，最后落入沙坑，并以跳跃的距离决定成绩的田径项目。该项目对场地器材的要求不高，技术也比较好掌握，因此在学生中容易开展。

1. 技术要点

跳远由助跑、起跳、腾空和落地等动作组成（见图 3-2）。

图 3-2　跳远示意图

1）助跑

助跑的目的是为了获得最大的水平速度，并为准确的踏板和快速有力的起跳做准备。

助跑的起动姿势有两种：一种是站立式起动，一般采用两腿微曲、两足左右平行站立的“半蹲式”，或两腿前后分立的“站立式”起动姿势；另一种是走几步后踏标志线开始助跑。

助跑的距离：对于世界水平的运动员，男子应该在 20～24 步，40～45 m；女子应该在 35～40 m。对于大学生而言，男子一般跑 16～18 步，约 35 m，女子跑 14～16 步，约 30 m。

2）起跳

起跳是助跑与腾空的中间环节，起跳效果的好坏直接决定了腾起初速度的大小和起跳角度。起跳时应充分利用助跑速度。

起跳是跳跃技术中最复杂也是最关键的环节，包括着板、缓冲、蹬伸三个时段。

(1) 着板：助跑最后一步，当摆动腿支撑时，应用力蹬地，使身体尽快向起跳板方向运动。起跳腿的着地要快速而柔和，轻巧而有弹性。

(2) 缓冲：起跳腿着地后，由于助跑水平速度的作用，使起跳腿的髋、膝、踝三个关节退让弯曲，伸肌拉长。起跳腿的三个关节这种缓冲动作的作用，在于减缓阻力，减少助跑速度的损失，积极前移身体，为加快蹬伸创造条件。进行缓冲时，应保持身体正直，使身体重心处于较高的位置。

(3) 蹬伸：当身体重心接近支撑点时，由于缓冲而被拉长的伸肌群爆发式用力，使髋、膝、踝三个关节充分蹬伸跳离地面。蹬伸动作不只是起跳腿的蹬地，而是整个身体向上伸展，并与摆腿、摆臂、提肩和拔腰等动作协调配合。

3）腾空

腾空动作的任务是保持身体的平衡，并为落地创造有利条件。起跳离地的瞬间，身体保持起跳时的基本“跨步”姿势，这是各种腾空动作在腾空初期共同的基本姿势。

起跳离地以后可以用“蹲踞式”“挺身式”或“走步式”的动作使身体在空中保持平衡并为落地动作做好准备。此处仅介绍挺身式跳远。

“挺身式”是在空中上体充分伸展或稍有挺身动作，为使动作更加舒展、自然、连贯，两臂可经身体两侧向下后方摆，同时两膝微屈保持在空中平衡滑行，当滑行进入下落时，两臂自体侧继续向上向前绕环，同时两腿由身后摆至身前，抬起伸直，落入沙坑，如图 3-3 所示。

图 3-3　挺身式跳远示意图

4）落地

落地主要包括着地和缓冲两个方面。其技术要求是：尽可能推迟脚着地的时间，加大着地点与身体投影点之间的距离，保证身体移过着地点。落地前，两腿前伸，脚尖勾起，两臂快速向后摆动，这有利于双腿向前方更远处伸出。当脚触沙的瞬间，迅速向前屈膝缓冲，髋部前移，两臂屈肘前摆，向前或向侧倒，避免后坐，使身体移过双脚的落地点。

2. 练习方法

1）助跑练习

30 m 跑，50 m 跑，上下坡跑。

2）起跳练习

（1）原地模仿起跳练习。在确定起跳腿后，原地做起跳练习，摆动腿和两臂的摆动和起跳腿蹬地要同时，协调一致。

（2）从走步到慢跑连续做起跳练习。原地起跳动作比较正确后，再在走步中做，然后慢跑 3～4 步连续做起跳练习(可集体在跑道或平整的场地上进行练习)。

（3）中、远程助跑起跳练习。

3）腾空挺身动作练习

（1）原地做腾空动作的模仿练习。

(2) 原地上一步起跳，在落地前快速完成腾空动作。

(3) 4～6 步助跑后跳后做摆动腿练习。小腿微向前、向下、向后摆动，膝关节放松，落地后继续向前跑进。

4) 落地动作练习

(1) 4～6 步助跑跳远，落地前做伸小腿动作，不要怕后坐。

(2) 6～8 步助跑跳远，落地前做伸小腿动作，脚落地刹那，迅速做屈膝或挺腹动作，避免后坐。

5) 完整技术练习

全程助跑挺身式跳远练习。

3.2.3 田赛项目竞赛规则要点

1. 跳高

1) 试跳

运动员可以在主裁判事先宣布的横杆升高计划中的任何一个高度开始试跳。但只要运动员连续三次试跳失败，即失去继续比赛的资格。因第一名成绩相等而进行的决定名次赛的试跳除外。

允许运动员在某一高度上第一次或第二次试跳失败后，在其第二次或第三次试跳时免跳，并在后继的高度上继续试跳。

运动员在某一高度上请求免跳后，不准在该高度上恢复试跳，除非出现第一名成绩相等的情况。即使其他运动员均已失败，一名运动员仍有资格继续试跳，直至放弃继续比赛的权利。

当某运动员已在比赛中获胜时，有关裁判员或裁判长应征求运动员的意见，由该运动员决定横杆提升高度。试跳成功后，主裁判上举白旗示意，失败则举红旗示意。

2) 试跳失败

试跳失败的情况包括以下几个。

(1) 试跳后，由于运动员试跳动作，致使横杆未能留在横杆托上，或在越过横杆之前，运动员身体任何部位触及立柱前沿(离落地区较近的边沿)垂直面以外的地面或落地区。

(2) 错过该次试跳顺序。

(3) 无故延误时限(如果在比赛中再次无故延误时限即取消其比赛资格，但之前成绩仍然有效)，当裁判员通知开始试跳后运动员才决定免跳，当时限已过时，应判该次试跳失败。

3) 成绩确定

(1) 每名运动员应以其最好的一次试跳成绩，包括因第一名成绩相等而进行的决名次赛的试跳成绩作为其最后的决定成绩。

(2) 在出现成绩相等的高度中，试跳次数较少者名次列前。

(3) 若成绩仍然相等，在包括最后跳过的高度在内的全部比赛中，试跳失败次数较少者名次列前。

2. 跳远

(1) 应抽签决定试跳的顺序：试跳成功有效，上举白旗，失败则上举红旗(停留 3 s，以便观看)，以 1 cm 为单位丈量成绩。

(2) 如有下列情况者，应判为试跳失败：

- 在未做起跳的助跑中或跳跃中，运动员以身体任何部位触及起跳板以外的地面；
- 从起跳板两端之外的起跳线的延长线前面或后面起跳；
- 在落地过程中触及落地区以外地面，而落地区外触地点较区内最近触地点更靠近起跳线；
- 完成试跳后，向后走出落地区；
- 采用任何空翻姿势；
- 错过该次试跳顺序；
- 无故延误时限。

需要注意的是，当裁判员通知试跳后，运动员才决定免跳，此时时限已过，仍应判为该次试跳失败。

3.3 径　赛

田径运动中有短距离跑、中距离跑、长距离跑、跨栏跑、接力跑、障碍跑等径赛项目，本节重点讲述短距离跑、中距离跑、长距离跑和接力跑的相关知识。

3.3.1 短距离跑、中距离跑、长距离跑

1. 短距离跑

短距离跑简称短跑，一般包括 60 m 跑、100 m 跑、200 m 跑、400 m 跑、4×100 m 接力跑、4×400 m 接力跑等几项。

短跑属于极限强度的运动，要求人体运动器官和内脏器官在缺氧状态下，完成最大强度的工作。短跑对人体的主要影响在于提高神经系统兴奋和抑制过程的灵活性，发展无氧代谢能力，提高速度和速度耐力。

1) 技术要点

短跑技术按动作变化可分为起跑、起跑后的加速跑、途中跑和终点跑四部分。由于 200 m 跑和 400 m 跑有一半以上的距离是在弯道上进行的，为了适应弯道，短跑的弯道跑技术也是很重要的。

(1) 起跑。

①“各就位”：起跑是从“各就位”到后蹬腿蹬离起跑器为止。当听到“各就位”口令后，俯身蹲踞，两手撑地，两脚紧踏在起跑器上。

②“预备”：听到“预备”口令后，逐渐抬起臀部 10～20 cm，重心略微前移，整个动作要

求连贯、协调、放松，集中注意力听枪声。

③“鸣枪”：听到“枪声”后，两手迅速离地，两腿猛蹬起跑器，后腿迅速向前摆出，同时前腿充分蹬伸髋、膝、踝三个关节，以较大的前倾姿势跑出。

(2) 起跑后的加速跑。

起跑后的加速跑是蹬离起跑器到途中跑之间的一段距离，这段距离一般为 30 m 左右，男子用 13～15 步，女子用 15～17 步跑完。起跑后，两臂用力快摆，摆幅较大，两腿交替用力蹬伸，步长不断增加，频率逐渐加快，两脚着地点逐渐合于一条直线上，上体逐渐抬起自然进入途中跑。

(3) 途中跑。

途中跑的任务是继续发挥和保持最高跑速。加速跑结束后即进入途中跑。一个单步由后蹬和前摆、腾空、着地和缓冲几个部分组成。

①后蹬和前摆。当身体重心移过支点垂直面时，就进入了蹬地腿的后蹬与摆动腿的前摆阶段。这时，摆动腿的膝关节(大小腿折叠姿势)超越支撑腿，迅速有力地向前上方迈出，并且带动同侧骨盆前移，支撑腿在摆动腿积极前摆的配合下，快速有力地伸展髋、膝、踝关节，蹬离地面。随着支撑腿的蹬地，摆动腿迅速有力地向前上方迈出，并带动同侧髋关节前移，大腿前摆与水平面成 15°～20°。后蹬与前摆结束时，支撑腿与摆动腿的夹角为 100°～110°，支撑腿的支点到髋关节的连线与地面的夹角为 55°～60°，支撑腿蹬离地面时膝夹角为 150°～156°。支撑腿与摆动腿的协调配合动作是途中跑技术的关键，它对加大步幅、加快步频、提高跑速，有着重要意义。

②腾空。腾空期是从足尖离地后开始，支撑腿的大腿随着蹬地后的惯性，使膝关节折叠屈曲，同时，还伴随着另一条腿抬大腿的屈髋关节动作，形成边折叠边前摆姿势。即当左腿离地折叠前摆时，右腿的摆动已接近最高位置，当右腿摆至最高点后，大腿积极下压，小腿随大腿快速摆落，成“鞭打”着地，与此同时，左腿大小腿夹角逐渐缩小，当右腿着地前，左膝角接近最小。在大腿摆落过程中，应强调前后两大腿做快速“剪绞”动作，以便加快步频。途中跑中，头部正直，上体稍前倾。摆臂动作是以肩关节为轴前后摆动，颈肩应放松，手成半握或伸直，臂弯曲，上臂与前臂约成 90°角。前摆时，肘关节角度小于 90°；后摆时，肘关节角度大于 90°。摆动应自然、有力地前后摆动。向前摆动速度要快，幅度要大，手稍超过下颌；后摆时，肘稍朝外，不能耸肩，上臂摆到与地面接近平行。

③着地和缓冲。腾空结束时，摆动腿积极下压(避免小腿前伸)，用前脚掌富有弹性地着地。着地瞬间小腿与地面接近垂直。摆动积极着地有利于缩短前支撑的时间，并能减小着地时的阻力，有利于身体中心迅速前移转入后蹬阶段。然后迅速屈膝屈踝缓冲，随着跑动惯性，摆动腿的大小腿折叠，迅速向前摆动并与支撑腿靠拢。

在支撑缓冲过程中，另一侧摆动腿的大小腿折叠角处于最小状态，折叠状态越好，越能缩短摆动半径，减小摆动阻力，加快摆动速度，从而增大后蹬效果。

(4) 终点跑。

终点跑包括最后冲刺和撞线两个部分。其任务是尽力保持途中跑的高速度跑过终点。当运动员躯干触及终点线的垂直面时即跑完全程。终点跑的技术基本上与途中跑相同。由于体力下降，运动员在离终点线 15～20 m 处，为了增大后蹬力，应尽量保持上体前倾角度或略增大前倾角度，同时，加大摆臂的幅度和速度，在增大步幅的同时，尽量保持步频。在距离终点线一步时，上体急速前倾，用胸部或肩部撞终点线。跑过终点后，应逐渐减速，不要突然停止。

图 3-4　弯道跑示意图

(5)弯道跑。

在短跑项目中 200 m 跑、400 m 跑有一半以上距离在弯道上跑，所以掌握弯道跑技术很重要。从直道进入弯道跑时，身体应有意识地向内倾斜，加大右腿的蹬地力量和摆动幅度，右臂亦相应地加大摆动的力量和幅度，有利于迅速从直道跑进弯道(见图3-4)。

为了便于在弯道起跑之后，能有一段直线距离进行加速跑，应将起跑器安装在弯道的跑道右侧，起跑器对着弯道的切点方向。起跑时，左手撑在距起跑线后沿 5～10 cm 处，使身体正对着弯道的切点。弯道起跑后，为了尽快进入弯道跑，加速跑的距离要适当缩短，较大前倾的身体更早些抬起。

弯道跑中，整个身体向圆心方向倾斜。后蹬时，右腿用前脚掌的内侧用力，左腿用前脚掌的外侧用力。前摆时，右腿的膝关节稍向内，同时前摆幅度要比左腿大些，左腿前摆时应稍向外。一般来说，右臂摆动的幅度和力量都大于左臂。前摆时，稍向左前方；后摆时，肘关节稍向外，左臂稍离开躯干。弯道跑的蹬地与摆动方向都应与身体向圆心方向的倾斜相适应。从弯道跑进直道，应在弯道的最后几米，身体逐渐减小内倾角度，惯性跑2～3步。

2）练习方法

(1) 短跑的专门练习。

①小步跑。身体稍前倾，大腿抬起与水平线成 35°～45°，膝关节放松，然后大腿下压，小腿顺下压的惯性前伸，并很快以前脚掌积极着地，脚趾完成最后扒地动作，两臂前后摆动配合小腿动作。小步跑要求步幅小、频率快。

②高抬腿跑。上体正直稍前倾，身体重心提高，大腿高抬与躯干约成 90°，然后积极下压，膝关节放松，小腿自然伸开用前脚掌着地，支撑腿三关节充分伸展，肩向前送，两臂前后摆动配合两腿动作。

③后蹬跑。上体稍前倾，支撑腿后蹬充分蹬直，摆动腿以膝关节领先带动同侧髋部向前摆出，然后大腿积极下压，用前脚掌着地，两臂前后摆动配合两腿动作。

(2) 途中跑练习。

①加速跑。分别由各种小步跑、高抬腿跑和后蹬跑转入加速跑，练习距离一般为20～40 m，重复练习 3～4 次。

②快速跑。以站立式起跑出发，尽量发挥最大速度，利用加大摆臂和抬腿的力量完成练习。练习距离一般为 60～80 m，重复练习 3～5 次。

③行进间跑。从标记线后 10～20 m 的地方起跑，至标志线达到最高速度保持到终点。练习距离一般为 50～60 m，重复练习 3～6 次。

④变速跑。跑时以快跑与慢跑交替进行，练习距离一般以 800～1200 m 为宜。

⑤上下坡跑。这是提高后蹬力量和发展步频的有效方法。练习距离一般为30～50 m，重复练习3～6次。

(3) 终点冲刺跑练习。

①在慢跑中做撞线动作的练习，体会用胸或肩部撞线。

②中速跑50 m，至终点前一步使上体突然前压，用胸部或肩部撞线。

③50 m全程跑做撞线的动作练习。

(4) 加强短跑专项身体素质练习。

①发展腿部力量的练习。单足跳、跑跳步、多级跳、半蹲跳等，练习距离一般为20～30 m。

②负重练习。把杠铃、沙袋负于肩上，做各种弯腰、多方向的体侧和半蹲练习。

2. 中距离跑和长距离跑

中距离跑和长距离跑合称中长跑，是以有氧代谢为主的耐力性和周期性运动项目。距离跑的竞赛项目为800 m跑、1500 m跑、3000 m跑等；长距离项目为5000 m跑和10000 m跑等。经常进行中长跑锻炼，可以有效地提高人体的心肺功能，发展耐力素质。

中长跑技术与短跑基本相同，但起跑方法不同，且运动强度、动作幅度、呼吸节奏等要求不一样。高步频、积极有效地伸髋和快速有力的摆动动作，是现代中长跑技术的主要特征。

中长跑技术分为起跑、起跑后的加速跑、途中跑和终点跑等主要技术环节。

(1) 起跑和起跑后的加速跑。

中距离跑采用半蹲踞式或站立式起跑，长距离跑采用站立式起跑。

①半蹲踞式起跑。两臂一前一后，一手的拇指与其他四指成八字形撑于起跑线后，另一臂在体侧，体重主要落在前腿和支撑臂上。起跑动作近似蹲踞式起跑。

②站立式起跑的动作顺序按下列口令进行：听到“各就位”口令后，先做一两次深呼吸，然后走或慢跑到起跑线后，两脚前后开立，有力的脚在前，紧靠起跑线的后沿，前脚跟和后脚尖之间的距离约一脚长，两脚左右间隔约半脚长，体重大部分落在前脚上，后脚用前脚掌支撑站立。眼向前看3～5 m处，身体保持稳定姿势，集中注意力听枪声或“跑”的口令。

听到枪声或“跑”的口令时，两腿用力蹬地。后腿蹬地后迅速前摆，前腿迅速蹬直，两臂配合两腿动作做快而有力的摆动，使身体快速向前冲出，在短时间内获得较快的跑速。加速跑的距离根据项目、个人能力及战术而定。一般中长跑的加速跑的距离稍长。无论在直道或弯道上起跑，都应该按切线方向跑进，在规则允许的范围内，抢占有利的战术位置，然后进入途中跑。

(2) 途中跑。

途中跑是决定中长跑运动成绩的主要环节。途中跑应强调轻松、省力、节奏好。

①着地缓冲。脚着地前，摆动腿的大腿积极下压，小腿顺势前摆并做“扒地”动作，着地腿的膝关节是弯曲的，着地腿的膝关节和足跟几乎在一条垂直线上，这对完成缓冲动作

有积极作用。这个阶段的主要任务是减小地面对人体的冲击，减少水平速度的损失，为尽快转入后蹬创造有利条件。

②后蹬与前摆。跑步时，一腿进行后蹬，另一腿进行前摆。这是唯一产生跑进动力的阶段，是途中跑技术的主要阶段。

③腾空。后蹬腿蹬离地面，人体进入腾空阶段。蹬地腿的小腿应迅速向大腿折叠，形成以大腿长度为半径的摆动过程。

④上体和两臂。途中跑时，上体应采取稍前倾的姿势。两臂做前后自然摆动，肘关节的角度在垂直部位可大一些，以利于两臂肌肉的放松。摆臂动作能保持身体的平衡，但更主要的作用是增强蹬摆效果。

(3) 终点跑。

终点跑是临近终点的一段加速跑。其动作基本上与短跑终点冲刺跑相同。一般情况下，800 m 跑可在最后 200～300 m、1500 m 跑在最后 300～400 m、3000 m 跑及以上可在最后 400 m 或稍长的距离开始终点冲刺跑。不论终点跑的距离长短，在冲刺跑之前，都必须抢占有利位置，并注意观察对手情况，动用全部力量冲过终点。

(4) 中长跑的呼吸。

中长跑途中，为了加大肺通气量，呼吸时采用口鼻同时进行呼吸的方法。呼吸节奏应和跑步节奏相配合，一般采用两步一呼、两步一吸，或三步一呼、三步一吸，即四步或六步作为一个呼吸周期。呼吸时要注意增加呼吸深度。

3.3.2 接力跑

接力跑是队员之间相互配合的集体竞赛项目。以队为单位，每队 4 人，每人跑相同距离。常规比赛分为 4×100 m 接力跑和 4×400 m 接力跑。接力棒为光滑的空心圆管，由木料、金属或其他材料制成。其长度为 28～30 cm，直径为 12～13 cm，重量为 50 g，一般涂成红、白各半的颜色。正式接力比赛在标准田径场地上进行，接力区为 20 m。每个接力区前有 10 m 的预跑区。

接力跑技术要点包括以下几个方面。

1) 起跑

第一棒起跑采用蹲踞式起跑，但接力棒不得触及起跑线和起跑线前的地面。接棒人则采用半蹲式或站立式起跑。

2) 传、接棒的方法

接力跑传、接棒的方法一般有上挑式和下压式两种。

(1) 上挑式：接棒人听到信号后，将接棒手自然向后伸出与臀部平齐，四指并拢与拇指分开、掌心向后，虎口向下。传棒人将棒由下向前上方送入接棒人手中，待接棒人握紧后再松手，如图 3-5 所示。

(2) 下压式：接棒人的手臂后伸，掌心向上，虎口张开朝后，拇指向内，其余四指并拢向外，传棒人将棒的前端由上向前下方压，放入接棒人手中。下压式的优点是接棒后不必再调整持棒手的位置，如图 3-6 所示。

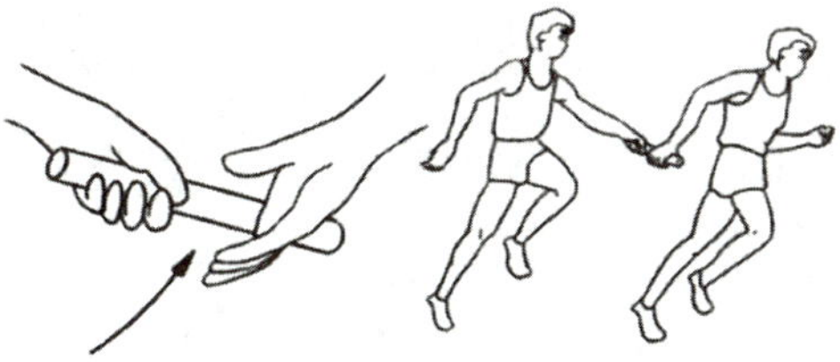

图 3-5　上挑式动作示意图

图 3-6　下压式动作示意图

3）传、接棒的时机

在 20 m 接力区和 10 m 预跑区的 30 m 内，传、接双方都能发挥接近自己最高跑速时，为传、接棒的良好时机。一般把这个时机设计在离接力区末端 3～4.5 m 处出现，离接棒队员约 1.5 m 处立即发出“接”的信号，接棒人迅速后伸手臂接棒。

4）接力队员的棒次安排

接力跑应根据起跑质量、速度以及弯道能力，传、接棒技术，身高等综合因素来安排各棒次的运动员。第 1 棒应安排起跑技术好并善于跑弯道的运动员；第 2 棒应安排专项能力强、熟练掌握了传接棒技术的运动员；第 3 棒运动员除具备第 2 棒运动员的条件外，还应善于跑弯道；第 4 棒应安排成绩最好、冲刺能力最强，同时具备顽强竞争精神的运动员。

3.3.3　径赛项目竞赛规则要点

1. 短距离跑

（1）短跑运动员必须使用起跑器进行蹲踞式起跑。

（2）运动员必须在规定的各自跑道内跑完全程。

（3）在“各就位”口令之后，运动员必须走向起跑线，在自己的分道内和起跑线后做好准备姿势。双手和一个膝盖必须触地，双脚必须接触起跑器。发出“预备”口令后，运动员应立即抬高身体重心做好最后的起跑姿势，此时运动员的双手仍需与地面接触，双脚不得离开起跑器。运动员已就位时，其双手或双脚均不得触及起跑线或线前地面。

（4）在“各就位”或“预备”口令发出后，所有运动员应立即做好最后的预备姿势，不得延误。对不服从起跑命令者，以起跑犯规论处。

（5）运动员在做好最后预备姿势之后和鸣枪之前开始起跑动作，应判为起跑犯规。

（6）对于起跑犯规的运动员，必须予以警告。对两次起跑犯规负有责任者或在全能比赛中对三次起跑犯规负有责任者应取消比赛资格。

（7）在弯道跑中，运动员的脚不得触及左侧分道线，不得阻碍其他运动员的正常跑进。

2. 中距离跑和长距离跑

（1）中长跑的各个项目，起跑时只使用“各就位”口令。所有运动员稳定时，鸣枪或起动经批准的发令器。起跑时运动员不得单手或双手触地。

（2）运动员在做好最后起跑姿势之后，在鸣枪之前开始起跑动作，应判为起跑犯规。

其规则同短距离跑一样。

(3) 比赛中，运动员挤撞或阻挡其他运动员走或跑时，应取消该项目的比赛资格。

(4) 在较为重要的比赛中，800 m 跑应在第一个弯道末端的抢道线之前为分道跑，越过抢道线后允许运动员离开自己的分道切入里道。

3. 接力跑

(1) 4×100 m 接力应始终分道跑。接力者可以在接力区前 10 m 内起跑。运动员必须在 20 m 的接力区内完成交接棒(是否在接力区内完成传递棒，仅以接棒瞬间接力棒的位置为准，而不取决于运动员的身体或四肢的位置)。

(2) 4×400 m 接力的第一次交接应在各自分道内完成，第二棒及以后各棒运动员必须在接力区内起跑；各队第二棒运动员越过第一弯道末端的抢道线后，即可离开各自的分道切入里道。左右接棒者均不可在接力区外起跑。

(3) 接力棒必须拿在手上，直到比赛结束为止。任何人掉了接力棒，必须在不影响别人的情况下由其本人捡起。

(4) 任何参赛者在传接棒完毕后，必须留在本队的跑道中直到各队交接棒全部完成，否则会被取消比赛资格。

(5) 故意越出跑道，妨碍其他参赛队伍的，其队伍将被取消比赛资格。

思考与练习

(1) 简述田径运动的起源和发展。

(2) 什么是田径运动？

(3) 田径运动的特点与作用是什么？

(4) 田赛项目竞赛的规则要点有哪些？

(5) 什么是短距离跑、中距离跑、长距离跑？

(6) 径赛项目竞赛的规则要点有哪些？

第 4 章

足球

足球是世界上开展最广泛、影响最大的体育项目，被誉为“世界第一运动”。大量的事实证明，通过国际性足球比赛能增进国家之间的了解和友谊，并且它的影响能渗透国家的各个领域。因此，现代足球已被广泛地用于国际交往。它已成为国家之间交往的一种工具。所以，从一定意义上讲，现代足球运动所具有的价值已远远超出体育运动的范畴。

4.1 足球运动概述

4.1.1 足球运动的起源与发展

我国是具有悠久历史的文明古国。据有关史料记载，我国古代足球起源于公元前 475 至公元前 221 年的战国时代。古代足球称为“蹴鞠”。“蹴”是踢的意思，“鞠”则是指足球。

古代足球运动起源于中国，现代足球运动的发源地则在英国。据史料记载，476 年英国便有了类似今天的足球运动。到 19 世纪初，足球运动已在英国非常盛行。1863 年 10 月 26 日，英国成立了世界上第一个足球协会——英格兰足球协会，并制定和通过了世界上第一部较为统一的足球竞赛规则，人们也将这一天定为现代足球运动的诞生日。

新中国成立后，足球运动得到了大力发展，深受广大群众特别是青少年的喜爱，足球水平不断提高。但同世界先进水平相比，还有较大的差距。20 世纪末，我国足球运动踏上了职业化的道路，受到了社会各界的普遍关注。

4.1.2 现代足球运动的特点

（1）竞争激烈、对抗性强。

（2）比赛参加人数多，运动量大，比赛时间长。

（3）技术动作多，战术种类和变化多。

（4）比赛的场面壮观，激动人心，吸引着无数的球迷，一些重要的比赛常常是万人空巷，成为世界上拥有球迷最多的体育项目。

4.1.3 足球运动的作用

经常参加足球运动能有效地锻炼身体素质，增强体质，提高人体健康水平。长期参加足球运动还有助于培养勇敢顽强、机智果断、勇于拼搏、团结互助和热爱集体的优良品质，同时还能提高对足球比赛的欣赏能力和鉴赏水平。

4.2 足球运动的基本技术

足球技术是指运动员在足球竞赛规则条件下，运用身体有效部位合理完成各种动作方法的总称，主要包括踢球、停球、运球、抢截球、头顶球、假动作、掷界外球和守门员技术。足球技术是运动员进行比赛活动的基本手段和能力，是完成战术配合、决定战术质量的前提和保证。

4.2.1 踢球

踢球是指运动员有目的地用脚把球击向预定目标的技术。踢球是足球技术中运用最多也是最重要的技术，主要用于传球和射门。

踢球的方法很多，主要有脚内侧踢球、脚背正面踢球、脚背内侧踢球、脚背外侧踢球以及脚尖踢球和脚后跟踢球。下面具体介绍脚内侧踢球、脚背正面踢球、脚背内侧踢球和脚背外侧踢球。

图 4-1 脚内侧踢球示意图

1）脚内侧踢球

脚内侧踢球是用脚内侧的跖趾关节、舟骨和根骨所构成的三角部位接触球的一种踢球方法（见图 4-1）。其特点是触球面积大，可控性强，出球平稳准确，但因摆腿受到限制，故出球力量较小。它适用于准确性较高的短距离传球和射门。

动作要领：直线助跑，支撑脚踏在球侧约 15 cm 处，膝关节微屈，脚尖指向出球方向。支撑脚落地同时，踢球腿以髋关节为轴由后向前摆动，膝、踝外展，脚跟前送，脚尖稍翘，脚掌与地面平行。小腿加速前摆，脚掌与地面平行，脚腕紧张用力，用脚内侧部位击球的后中部。

2）脚背正面踢球

脚背正面踢球又称正脚背踢球，是用脚背正面的楔骨和趾骨末端部位触球的一种踢球方法。其特点是踢摆幅度大、摆速快，便于发力，但出球路线缺乏变化。它适用于长传和大力射门。

动作要领：直线助跑，支撑脚踏在球侧 10～15 cm 处，膝微屈，脚尖指向出球方向，踢球腿自然后摆，小腿后屈。支撑脚落地同时，踢球腿以髋关节为轴带动小腿前摆。膝关节接近球体上方时，小腿加速前摆，脚背绷直，脚趾扣紧，用脚背正面击球的后中部。击球后，踢球腿顺势前摆，如图 4-2 所示。

图 4-2　脚背正面踢球示意图

3）脚背内侧踢球

脚背内侧踢球又称内脚背踢球，是用脚背内侧的几个楔骨和趾骨末端部位接触球的一种踢球方法。其特点是摆幅度大，摆速快，踢球力量大，助跑方向和支撑脚站位灵活，出球的方向变化较多。它适用于长传、射门。

动作要领：沿出球方向 45°斜线助跑，支撑脚踏在球体侧后方 25～30 cm 处，膝微屈，脚尖对准出球方向，踢球腿以髋关节为轴，大腿带动小腿由后向前摆，当膝盖摆至接近球的垂直上方的刹那，小腿加速前摆，脚尖稍外转指向斜下方，脚面绷直，用脚背内侧踢球的后中部，如图 4-3 所示。

图 4-3　脚背内侧踢球示意图

4）脚背外侧踢球

脚背外侧踢球又称外脚背踢球，是用第 3、4、5 跖骨部位接触球的一种方法。脚背外侧踢球除具有脚背正面踢球的特点外，还能充分利用脚腕的灵活性使摆腿的变化多端，出球方向的隐蔽性强，比赛中常用于各种距离的传球和射门，是踢弧线球和弹拨球的主要方法。

动作要领：助跑、支撑脚的位置和踢球腿的摆动，基本上与脚背正面踢球相同，但只用脚背外侧部位触球。此时要求膝关节和脚尖内转，脚背绷紧，脚趾紧屈并提膝，触（击）球后身体随踢球腿的摆动前移。

4.2.2　停球

停球又称接球，是指运动员有目的地运用身体的有效部位触球，将运行中的球停挡在所需要范围内的技术动作。停球是为下一个动作服务的，停球质量的好坏直接影响下一个动作能否顺利完成。

停球的方法有多种，常用的有脚内侧停球、脚底停球、脚背正面停球、胸部停球、大腿停球、腹部停球、头部停球等。无论采用哪一种停球方法，动作结构都是由判断选位、支撑、触球动作、停球后的跟进4个环节组成的。下面介绍几种常用的停球方法。

1）脚内侧停球

由于脚触球面积大，动作简单，较易掌握，比赛中经常使用这种技术接各种地滚球、平球、反弹球、空中球。

(1) 接地滚球时，身体正对来球，支撑腿微屈，停球腿屈膝外转前迎，脚内侧对准来球，脚内侧触球瞬间自然后撤，将球控制在所需要的位置上，如图4-4所示。

(2) 接反弹球时，支撑脚踏在落球点的侧前方，膝微屈，上体稍前倾，并向停球方向微转。停球腿屈膝上提，膝、踝外转，脚内侧对准球的反弹路线，当球落下反弹刚离地时，用脚内侧触压球的中上部，如图4-5所示。

图4-4　脚内侧停地滚球示意图

图4-5　脚内侧停反弹球示意图

2）脚底停球

这种方法接触面较大，易于将球停稳，多用于停地滚球和反弹球。停地滚球时，将踢球脚提起，膝关节自然弯曲，脚跟距地面低于球的高度，脚尖上翘，踝关节放松，用脚前掌触球的中上部。停反弹球时，支撑脚踏在球落点的侧后方，当球落地的一瞬间，用脚前掌对准球的反弹路线，触球的中上部，如图4-6所示。

3）脚背正面停球

这种方法多用于接有较大抛物线的来球。根据球的落点，及时移动到位，脚背正面上迎下落的球，当球与脚面接触的瞬间，停球脚与球下落的速度同步下撤，此时大腿膝关节、踝关节、脚趾均保持适度的紧张，脚尖微翘将球接到需要的地方，如图4-7所示。

图4-6　脚底停球示意图

图4-7　脚背正面停球示意图

4）胸部停球

由于胸部停球部位较高，加之胸部面积大、肌肉较丰满等特点，易于掌握，所以是接高球的一种好方法。胸部停球包括挺胸式和收胸式两种方法。

（1）挺胸式停球。

面对来球站立（两脚左右或前后开立），两膝微屈，重心置于支撑面内，上体后仰，下颌微收，两臂自然张开，维持身体平衡。接触球瞬间，两脚蹬地，膝关节伸直用胸部轻托球的下部，使球微微弹起于胸前上方。

（2）收胸式停球。

多用于接齐胸高的平直球。停球时面对来球，两脚前后开立，两臂自然张开，重心前移，挺胸迎球，当球运行到与胸部接触前的刹那，重心迅速后移，含胸、收腹挡压球，以缓冲来球力量，把球停在身前。如要将球停在体侧时，则在接触球前的刹那间向该侧转体，且用同侧胸部触球。

5）大腿停球

大腿停球适用于弧线较大的高空球或平行于大腿高度的低平球，停球后便于衔接抽射或挑球过人等动作，如图 4-8 所示。

图 4-8　大腿停球示意图

6）腹部停球

腹部停球主要用于迎面来的反弹球，它的特点是停球时身体重心底，接触球面积大，便于停球后的护球，还可以在跑动中完成停球动作，有利于加快进攻速度。

4.2.3　运球

运球是指在移动中用脚的推、拉、拨等动作，使球保持在自己的控制范围内的连续触球动作。

常用的运球方法有脚内侧运球、脚背正面运球、脚背内侧运球和脚背外侧运球。

1）脚内侧运球

脚内侧运球是运球技术中前进速度最慢的一种运球方法。一般在运球靠近对方，需要用身体掩护球的情况下使用。

运球前进时支撑脚始终领先于球，位于球的侧前方，肩部指向运球方向，支撑腿膝关节微屈，重心放在支撑腿上，另一条腿提起屈膝，用脚内侧推球前进，然后运球脚着地，如图 4-9 所示。

图 4-9　脚内侧运球示意图

2）脚背正面运球

脚背正面运球多在越过对手后，前方纵深距离较长需快速推进的情况下使用。

自然跑动，步幅稍小，上体稍前倾，两臂协调摆动，运球腿屈膝提起前摆，脚背绷紧，脚跟提起，脚趾下指，用脚背正面推拨球后自然落步，如图 4-10 所示。

图 4-10　脚背正面运球示意图

3）脚背内侧运球

脚背内侧运球多在改变方向并需用身体掩护球的情况下使用。

运球跑动时，身体自然放松，步幅稍小，上体前倾并略微向运球方向转动，运球脚膝关节稍弯曲，脚跟提起，脚尖略微外转，用脚背内侧推拨球。

4）脚背外侧运球

直线运球时，自然跑动，步幅偏小，上体稍前倾，两臂协调摆动。运球脚屈膝提起前摆，脚趾稍内转斜下指，摆至球体上方时，用脚背外侧推拨球的后中部，重心随球跟进。曲线运球时，触球作用力方向应偏离球心，使球呈弧线运行，如图 4-11 所示。

图 4-11　脚背外侧运球

4.2.4 抢截球

抢截球技术是指运动员在规则允许的范围内，使用身体的合理部位将对手的控球权夺过来或破坏掉。抢截球包括抢球与截球两个内容。

1）抢球

抢球是利用规则允许的动作，将对方控制的或将要控制的球夺过来、踢出去或破坏掉。抢球包括正面抢球、侧面抢球等方法。

（1）正面抢球。

它是从正面控制对方队员前进的方法。抢球时，面向对手，两脚前后开立，身体重心下降，重心平均落在两脚上。当对手运球脚触球即将着地或刚着地时，一脚用力蹬地，抢球脚内侧对正球并向球跨出一步，膝关节弯曲，上体前倾，身体重心移至抢球脚上，另一脚立即前跨成支撑脚。若双方的脚同时触球时，则要将脚顺势向上提拉，使球从对方脚背滚过，身体重心迅速跟上，将球控制住，如图 4-12 所示。

（2）侧面抢球。

当与运球对手并肩跑动时，身体重心稍下降，同对方接触一侧的臂紧贴身体。当对方靠近自己一侧的脚离地时，用肘关节以上部位，冲撞对方相应部位，使对方失去平衡而离开球，乘机将球控制过来，如图 4-13 所示。

图 4-12　正面抢球示意图

图 4-13　侧面抢球示意图

2）截球

截球是把对方队员踢出的球堵截住或破坏掉。在比赛中要选好位置，掌握好时机，动作迅速果断。一般采用脚堵截、铲截地滚球和用头、胸、脚拦截空中球等方法。

4.2.5 头顶球

头顶球是运动员在比赛中为了争取时间和取得空中优势，用头部的前额部位击球的动作，常用来传球、抢截球和射门，是进攻和防守中不可缺少的重要技术之一。

头顶球分为前额正面头顶球与前额侧面头顶球。

1）前额正面头顶球

原地顶球时，身体正对来球方向，眼睛注视球，两腿自然开立，膝关节微屈，重心置于两脚间的支撑面上（或后脚上），两臂自然张开，当球运行到将垂直于地面的垂线时，两腿用力蹬地，迅速向前摆体，微收下颌，在触球瞬间颈部做爆发式振摆，用前额正面击球中部，上体随球前摆，如图 4-14 所示。

(a) 前额正面原地顶球　　(b) 前额正面跳起顶球

图 4-14　前额正面头顶球示意图

2）前额侧面头顶球

上体和头部向出球方向的异侧稍转动，后脚用力蹬地，上体迅速向出球方向扭转，同时甩头。当球运行到出球方向同侧肩上方时，用额侧部位击球的后中部，如图 4-15 所示。

(a) 前额侧面原地顶球　　(b) 前额侧面跳起顶球

图 4-15　前额侧面头顶球示意图

前额侧面头顶球技术的特点是动作快捷，变向突然，出球线路难以预测，对球门的威胁性极大。但动作难度较大，侧摆发力不足，出球方向较难控制，适用于应急时破坏球和接传中球顶射。

4.2.6　掷界外球

由于掷界外球时接球人不受越位规则的约束，因此，它不仅用于恢复比赛，而且可以为进攻创造有利条件。

1）原地掷界外球

面对出球方向，两脚前后或左右开立，每脚均应有一部分站在边线上或边线外。膝关节弯曲，上体仰成背弓，重心移到后脚上（两脚左右开立时，重心在两脚间），两手自然张开，拇指相对，持球的侧后部，屈肘将球置于头后。掷球时，后脚用力蹬地（或两脚用力蹬地），两腿迅速伸直，身体重心由后脚移到前脚，收腹屈体，同时两臂急速前摆。当球摆到头上时用力甩腕将球掷入场内。掷球时，后脚可沿地面向前滑动，但两脚均不得离地。

2）助跑掷界外球

两手持球放在胸前，在助跑迈出最后步时，上体后仰成背弓，同时将球上举至头后，掷球时的动作与原地掷界外球动作相同。将球掷出后，后脚可在地面上向前滑行，但不得离地。

4.2.7 守门员技术

守门员的主要任务是守住本方球门。随着现代足球运动的发展，守门员除镇守球门外，还要协助控制罚球区，组织和指挥全队的防守和进攻。守门员技术的高低、反应敏捷程度、竞争意识直接影响全队最后一道门户的牢固和士气。

守门员技术主要包括接球、托球、拳击球和发球。

1）接球

接球前做好准备，接球时两手和双腿的距离原则上不能让球漏过。

（1）直腿式接球：上体前倾，两臂伸向前下方，手掌前迎，接球的后底部。

（2）单腿跪撑式接球：后腿跪立，膝盖接近地面靠近前脚，距离不能超过球的直径，手臂向前下方伸，手掌对正来球，接球的后底部。

（3）接平直球：屈肘前迎，两手掌心向上，手触球时，屈肘后引缓冲，将球抱于胸前。

（4）接高球：两臂上伸迎球，两手拇指相对呈八字形，手掌对球。手触球后，屈肘回缩下引，翻掌将球抱于胸前。

2）托球

判断来球运行路线后，向后跃起托球。托球时手指手掌前部触球的下部，使球呈弧形越过球门横梁。

3）拳击球

守门员准确判断来球运行路线，及时移动到位，握紧拳，在接近球的刹那迅速出拳击球。拳击球有单、双拳击球：单拳击球动作灵活，摆动幅度大，击球力量大；双拳击球接触球面积大，准确性高。

4）发球

（1）手掷球。

单手肩上掷球：充分利用后退蹬地、持球手臂后引、转体挥臂和甩腕力量将球掷出。

侧身勾手掷球：由于掷球前球从异侧经头顶后将球掷出，作用力距离长，又能较好地借助腰腹力量，故出球速度快，距离远。

（2）脚踢球。

踢空中球：将球置于体前，在球自由下落过程中踢球。它多用于远距离或雨天场地泥泞时。

踢反弹球：体前抛球，球落地后反弹起来的瞬间将球踢出。它比踢空中球准确性要高，速度较快，出球弧度低，隐蔽性强。

4.3 足球运动的基本战术

足球战术可分为比赛阵型、进攻战术和防守战术三大部分。攻、守战术中又各自包括个人战术、局部战术和整体战术。

4.3.1 比赛阵型

足球比赛阵型是场上队员基本位置的排列、攻防力量的搭配和职责分工的形式。比赛阵型要根据双方实力状况、打法特点和战术的需要，扬长避短合理安排，以达到“克敌制胜”之目的。阵型的序列由后向前依次为守门员、后卫、前卫和前锋。由于守门员的职责是固定的，一般不列入比赛阵型中。较为常见的比赛阵型有4-4-2、4-3-3、3-5-2等。例如，4-4-2阵型为4名后卫、4名前卫和2名前锋。

4.3.2 进攻战术

1. 个人进攻战术

个人进攻战术包括了采取有效措施，摆脱对方防守队员；跑动到有利位置，接应队友传球；运球突破对方防线，寻求射门机会等，其目的是进球得分。个人战术能力需要在比赛实践中逐步加强，还有赖于个人战术意识培养和基本技术能力提高。

2. 局部进攻战术

局部进攻中常用“二过一”战术配合。“二过一”战术配合是指在局部地区两名进攻队员通过连续传球和跑位，突破一名防守队员的配合。

（1）斜传直插二过一：当对方防守队员逼近正在运球的进攻队员时，进攻队员将球传给队友，然后直插到对方防守队员身后的空当，接应队友传球的一种战术配合。

（2）直传斜插二过一：进攻队员将球直传给队友，当对方防守队员逼近控球队友时，队友将球传至对方防守队员身后的空当，进攻队员立即斜插入空当，接应队友的传球的一种战术配合。

（3）跳墙式二过一：当防守队员逼近正在运球进攻的队员时，进攻队员将球传给队友，队友接球后直接将球传至对方防守队员身后的空当，进攻队员快速切入空当，接应队友的传球的一种战术配合。

3. 整体进攻战术

整体进攻战术主要包括边路进攻战术和中路进攻战术。

（1）边路进攻：在对方半场两侧地区发起以传中创造射门为目的的进攻称边路进攻。一般是快速下底传中或切底回扣传中，中间队友包抄射门或跟进射门。

（2）中路进攻：在对方半场中间地带发动的进攻称中路进攻，应用远射、运球突破和撞墙式配合突破中路防守是行之有效的战术。

当然，边路进攻和中路进攻必须密切结合运用，才能更好地发挥进攻的威力。

4.3.3 防守战术

1. 个人防守战术

常用的个人防守战术有选位和盯人等。

(1)选位：防守队员根据位置职责和临场情况，选择适当的防守位置的一种防守战术。选位时防守队员一般应处于球门中心与对手之间的直线上。

(2)盯人：防守队员对进入本方防守区域内的对方队员实施监控，并及时封堵对方队员接球或传球的一种防守战术。盯人时应采用"有球紧，无球松"和"远松近紧"的方法，即对有球的、接近球和球门的对手采用紧逼的战术，对无球的、远离球和球门的对手采用松动盯人的战术。

2. 局部防守战术

常用的局部防守战术有保护、补位和围抢等。

(1)保护：一名防守队员在防守对方球员持球进攻时，另一名防守队员在其身后选择适当位置进行协助防守的战术配合。

(2)补位：一名防守队员的防守出现漏洞时，另一名防守队员及时上前弥补漏洞的战术配合。通过队友之间的相互补位，可以有效地遏制和破坏对方的进攻。

保护是补位的前提，没有保护就不可能有效地补位，队员之间适当的斜线站位是保护的选位要求和后卫线防守站位的基本原则。补位是防守队员之间的协同配合、相互帮助的一种方法。

3. 整体防守战术

整体防守战术主要包括人盯人防守、区域防守和混合防守等。

(1)人盯人防守：每个防守队员都有各自明确的防守对象，对手移动到哪里就要紧跟盯防到哪里的战术配合。

(2)区域防守：每个队员负责自己的防守区域，并在该区域内盯人防守的战术配合。

(3)混合防守：是盯人防守与区域防守相结合的一种防守方法。一般情况下，对于对方中场组织队员和持球进攻队员采用盯人防守，对于其他队员采用区域防守的战术配合。

4.4 足球运动的主要规则

4.4.1 比赛场地

足球场地通常为长方形，长为 90～120 m(国际标准 100～110 m)，宽为 45～90 m(国际标准为 64～75 m)，如图 4-16 所示。

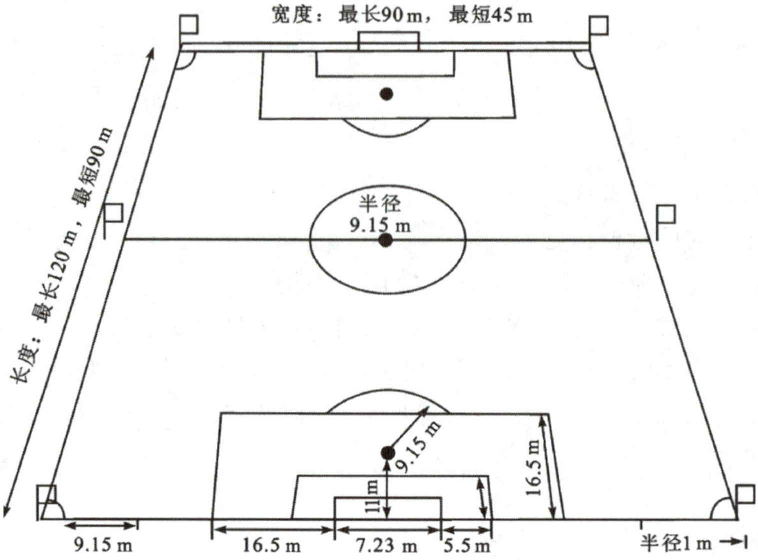

图 4-16　足球比赛场地示意图

4.4.2　比赛用球

标准的国际比赛用球，周长为68～70 cm，重量为410～450 g，充气压力为0.6～1.1个大气压。球的颜色与球场应有明显的区别，一般为白色。

4.4.3　越位犯规及其罚则

越位犯规：处于越位位置的队员有干扰比赛、干扰对方球员和利用越位位置获得利益的行为属于越位犯规；若队员仅处于越位位置，或在越位位置直接接到同队队员的球门球、界外球或角球时，不属越位犯规。

处罚原则：此时裁判员应判由对方队员在越位地点踢间接任意球。如果该队员在对方球门区内越位，那么这个任意球可以在越位时所在球门区内任何地点执行。

4.4.4　犯规与不正当行为及其判罚

1. 判罚直接任意球和点球

如果队员在比赛中出现下列情形之一，将被判为犯规，并判由对方在犯规地点踢直接任意球。

- 拉扯、推、踢（或企图踢）、绊摔（或企图绊摔）或冲撞对方队员。
- 为了得到对球的控制而抢截对方队员时，触球前触及对方队员。
- 向对方队员吐唾沫。
- 故意手球（不包括守门员在本方罚球区）。

2. 判罚间接任意球

（1）如果队员在比赛中出现下列情形之一，将判给对方踢间接任意球。

• 队员动作具有危险性。

• 队员阻挡对方队员。

• 队员冲撞对方守门员。

（2）如果守门员在本方罚球区内出现下列情形之一，将判给对方踢间接任意球。

• 当手控制球时，在发出球之前持球超过 6 s。

• 在发出球之后未经其他队员触及或再次用手触球。

• 用手触及同队队员故意踢给他的球。

• 用手触及同队队员直接掷入的界外球。

间接任意球的进攻方若直接将球踢进对方球门，其间球未接触其他队员，则进球无效。

3. 判罚警告

如果队员在比赛中出现下列情形之一，将被警告并被出示黄牌。

• 犯有非体育道德行为。

• 以语言或行动表示异议。

• 持续违反规则。

• 延误比赛重新开始。

• 当以角球或任意球重新开始比赛时，不退出规定的距离。

• 未得到裁判员许可进入或重新进入比赛场地。

• 未得到裁判员许可故意离开场地。

4. 判罚出场

如果队员在比赛中出现下列情形之一，将被罚令出场并出示红牌。

• 严重犯规。

• 暴力行为。

• 向对方或任何人吐唾沫。

• 用故意手球破坏对方的进球或明显的进球机会。

• 用可判为任意球或点球的犯规破坏对方向本方球门移动着的明显的进球得分机会。

• 使用无礼的、侮辱的或辱骂性的语言。

• 在同一场比赛中得到第二次警告。

思考与练习

（1）简述足球运动的起源与发展。
（2）现代足球运动的特点有哪些？
（3）简述足球运动的作用。
（4）简述停球的方法。
（5）常见的足球比赛阵型有哪些？
（6）常用的局部防守战术有哪些？

第 5 章

篮球

篮球是人们最喜爱的运动项目之一，在世界各地得到广泛的开展。它是一项综合性、集体性、围绕高空展开立体型攻守对抗的体育运动。篮球运动在各级学校的体育教学与课余校园文化生活中，已成为增进学生健康身体的教育手段和贯彻德、智、体、美全面素质教育手段之一。

5.1 篮球运动概述

5.1.1 篮球运动的起源与发展

篮球运动起源于美国，1891 年由美国马萨诸塞州斯普林菲尔德市基督教青年会训练学校的教师詹姆斯·奈史密斯博士借鉴其他球类运动而创造发明。1932 年，国际业余篮球联合会在瑞士日内瓦成立。1936 年，男子篮球进入第 11 届奥运会。1976 年，女子篮球进入第 21 届奥运会。1992 年，国际篮联允许 NBA 职业队员参加第 25 届奥运会比赛。

篮球运动于 1896 年传入我国。1913 年在华北运动会上被列为比赛项目。1951 年 5 月在北京举行了第一届全国篮球比赛。1995 年成功举行了首届 CBA——中国篮球职业联赛。1998 年又举办了首届 CUBA——中国大学生篮球联赛，标志着我国篮球运动竞赛制度与国际接轨。

5.1.2 篮球运动的特点与作用

篮球运动是由跑、跳、投等基本动作组成的综合运动，是在集体的配合下，合理地运用技术、战术进行对抗的运动项目。篮球运动除了具备球类项目的共同特性之外，它还有其自身的特点和锻炼价值。

1. 对抗性

篮球运动是高速度、大强度的攻守争夺，最后以投篮得分多少决定胜负的一项较强的对抗性运动。队员在比赛中要频繁地往返、快速跑动跳跃、紧张激烈地争夺。随着篮球运动的发展，运动员的身高和身体素质都在不断地增长和加强，从而使比赛不只是地面上的争夺，而是速度与高度、力量与耐力以及个人技术与集体配合的全面较量。

2. 全面性

篮球比赛中，队员主要是通过合理的运用移动、接球、运球、突破、抢断、封盖和投篮等技术动作，达到成功防守与进攻得分的目的。然而在运用这些技术的过程中，始终要受到对方队员的干扰与比赛规则的约束。这样就需要运动员全面熟练地掌握好每一个技术动作，使之达到在进攻中能突、能运、能抢、能投、能组织；在防守中能防突、防传、防运和防投，充分利用规则的可行性，尽量减少失误或犯规，从而达到取得比赛胜利的目的。

3. 职业性

自 20 世纪中期在美欧国家成立职业篮球俱乐部以后，随着竞技水平的提高以及赛制和规则的完善和创新，现代篮球运动在全球蓬勃发展，使运动员的智能、体能以及技战术水平不断提高，对推动职业化进程起了新的催化作用，至二十世纪八九十年代，篮球职业化在美、欧、澳等大洲建立起来，全球职业化篮球已经成为一种产业化趋势。

4. 群众性

篮球运动是一项综合性运动，对于促进速度、耐力、灵巧性、弹跳等身体素质的提高起良好的作用。篮球运动不受年龄、性别的限制，运动场地小，器材简单，参与运动的人数可多可少，而且也适合不同体质和不同训练程度的人参加。通过篮球运动，可以锻炼身体，达到增强体质和促进健康的目的，同时也能丰富人们的业余文化生活。因此，世界上越来越多的人喜爱这项运动。

5. 集体性

篮球比赛中，队员除具备全面娴熟的个人技术外，进攻时还需要队员之间的巧妙传递配合，互相间的掩护配合，为本队的进攻创造更多的投篮得分机会；防守时还需要队员之间的互相补位，在战术需要紧逼、夹击防守时，更需要队员之间的默契配合才能完成，使之达到破坏对方进攻的目的。因此，无论是进攻还是防守，必须发挥集体的作用，齐心协力，密切配合，达到战胜对手的目的。

5.2 篮球运动的基本技术

篮球基本技术主要有移动、运球、接球、传球、投篮等。各类技术又有若干不同的方法和不同的完成方式。各种方法和方式的组合运用构成了进攻技术和防守技术两大部分。

5.2.1 移动

移动是在篮球比赛中队员为了争取时间和空间上的主动优势所采用的各种脚步动作

的总称，是学习篮球技术和使用机动灵活战术的基础。

移动技术有起动、跑、跳、急停、滑步、转身、跨步等。

移动

1）基本站立姿势

基本站立姿势是脚步移动的准备姿势，以便于各种技术动作的开始和运用。两脚前后或左右开立，与肩同宽，两膝微曲（大小腿之间的角度约为 135°），重心落于两脚之间，上体稍前倾，两臂自然弯曲于体侧，两眼注视全场情况。

2）起动

起动是队员在球场上由静止状态变为运动状态的一种起始的动作，是获得位移初速度的方法。从基本站立姿势开始，起动时，身体重心向跑动方向移动，以后脚（向前起动）或异侧脚（向侧起动）的前脚掌内侧突然有力地蹬地，同时上体迅速前倾或侧转，手臂协调地摆动，充分利用蹬地的反作用力，迅速向跑动方向迈出。起动后的两三步要迅速地连续蹬地和快速摆臂相配合，使之能在最短的距离内把速度有效地发挥出来。

3）跑

跑是队员在球场上改变位置、发挥速度的重要方法，也是比赛中运用最多的一种移动动作。篮球比赛中经常运用的跑主要有变速跑、变向跑、侧身跑。其中，变速跑是队员跑动中利用速度的变换来争取主动的一种方法。

4）跳

跳是队员在球场上争取高度及远度的一种动作方法。篮球比赛中很多技术动作需要队员在空中完成。因此，队员要会单、双脚起跳，能在原地、跑动中和对抗条件下向不同方向跳、连续跳等，并要求跳得快、跳得高，滞空时间长，以便更好地在空中完成各种攻守动作。

5）急停

急停是进攻队员在快速跑动过程中，突然制动并成静止状态的一种方法。常用的急停包括跨步急停和跳步急停。

（1）跨步急停。

急停时，一只脚跨出稍大，脚跟先着地，然后滚动到前脚掌撑地，脚尖由向前方转为向侧方，同时重心下降，并先落在后脚上，身体稍向后坐，以减缓向前的冲力。另一只脚着地时，前脚掌内侧用力蹬地，脚尖稍向内转，两膝弯曲并内收，上体稍前倾，重心落在两脚之间。两臂屈肘张开，帮助控制身体平衡，如图 5-1 所示。

图 5-1　跨步急停示意图

(2)跳步急停。

队员在跑动时用单脚或双脚起跳,两脚同时落地,前脚掌用力蹬地,两膝迅速弯曲,重心下降。两臂屈肘张开,保持身体平衡,如图 5-2 所示。

图 5-2　跳步急停示意图

6)滑步

滑步是队员防守时移动的主要步法。常用的滑步包括侧滑步、前滑步和后滑步三种步法。

防守的基本姿势是两脚开立略比肩宽,屈膝、降低重心,两臂张开,上体稍前倾。向左(右)做滑步时,左(右)脚向左(右)跨步,同时右(左)脚蹬地向左(右)滑动。前后滑步动作相同,只是前后进行。滑步是要始终保持屈膝、重心低的姿势。向左侧滑步示意图如图 5-3 所示。

图 5-3　向左侧滑步示意图

7)转身

转身是队员以一脚做中枢脚和另一脚蹬地向前后跨出,改变自己身体的站位方向和与对手位置关系的一种方法。转身包括前转身和后转身两种方式。前转身示意图入图 5-4 所示。

图 5-4　前转身示意图

8）跨步

跨步是一种起步的动作方法。跨步的动作方法是以一脚为中枢脚，另一脚向前或向侧方跨出，以便衔接其他动作。

5.2.2 运球

运球

运球是持球队员在原地或行进中，用单手连续按拍由地面反弹起来的球的一类动作方法，是篮球比赛中个人进攻的重要技术之一。它不仅是个人摆脱、吸引、突破防守的进攻手段，也是发动、组织战术配合的重要桥梁。运球是否熟练是控制支配球的一个标志。通过掌握与不断练习，能促进队员熟悉球性，增强手对球的感应。随着篮球技术的发展和竞赛规则对运球技术限制的修订，放宽了手对球吸附过程的尺度，运球动作和运用都发生了很大的变化。

运球包括高运球、低运球、体前变向换手运球、后转身运球和胯下运球等。下面主要介绍高运球、低运球和体前变向换手运球。

1）高运球

运球时，球反弹的高度在腰、胸之间叫高运球。它是在没有防守队员阻挠情况下，为了加快向前推进的速度或在进攻中调整进攻速度和攻击位置时，所采用的一种运球方法。

以右手运球为例：运球时，两脚前后开立或平行站立，两膝弯曲，上体稍前倾，目视前方。运球手臂自然弯曲，触球部位指根到指尖，手掌心空出，以肘关节为轴，用手拍球的正上方，球的落点在身体侧前方，球的反弹高度在腰、胸之间。肘部带动小臂手腕下压，用力拍球，如图 5-5 所示。

图 5-5　高运球示意图

2）低运球

运球时，球反弹的高度在膝关节以下的运球叫低运球。当受到对手紧逼或接近防守队员时，常采用这种运球方法保护球和摆脱防守。

运球时，两腿深屈，降低重心，上体前倾，目视前方。运球手臂自然弯曲，触球部位指根到指尖，手掌心空出，球的反弹高度在膝关节以下。低运球拍球的部位在球的正上方。运球时用手腕，手指发力，控制球的方向，如图 5-6 所示。

3）体前变向换手运球

体前变向换手运球（见图 5-7）是运球队员利用突然改变运球方向来突破防守的一种运球方法。这种方法多用于对手堵截运球前进路线时运用。

以运球队员右手运球向对手右侧突破为例。先向对手左侧快速运球，当对手向左侧

图 5-6 低运球示意图

图 5-7 体前变向换手运球

移动堵截时，运球队员突然变向，用右手拍按球的右侧后上方，并靠近身体向左侧送拍球，使球落在身体的左侧前方反弹，右脚迅速向左侧前方跨出，上体左转并前倾探肩，换手拍按球的后上方，加速运球突破。

1. 常见错误

（1）高运球、低运球时低头看球，运球时掌心触球，不注意观察场上的情况，球的落点在身体的正前方。

（2）运球体前变向不及时、不明显。

（3）运球转身过程中，身体重心上下起伏；转身时，球离身体太远。

2. 练习方法

（1）原地做高运球和低运球，体会基本动作；左、右手交替做横运球，体会换手时拍球的部位和拉球、推球的动作；做体侧前（拉）后推运球，体会向前、向后运球的触球部位。

（2）变向运球，体会换手时拍按球的部位和拉球、推球的动作。

（3）体侧前拉后推运球练习，体会向前、向后运球的触球部位。

（4）双球同时运球，提高控制球的能力。

5.2.3 传接球

传接球

传接球是篮球比赛中队员之间有目的地转移球，以更好地配合全队进攻的有效手段。因此，传接球是组织全队进攻配合的纽带，也是提高进攻质量的重要环节。

1）传球

传球是队员将球越过防守人，传给另一个同队队员。所以传球应有一定的目的性，既能安全地被同队队员接住，又能为接球后顺利地完成下一个攻击动作提供方便。

传球技术有，双手胸前传球、双手低手传球、双手头上传球、双手反弹传球、单手肩上传球、单手胸前传球、单手背向传球、单手体侧传球和勾手传球等方法。

下面将对双手胸前传球和单手肩上传球进行简要的介绍。

（1）双手胸前传球。

双手胸前传球是一种最基本、最常用的传球方法，适用于不同方向、不同距离的传球，其特点是准确性高，便于控制球。

两腿前后开立或与肩同宽，膝关节自然弯曲，双手触球两侧，手上触球部位为指根到指尖，五指自然张开，掌心空出，手腕向外翻转，肩、肘、腕关节放松，全身协调用力并将球传出，如图 5-8 所示。

图 5-8　双手胸前传球示意图

（2）单手肩上传球。

单手肩上传球常用于中、远距离传球，其特点是传球力量大，利于抢到后场篮板后长传快攻。

以右手传球为例：双手持球于胸前，右手传球时，两脚开立，左脚向传球方向或侧方跨出一步，同时将球引到右肩侧，左手扶球，右手腕迅速前屈，通过食指、中指拨球将球传出，如图 5-9 所示。

图 5-9　右手肩上传球示意图

2）接球

接球是队员获得球的动作，是抢篮板球和断球的基础，包括双手接球和单手接球两种。

（1）双手接球。

双手接球包括双手接胸部高度的球、双手接头部高度的球、双手接低于腰部的球和双手接地滚球等方法。下面简要介绍双手胸前接球的动作要领。

接球时，两眼注视来球方向，两臂向来球方向伸出，十指自然分开。当双手触及球时，手臂顺势引球，将球持于胸腹之间，如图 5-10 所示。

（2）单手接球。

以右手接球为例：接球时，两眼注视来球方向，右臂微曲，伸向来球方向，手掌成勺形，五指自然分开。当手指触及球时，右臂顺势引球，左手立即帮助右手，双手持球于胸腹间，如图 5-11 所示。

图 5-10　双手胸前接球示意图

图 5-11　右手接球示意图

5.2.4　投篮

投篮（原地投篮）

投篮是队员将球投入篮圈的一种专门动作，它是篮球比赛中唯一的得分手段，是一切进攻技术、战术的最终目的和全部攻守矛盾的焦点。因此，加强投篮技术的教学与训练，正确掌握并熟练运用投篮技术，不断提高投篮命中率，是对教练员和运动员的最基本要求。

投篮包括原地投篮、三步上篮、跳起投篮、补篮和扣篮等，本节只介绍原地投篮和三步上篮。

1）原地投篮

原地投篮包括双手胸前投篮、单手肩上投篮等。

（1）双手胸前投篮。

这种投篮虽然出球点较低，但出手前稳定性好，出手力量大，便于与传球、突破相结合，多用于远距离投篮。

投篮前，两肘自然下垂，将球置于胸前，目视瞄准点。两脚前后或左右开立，两膝微曲，重心落在两脚之间。投篮时，两脚蹬地，腰腹伸展，两臂向前上方伸出，两手腕同时外翻，拇指稍用力压球，食指、中指拨球，使球从拇指、食指、中指的指端飞出。球出手后，脚跟提起，身体随投篮出手方向自然伸展，如图 5-12 所示。

（2）单手肩上投篮。

以右手投篮为例：指根到指尖部位触球，掌心空出，右手翻腕托球的后下部，右臂屈肘

图 5-12　双手胸前投篮示意图

内收,置球于额头上方,上臂与肩关节约成 90°,左手扶球的左侧,面向篮筐,眼睛瞄篮筐。两脚平行张开与肩同宽,膝关节弯曲,脚尖指向篮筐。投篮时,下肢蹬地发力,用手腕下压和手指拨球动作,使球从食指、中指端柔和将球投出,如图 5-13 所示。

图 5-13　原地单手肩上投篮示意图

投篮(三步上篮)

2) 三步上篮

三步上篮是在快速跑动中接球或运球后做中、近距离投篮时,所采用的一种投篮方法。一般多在快攻结束或突破切入篮下时运用。行进间投篮包括单手低手上篮、单手高手上篮、双手低手投篮、反手投篮和勾手投篮等。

(1) 三步低手上篮。

三步低手上篮是在快速跳动或运球超越对手后,在篮下的一种投篮方法。它具有伸展距离远和出球平稳的优点。

以右手投篮为例:双手握球两侧,把球放在胸前,五指张开,五指触球部位是指根到指尖,上下肢协调,面向篮筐。右手上篮时,右脚先迈步,左脚蹬地,向篮筐方向进行两步,第三步起跳上篮,左脚蹬地,右脚上抬,上肢打开,手臂伸直向前方,手指端住球的下方,利用手指手腕手臂上拨将球上进,如图 5-14 所示。

(2) 三步高手上篮。

三步高手上篮又称行进间单手高手投篮,是在比赛中切入篮下时,常用的一种投篮方法。

以右手投篮为例:双手握球两侧,把球放在胸前,五指张开,五指触球部位是指根到指尖,上下肢协调,面向篮筐。右手上篮时,右脚先迈步,左脚蹬地,向篮筐方向行进两步,第三步起跳上篮,左脚蹬地,右脚上抬,上肢肘部打开,手臂打直举起到肩上,手指端住球的

图 5-14　行进间单手低手投篮示意图

下方，利用手指手腕上拨将球上进，如图 5-15 所示。

图 5-15　行进间单手肩上投篮示意图

5.2.5　抢篮板球

抢篮板球

攻守双方争夺投篮未中的球称为抢篮板球。它是获得球最主要的手段之一，也是篮球比赛中攻守转换的重要标志和核心。控制好篮板球意味着终结对手的攻击或自己又一轮的进攻的开始。抢篮板球分为抢防守篮板球和抢前场篮板球。

1）抢防守篮板球

攻方投篮时，防守队员应根据自己与进攻队员之间的不同距离，采取不同的挡人方法，然后根据球的反弹方向，及时转身，抢占有利位置，跳起用单手或双手迅速将球抢走。

2）抢前场篮板球

根据自己在场上所处的位置，及时判断出球的反弹方向，快速起动，摆脱防守，抢占有利的位置。采取单脚或双脚起跳，腾空后身体和手臂充分伸展，及时调整重心，单手或双手将球抓住，进行投篮或将球传出。

5.2.6　持球突破

持球突破是持球队员运用脚步动作和运球技术快速超越对手的一项攻击性很强的技术，在比赛中与中投、传球密切结合运用，不但能有效地增强个人进攻威力，而且能打乱对方的防守部署，为同伴创造良好的投篮时机。

1. 交叉步持球突破

持球突破

以右脚作中枢脚为例：两脚左右开立，两膝微屈，身体重心降低，持球于胸前。突破时，先做向左侧突破的假动作，然后左脚前掌内侧迅速蹬地向右前方迈出一大步，上体右转左肩下压，同时右手运球迅速超越对手，如图 5-16 所示。

图 5-16　交叉步持球突破示意图

2. 同侧步(顺步)持球突破

以左脚作中枢脚为例:准备姿势同交叉步。突破时,左脚前掌内侧蹬地,右脚迅速向右前方跨出一步,同时上体右转,左肩下压,用右手将球放于右脚的侧前方,左脚再迅速蹬地上步超越对手。

5.3　篮球运动的基本战术

篮球战术是篮球比赛中队员所运用的攻守方法的总称,是队员个人技术的合理运用和队员之间相互协同配合的组织形式。篮球战术是篮球比赛中队员之间相互协同行动的方法。其目的是为了更好地发挥本方队员的技术与特长,并制约对方,力争掌握比赛的主动权。

5.3.1　进攻基本战术

篮球战术主要分为进攻和防守两种战术。

1. 掩护配合

掩护配合是指进攻者以合理的行动,用身体挡住同伴防守者的通路,为同伴摆脱防守,创造接球和投篮机会的一种配合方法。根据掩护者和被掩护者身体位置和方向的不同,有前掩护、侧掩护和后掩护 3 种形式。

(1) 前掩护:是指掩护者站在同伴的防守者的前面,用身体挡住防守者的移动路线,使同伴借机接球或投篮。

(2) 侧掩护:是指掩护队员站在同伴的防守者侧面(稍偏后一些),用身体挡住防守者的移动路线,使同伴摆脱防守获得进攻机会的一种配合方法。

(3) 后掩护:是掩护者移动到同伴防守者的身后,使同伴借助掩护摆脱对手的一种配合方法。它的特点是被掩护(挡住)的防守者不易发现,配合容易成功。

2. 传切配合

传切配合是利用传球和切入技术组成的简单配合。传切配合包括一传一切和空切两种方法。一传一切是指持球队员传球后向篮下切入,接回传球投篮。空切是指不持球队员摆脱对手,切向防守空隙区域,接球投篮或做其他进攻动作。

3. 突分配合

突分配合是指进攻队员利用持球突破,打乱对方防守布局或吸引其他防守队员,在突破过程中把球及时传(分)给在有利位置上的同伴的一种配合方法。

4. 策应配合

策应配合是指处在内线的进攻队员背向或侧向进攻方向接球后,以他为枢纽,通过多种传球方式与同伴的空切和绕切相结合,借以摆脱防守,创造各种进攻机会的一种配合方法。

5.3.2 防守基本战术

1. 挤过配合

挤过配合是指当对方采用掩护进攻时,防守者为了破坏对方的掩护配合,当掩护者临近的一刹那,被掩护者抢前一步贴近自己的对手,并从两个进攻者之间侧身挤过去,继续防住自己的对手。配合防掩护的队员发现对方的意图后,应提醒被掩护者及时挤过防守。

2. 穿过配合

穿过配合是指当对方进行掩护时,防掩护者要及时提醒被掩护者,并主动后撤一步,让同伴及时从自己和掩护者之间穿过,继续防守对手。

3. 夹击配合

夹击配合是指两个以上的防守者同时采取突然行动,封堵和围夹持球者的一种配合方法。夹击配合是一种积极主动、攻击性很强的防守配合,它能有效地控制持球者的活动,制造对方失误和抢断球的机会。

4. "关门"配合

"关门"配合是指邻近的两名防守队员协同堵截进攻队员运球突破的一种防守配合方法,通常在区域联防和半场人盯人防守战术中运用。

5. 交换配合

交换配合是指当对方掩护成功时，与同伴及时交换所防守对象的配合方法。

6. 围守中锋

围守中锋配合是指外围防守队员协同内线防守队员，共同围守对方中锋的一种配合方法。

5.4 篮球运动的主要规则

5.4.1 比赛场地

标准篮球场地是一块长 28 m，宽 15 m 的长方形平地，如图 5-17 所示。其他比赛场地的长度可减少 4 m，宽度减少 2 m，要求其变动互成比例。球场必须有明显的界线，界线距观众、广告牌或其他障碍物至少 2 m。篮球场长边的界线叫边线，短边的界线叫端线。

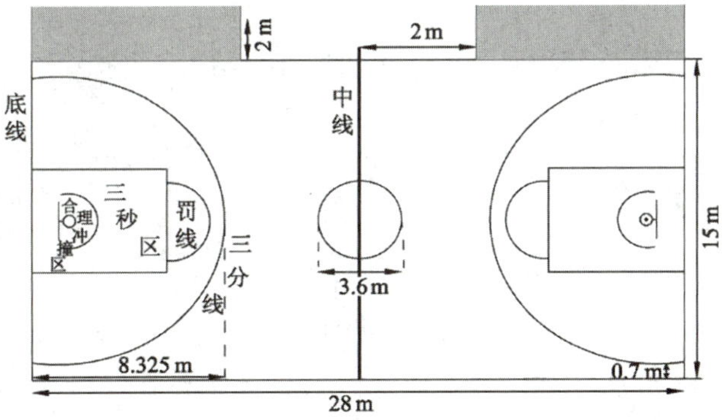

图 5-17　篮球场示意图

5.4.2 比赛方法

篮球比赛由两个队参加，每队上场 5 人，其中 1 人为队长，替补球员有 7 人。篮球比赛分四节，国际篮球每节 10 min，美国男子篮球职业联赛(即 NBA)为 12 min；国际篮球每节之间休息 5 min，NBA 为 130 s；国际篮球中场休息 10 min，NBA 为 15 min，另外，在 NBA 中，第四节和加时赛之间和任何加时赛之间休息 100 s。比赛结束两队得分相同时，则举行 5 min 的加时赛，若得分仍相同，则再次进行 5 min 的加时赛，直至分出胜负。

5.4.3 得分

在 3 分区内将球投入对方球篮得 2 分；在 3 分区外将球投入对方球篮得 3 分；罚球中 1 次得 1 分。

5.4.4 时间规则

(1) 3 秒钟规则:分为进攻 3 秒和防守 3 秒。进攻 3 秒:进攻方球员不得滞留于 3 秒区 3 秒钟以上。防守 3 秒:当某防守方球员对应的进攻方球员不在 3 秒区或者 3 秒区边缘,且彻底摆脱防守球员时,防守方球员不得滞留禁区 3 秒钟以上。

(2) 5 秒钟规则:持球后,球员必须在 5 秒钟之内掷界外球出手,FIBA 规则规定罚球也必须在 5 秒钟内出手。

(3) 8 秒钟规则:球队从后场控制球开始,必须在 8 秒钟内使球进入前场(对方的半场)。

(4) 24 秒钟规则:进攻球队在场上控球时必须在 24 秒钟内投篮出手(NBA、CBA、CUBA、WNBA 等比赛均为 24 s,全美大学体育联合会比赛中为 35 s)。

5.4.5 罚球

每名球员各有 4 次被允许犯规的机会,第 5 次即犯满退场(NBA 中为 6 次),一般情况下不能在同一场比赛中再度上场。

罚球是在谁都不能阻挡、防守的情况下投篮,是作为对犯规队伍的处罚,给予另一队的机会。

罚球要站在罚球线后,从裁判手中接过球后 10 s 内要投篮。在投篮后,球触到篮筐前双方球员均不能踩越罚球线。

5.4.6 犯规

(1) 侵人犯规:与对方发生身体接触而产生的犯规行为。

(2) 技术犯规:队员或教练员因表现恶劣而被判犯规,比如与裁判发生争执等情况。国际篮联赛为两次罚球一次球权,NBA 为一次罚球一次球权。一个人领到两次技术犯规会被驱逐出场。

(3) 违体犯规:违体犯规全称叫“违反体育道德规则”。裁判员认为队员蓄意对持球或不持球的对方队员造成严重粗野的、专门针对球员的、可能导致严重伤害的侵人犯规即为违体犯规。一场比赛两次领到违体犯规的球员,下场比赛将自动停赛。

(4) 取消比赛资格的犯规:球员做出的违背运动员精神的犯规动作,比如打人。发生此类情况后,球员应立即被罚出场。

(5) 队员 5 次犯规:无论是侵人犯规,还是技术犯规,一名球员犯规共 5 次(NBA 规定为 6 次)必须离开球场,一般情况下不得再进行本场比赛。

5.4.7 违例

违例既不属于侵人犯规,也不属于技术犯规的违反规则的行为。主要的违例行为有非法运球、带球走、3 秒违例、使球出界、用脚踢球等。

(1) 队员出界:球员带球或球本身触及界线或界线以外区域,即属球出界。在球触线或线外区域之前,球在空中不算出界。

(2) 干扰球：投篮的球向球篮下落时，双方队员都不得触球。当球在球篮里的时候，防守队员不得触球。

(3) 球碰板后双方队员不得碰球，直到球下落。

(4) 被紧密盯防的选手：被防守队员紧密盯防的球员必须在 5 s 之内传球、运球或投篮，否则其队将失去控球权(NBA 规则中无此规定)。

(5) 球回后场：当进攻一方把球带过中场线之后就不可以把球带回后场，若再带回后场就视为违例，这种犯规就叫作“回场球”。

思考与练习

(1) 简述篮球运动的起源与发展。

(2) 篮球运动的特点有哪些？

(3) 简述篮球运动的作用。

(4) 简述常见的运球技术。

(5) 简述防守的基本战术。

第 6 章 排球

6.1 排球运动概述

排球运动是指参与者以身体的任何部位(手、手臂为主)在空中击球,使球不落地,既可隔网进行集体的攻防对抗性的比赛,也可不设网相互进行击球游戏的一种体育运动项目。

6.1.1 排球运动的起源与发展

1895 年美国人威廉·摩根发明了排球运动。20 世纪初排球运动在美洲、亚洲和欧洲得到流行和普及。1947 年成立了国际排球联合会。1947 年 4 月,国际排球联合会在法国巴黎成立。1949 年首届世界排球锦标赛在布拉格举行。1964 年排球运动被正式列为奥运会比赛项目。进入 20 世纪 90 年代,排球运动朝着大型化方向发展,运动员身高逐年增加,弹跳力迅速提高,进攻力量增强,网上争夺日趋激烈,没有网上优势单靠后排防守好的队很难取得好成绩。“跳发球”被广泛运用,对接发球造成威胁。“后排进攻”的出现,丰富了进攻战术打法,从前沿到纵深形成了立体进攻,给拦网和后排防守都带来困难。现代排球技战术体现了全面、高度、快速和多变,以及网上争夺更加突出等各个方面。目前世界性的比赛有:世界排球锦标赛、世界杯排球赛、奥运会排球赛和世界排球联赛。

1949 年后,中央政府也极为重视体育运动的开展,从而提高全国人民的健康水平。在 1950 年 7 月在全国体育工作者暑期会议上,中华全国体育总会,第一次介绍了国际排联制定的 6 人制排球竞赛规则和方法。同年 8 月组成第一支男子排球队——中国学生代表队,赴布拉格参加世界学生第二次代表大会的排球赛。1951 年正式成立了国家男女排球队。1953 年我国成立排球协会,1954 年国际排联正式接纳我国为正式会员国。中国女排分别在 1981 年第 3 届世界杯女排锦标赛、1982 年第 9 届世界女排锦标赛、1984 年第 23 届奥运会女子排球赛、1985 年第 4 届世界杯女排锦标赛、1986 年第 10 届世界女排锦标赛上荣获“五连冠”,为中国争得了荣誉。

6.1.2 排球运动的特点

1. 群众性

排球场地设备简单，比赛规则容易掌握。排球运动既可在球场上比赛和训练，亦可以在一般空地上活动，其运动量可大可小，适合于不同年龄、不同性别、不同体质、不同训练程度的人。

2. 对抗性

排球比赛虽隔网相争，但也具有激烈的对抗性。水平越高的比赛，对抗越激烈精彩。排球比赛中攻防不断转化，扣球与拦网、发球与接发球都体现出限制与反限制的关系，霹雳般的扣杀、城墙似的拦网、鱼跃救球、猛力踏跳。这些对于提高人的中枢系统和内脏系统的功能，促进健康发展，增强弹跳、力量、速度、灵敏等身体素质，培养勇猛果断、机智灵活、顽强拼搏的良好品质和竞争意识，都有很大的作用。

3. 全面性

正式比赛规则规定队员从对方手中获得发球权必须轮转，这就要求场上队员要尽可能做到攻防兼备，技术全面；比赛中每项技术既能得分，又能失分，这就要求队员必须全面、熟练地掌握技术；在快速的攻防转换中要求三次击球过网，球不得在手中停留，双方都不希望球在本方场内落地，因此排球运动具有技术的全面性。

4. 集体性

排球比赛是一项集体配合的项目，每个技术环节都体现出团结协作的精神，每个环节的失误都会造成集体的被动和全队的失败。好的进攻配合便于撕破对方防线；好的拦防配合又打下了反击进攻的基础。高水平的球队，必然有着默契的配合，体现出集体性和协作性。因此，排球运动能培养人们的团结协作的团队精神。这是现代生活中极其需要的心理素质之一。

5. 运动价值

第一是击空中的球的技术特点。无论是在排球比赛还是在排球游戏中运用的各种击球方式，都必须击空中的球，接队友的球是如此，接对方击过网的球更是如此，就连自己将球击过网的发球技术，也要将球先抛在空中然后才能击球。因此，参加排球运动的人在时间和空间感觉上得到的锻炼和提高是其他球类项目不可比拟的。

第二是击球时触球时间短促。排球运动问世至今，其竞赛规则始终不允许“持球”，即不允许球在击球部位停留的时间过长，这是除了借助工具击球的乒乓球、网球等项目外，区别于其他球类运动的一大特点。这一特点既能提高运动员在短暂的触球时间内对来球的力量、速度、角度等因素的准确判断能力，又能提高运动员把来球准确地击向预定目标的控制能力。

第三是允许全身各部位击球。目前所有的球类运动都有其规则限定的身体合法触球部位，唯独排球竞赛规则规定运动员全身任何部位均可触球。因此，排球运动能使参加该项运动的人，在击球过程中充分体现自我才能和展现各种高超的击球技巧。

第四是独特的得分和失分计算。在不借用工具击球的球类比赛中，只有排球比赛(6人制排球)在运用各种技术动作击球时，都存在直接得分和直接失分的两种可能性，这就要求排球运动员必须具有扎实的基本功，掌握技术不仅要熟练，还必须全面。降低失误率，这是排球比赛制胜因素中不容忽视的一项指标。

第五是完成战术配合时触球次数的有限性。排球竞赛规则是，每方击球过网，不得超过3次。即每一次战术配合过程只能在3次击球中完成，这一特点是其他集体球类运动项目所不具备的，因此排球比赛中的各种巧妙配合无一不体现运动员高度的战术意识、队员之间合作的默契程度和准确程度。

6.2 排球运动的基本技术

排球技术是在比赛规则允许的条件下，队员运用的各种合理击球动作和配合动作的总称，主要包括准备姿势与移动、发球、传球、垫球、扣球和拦网等。

6.2.1 准备姿势与移动

1. 准备姿势与移动技术

准备姿势和移动是排球运动中各项技术的基础。任何一项排球技术在比赛中运用的效果，在很大程度上取决于准备姿势和移动技术。

1) 准备姿势

按照重心的高低，准备姿势包括半蹲、稍蹲和低蹲三种。

(1) 半蹲：两脚左右或前后开立(根据场上情况，可以左脚在前或右脚在前)，稍比肩宽，脚跟提起，膝微曲，脚尖和膝稍内扣；上体前倾，重心前移，肩超膝，膝超脚尖；两臂自然弯曲，置于腹前，目视来球，如图6-1所示。

(2) 稍蹲：身体重心比半蹲姿势更高，动作方法相同，一般用于扣球助跑前，或不需快速反应启动的场合。

(3) 低蹲：身体重心比半蹲姿势更低，主要用于防守和接、拦回球等。由于重心低，因此便于倒地和插到球下，适用于防低远球，如图6-2所示。

热身运动：弓步压腿

热身运动：上肢手腕放松动作

热身运动：手腕脚腕活动

图6-1 半蹲示意图

图6-2 低蹲示意图

2）移动

移动目的是及时接近球，根据来球做出各种击球动作。常用的移动方法有并步与滑步、交叉步、跑步、跨步与跨跳步等。

（1）并步与滑步：来球在一步左右时，采用并步与滑步移动，如向前移动时，前脚向前迈出一步，后脚蹬地迅速合并完成击球前的准备姿势，同时保持身体平衡。并步的连续动作称为滑步。向左右移动时，同侧脚先向侧迈出一步，如图 6-3 所示。

图 6-3　并步与滑步示意图

（2）交叉步：来球在体侧 3 m 左右时，采用交叉步移动。如向右侧做交叉步移动时，上体向右转，左脚从右脚前向右交叉迈出一步，同时身体转向来球方向，保持击球前的准备姿势。向左侧做交叉步移动时则动作相反，如图 6-4 所示。

（3）跨步与跨跳步：如向前移动，则后腿蹬地，前脚向来球方向跨出一大步，膝部弯曲，上体前倾，身体重心移至前腿上，如图 6-5 所示。跨步过程中有跳跃即为跨跳步。

图 6-4　交叉步示意图

图 6-5　跨步示意图

（4）跑步：来球距离身体较远时，采用跑步移动，步幅由小到大，两臂用力摆动。

2. 常见错误

（1）直腿弯腰。

（2）臀部后坐。

（3）全脚掌着地。

（4）制动不好，制动后不能保持准备姿势。

3. 练习方法

（1）队员集体做准备姿势，强调两脚的位置。

（2）原地跑或慢跑中，看教练发出的信号，迅速做准备姿势。

（3）队员在准备姿势的基础上，看教练手势做向前、后、左移动。

（4）两人一组，一人抛球一人按步法要求移动接球。

（5）各种形式的移动接力。

6.2.2 发球

发球过程分为准备姿势、抛球和击球三个环节。

1）正面下手发球

这种发球动作简单，容易掌握，准确性好，但球速慢，攻击性不强，适用于初学者，如图6-6所示。

（1）准备姿势：面对球网站立，左脚在前，两膝微屈，上体稍前倾，左手持球于腹前。

（2）抛球：左手将球平稳抛至腹前，离手高度约20 cm，同时右臂摆后。

（3）击球：抛球引臂后，利用右脚蹬地的力量，带动右臂向前上方摆动，在腹前用全掌击球的后下方。注意控制击球的出手角度和线路。

图6-6　正面下手发球示意图

2）正面上手发球

正面上手发球的特点是力量大、速度快、弧度平、旋转强和落点易于控制。

（1）准备姿势：面对球网站立，两脚前后自然开立，左脚在前，两膝微屈，上体前倾，左手持球于胸前。

上手飘球
解析及示范

图6-7　正面上手发球示意图

（2）抛球：左手将球垂直平稳地抛向右肩的前上方，置于头上三个球左右高。同时右臂抬肘约与肩平，前臂后引，手掌置于头后上方，上体略向后移，挺胸、展腹、身体重心后移至右脚。

（3）击球：身体重心前移，收腹，同时带动右臂迅速向肩前上方挥动，在最高点伸直手臂，用力掌击球的后中部。在触球的刹那，手腕适当地向前推压，如图6-7所示。

3）侧面下手发球

侧面下手发球的特点是发球动作较简单，容易掌握，稳定性较大，但攻击性较小，如图6-8所示。

（1）准备姿势：右肩对网站立，两脚左右开立，与肩同宽，上体稍前倾，重心落于两脚间或稍偏右脚，左手置球于腹前。

（2）抛球：左手将球抛至胸前，距身体约一臂远，同时右臂摆至身体右侧后下方，上体稍右转。

（3）击球：右脚内侧蹬地，身体左转，带动右臂向前摆动，在腹前用全掌击球下部，将球击出。击球时，手臂要伸直，眼睛要看着球。

图6-8 侧面下手发球示意图

4）正面下手发球

正面下手发球动作技术简单，是学习发球技术的入门，面对球网，左脚在前，两膝微屈，左手持球于胸前，右手自然下垂，眼视前方。左手将球在体右侧抛起，高约20 cm，抛球时，身体重心后移，同时右手后摆。击球时，右脚蹬地，身体重心前移，右臂伸直，以肩为轴向前摆至腹前，用掌根击球的后下部。击球后，随着击球动作身体重心前移，迅速入场。

6.2.3 传球

传球是利用全身协调力量并通过手指手腕的弹力去迎击球的一项技术动作。它是组织战术的基础，主要用于衔接防守和进攻。

传球的方式很多，有正面传球、侧传、背传、跳传、单手传球等。其中，正面传球（见图6-9）是传球中最基本的方法，是掌握和运用其他各种传球技术的基础。

图6-9 正面传球示意图

图 6-10　准备姿势示意图

1）正面传球

（1）准备姿势：两脚前后分立同肩宽，膝弯曲身体重心偏前脚上，两臂弯曲，肘关节自然下垂置于胸前，两眼注视来球方向，如图 6-10 所示。

（2）迎球：当来球接近额前时，开始蹬地、伸膝、伸臂，两手微张从脸前向前上方迎球。

（3）击球：击球点在额前上方的一球距离处，这样便于在观察来球的同时也能看清手和传球目标，有利于对准球和控制传球方向。

（4）用力：从下肢开始，以伸膝、伸髓，通过球压在手上使手腕、手指产生的反弹力将球传出。

2）背传

（1）准备姿势：传球时，上体保持正直或稍后仰，两膝半屈，重心落于两脚间，双手自然抬起，置于脸前，目视来球方向。

（2）迎球：迎球时，微仰头挺胸，下肢蹬地，同时上体向上方伸展。

（3）击球：触球时，手腕后翻，掌心向上击球底部（手形与正传的手形相同）。

（4）用力：下肢蹬地、展腹、抬臂、伸肘，通过手指和手腕的弹力把球向后上方传出，如图 6-11 所示。

图 6-11　背传示意图

6.2.4　垫球

垫球是用手臂从球的下部，利用来球的反弹力向上击球的技术动作。

垫球技术包括正面双手垫球、体侧双手垫球、单手垫球、背向垫球及鱼跃垫球、前扑垫球、挡球等。下面着重介绍正面双手垫球技术。

正面双手垫球是双手在腹前垫击来球的一种垫球方法，是各项垫球技术的基础。

（1）动作要领：垫球前，两脚开立稍比肩宽，垫球手臂与地面形成一定夹角。判断球的落点后迅速移动到落点，身体正对来球方向，成准备姿势站好；当球接近腹前时，两臂夹紧前伸，含胸收肩，收腕抬臂将球准确地垫在小臂上，如图 6-12 所示。

图 6-12　正面双手垫球示意图

（2）手形：常用的垫球手型有两种。一种是叠指法，两手手指上下相叠，掌根紧靠，两拇指平行相靠，紧压在上层手指中指的第二节上，两臂伸直相夹，注意手掌部分不能相叠，如图 6-13 所示；另一种是抱拳法，两手抱拳互握，两拇指平行朝前，两掌根和两前臂外旋紧靠，手腕下压，使前臂形成一个垫击平面，如图 6-14 所示。

垫球解析及示范

（3）击球点与垫球部位：击球点应保持在腹前约一臂处；垫球部位为前臂腕关节以上 10 cm 左右桡骨内侧平面为宜，如图 6-15 所示。

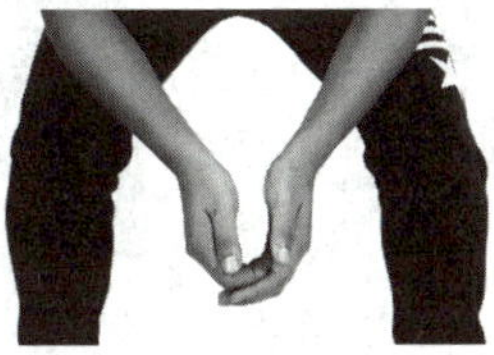

图 6-13　叠指法示意图

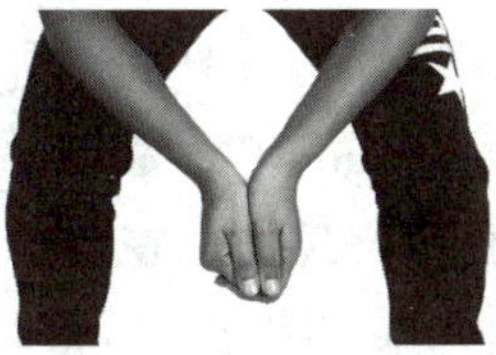

图 6-14　抱拳法示意图

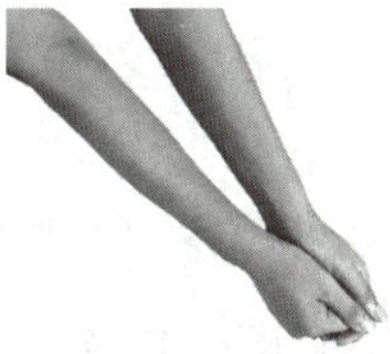

图 6-15　垫球部位示意图

（4）背垫：首先判断球落点、方向和背网距离，迅速移动到落点处，背对出球方向，两臂夹紧伸直，插到球下。击球时，蹬地、抬头挺胸、展腹，直臂向后上方摆动击球。

6.2.5　扣球

扣球是排球技术中心攻击性最强、最有效的进攻手段，在比赛中占有非常重要的地位。它是在二传配合的基础上，完成进攻战术的最后关键一环。

扣球主要包括正面扣球、自我掩护扣球和勾手扣球等。下面对正面扣球进行简要介绍。

扣球按其技术结构来讲，包括准备姿势、助跑、起跳、空中击球和落地几个相互衔接的部分，整个动作必须协调一致，且有节奏。

（1）准备姿势：采用稍蹲姿势，两臂自然下垂，观察来球，做好向各个方向助跑起跳的准备。

（2）助跑：助跑时，左脚先向前迈一小步（便于寻找和对正方向），接着右脚再迅速跨出一大步，同时两臂绕体侧向后引。左脚及时跟上右脚，踏在右脚之前，两脚尖稍向右转，屈膝制动同时两臂自后积极向前摆动。

（3）起跳：助跑制动之后，两臂用力向上摆，同时两脚猛力蹬地向上起跳。

(4) 空中击球:起跳后,挺胸展腹,上体稍向右转,右臂向后上方抬起,身体成反弓形。挥臂时,以迅速转体、收腹动作发力,并带动肩、肘、腕各部位关节成鞭甩动作向前上方挥动。击球时,五指微张成勺,两臂用力向上摆,同时两脚猛力蹬地向上起跳。

(5) 落地:落地时,前脚掌先着地,然后过渡到全脚掌着地,顺势屈膝收腹,以缓冲下落的力量,如图 6-16 所示。

图 6-16　正面扣球示意图

6.2.6　拦网

拦网是在网前跳起用双手阻拦对方的扣球,它既是防守技术,也是进攻手段。拦网是防守的第一道防线,是反攻的重要环节面对球网,两脚平行开立约与肩宽,两手自然置于胸前。可采用并步、跨步、滑步、交叉步、跑步等,将身体重心移动到拦网位置,准备起跳。起跳时身体应正对球网后起跳,或在起跳过程中在空中使身体转向球网。起跳时,膝关节弯曲,两脚用力蹬地,两臂在体侧划小弧用力上摆,带动身体向上垂直起跳。空中击球时起跳后稍收腹,控制平衡。两手从额前贴近并平行网向网上沿前上方伸出,两臂伸直,两肩尽量上提。拦击时,两手尽量伸向对方上空,接近球,两手自然张开,屈指屈腕呈勺型。当手触球时,两手要突然拦腕,用力捂盖球的前上方。

拦网包括单人拦网和集体拦网两种,两者的个人动作要领相同,只不过后者更注重相互之间的协调与配合。下面将对单人拦网进行简要介绍。

单人拦网的动作要点如下。

(1) 准备姿势:面对拦网,两脚左右开立,与肩同宽,两膝微屈,两臂在胸前屈肘距网 30～40 cm。

(2) 移动:为了及时对正对方的进攻点,拦网队员需要及时移动。常用的移动步法有并步与滑步和交叉步等。

(3) 起跳:原地起跳时,两膝弯曲(弯曲程度因人而异,以发挥最高弹跳力为原则),重心降低,双脚用力蹬地,同时两臂在体侧划小弧用力上摆,带动身体垂直起跳。

(4) 空中击球:起跳过程中,两手经额前并平行球网向网上沿的前上方伸出,两臂平行伸直,前臂靠近网,两肩尽量上提;拦网时,两臂尽力过网伸向对方上空,两手自然张开,屈指、屈腕成勺形,以便包住球;手触球时,两手要突然紧张,手腕下压盖住球的前上方。

(5) 落地:落地时,面对对方,屈膝缓冲,同时屈肘向下收臂,如图 6-17 所示。

图 6-17　单人拦网示意图

6.3　排球运动的基本战术

排球战术是指比赛双方运用进攻与防守的对抗，并结合临场变化，合理地运用技术，有组织、有针对性地配合行动。一个球队的战术水平往往反映着该队的技术水平，因为只有全面、准确、熟练地掌握了基本技术，才可能形成战术。排球基本战术分为个人战术和集体战术两种。个人战术是指个人根据临场情况有目的地运用技术的过程。集体战术是指两个或两个以上队员之间有组织、有目的的集体协同配合。集体战术又分为进攻战术和防守战术。

6.3.1　阵容配备

阵容配备是合理地使用本队队员的一种组织手段。其目的在于把全队的力量有效地组织起来，最大限度地发挥每一个队员的特长和作用。阵容配备主要有“四二”配备与“五一”配备两种。

1.“四二”配备

“四二”配备即安排 4 个进攻队员和 2 个二传队员。4 个进攻队员又分为 2 个主攻队员，2 个副攻队员，他们都站在对角位置上，如图 6-18 所示。

图 6-18　“四二”配备示意图

"四二"配备的优点是每一轮前排都有 1 个二传队员和 2 个进攻队员，便于组织"边一二""中一二"进攻；如两名二传队员也有攻击力，每一轮次都可采用"插上"进攻，以加强进攻的威力，给对方拦网和后排防守造成困难。

2."五一"配备

"五一"配备即安排 5 个进攻队员和 1 个二传队员。

"五一"配备的优点是加强了进攻和拦网，全队战术配合打法由二传队员一人组织决定，相互配合上容易建立默契，并有利于统一指挥，但当二传队员轮转到前排时，有三轮前排只有两点进攻，这时二传手也可组织自我排挤战术或运用两次扣球及吊球，以及组织立体进攻战术来突袭对方，以弥补"五一"配备的弱点。如在二传队员的对角位上，配备一名有进攻能力的接应二传（见图 6-19），则可弥补有时主二传队员来不及传球所出现的被动局面。

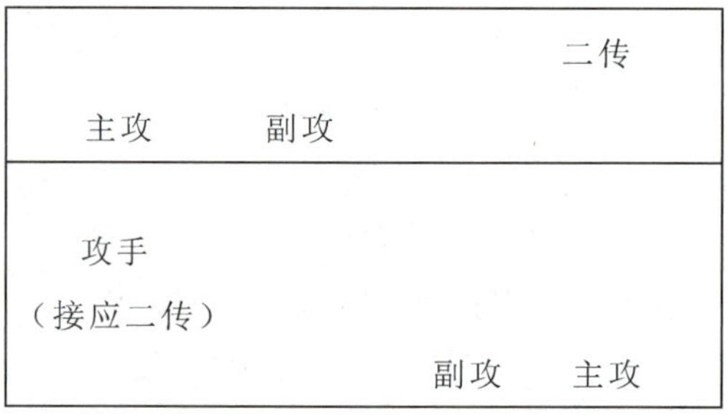

图 6-19 "五一"配备示意图

6.3.2 进攻战术

1."中一二"进攻战术

由 3 号位队员作二传，将球传给 4 号、2 号位或后排队员进攻的组织形式，如图 6-20 所示。这种阵型是排球战术中最简单、最基础的一种进攻阵型。

优点：二传队员居中站位，场上移动距离以及传球距离短；一传目标明确、容易，利于组织进攻；战术配合简单，适合初学者采用。

缺点：战术配合方法少，对方容易识破进攻意图。

这种阵型在技术水平较低的球队中多被采用，在某些特定条件下，高水平的球队为稳定战局或在来不及组织复杂战术进攻的情况下也经常采用。

2."边一二"进攻战术

由前排 2 号位队员作二传，将球传给 3 号、4 号位或后排队员进攻的组织形式，如图 6-21 所示。

优点：右手扣球队员在 3 号、4 号位扣球比较顺手，战术变化也较中一二进攻阵型多。

缺点：5 号位接一传时离 2 号位距离较远，控球难度大。

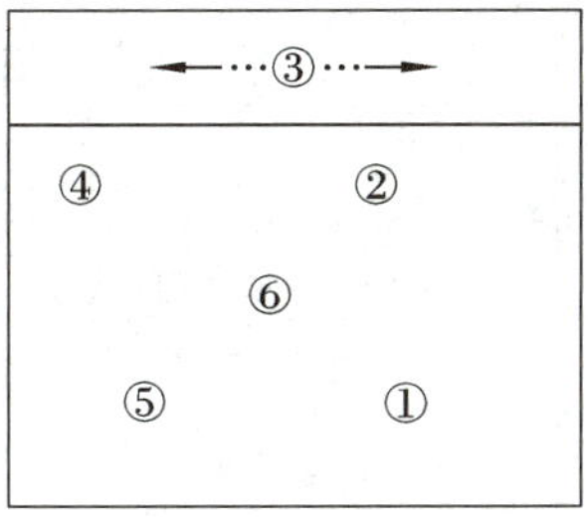

图 6-20 “中一二”进攻战术示意图

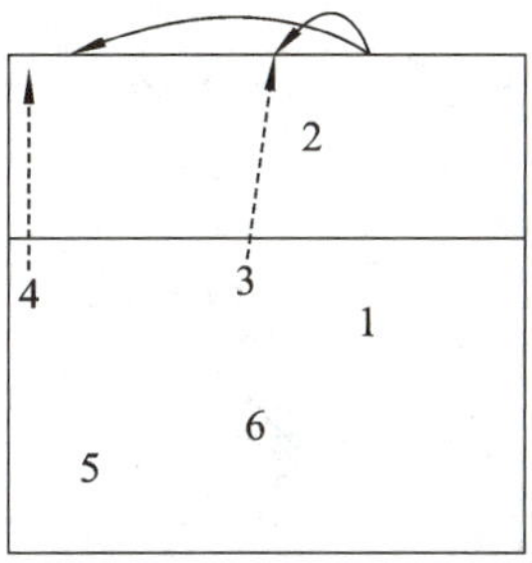

图 6-21 “边一二”进攻战术示意图

3.“插上”进攻战术

为了发挥个人特长,后排队员各自换到自己熟练的防守区进行专位防守.如主攻队员换到 5 号位,副攻队员换到 6 号位,二传队员换到 1 号位,以缩短插上时的距离。根据临场情况,把防守能力强的队员换到防守任务较重的区域,把防守能力弱的队员换到防守任务较轻的区域。后排的二传队员插上时,可从 1 号、6 号、5 号位插上到 2 号、3 号位之间的位置,准备作二传,前排的 2 号、3 号、4 号位队员则后退,准备接球或进攻。“插上”进攻战术示意图如图 6-22 所示。

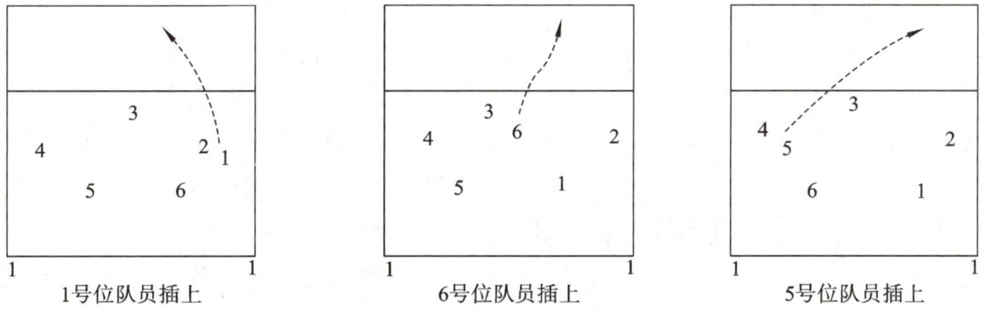

图 6-22 “插上”进攻战术示意图

6.3.3 防守战术

1. 接发球站位阵型

在对方发球时,本方为了接好发球而事先摆好的阵型称为接发球站位阵型。它是接发球的基础,对接发球的效果和组织进攻的效果有很大影响。

接发球阵型通常采用五人接发球阵型。

(1) W 形站位:适合初学者打比赛采用。优点是分工明确,职责分明。缺点是队员之间的交界点多,队员配合不够默契时,会出现互抢或互让现象,如图 6-23 所示。

(2) M 形站位:适合初学者。优点是队员分布均衡,分工明确,职责清楚,接落点分散、速度慢的发球及下沉飘球、高吊球时较为有利。缺点是不利于接对方发的落点在中后场的大力球、平冲飘球等,如图 6-24 所示。

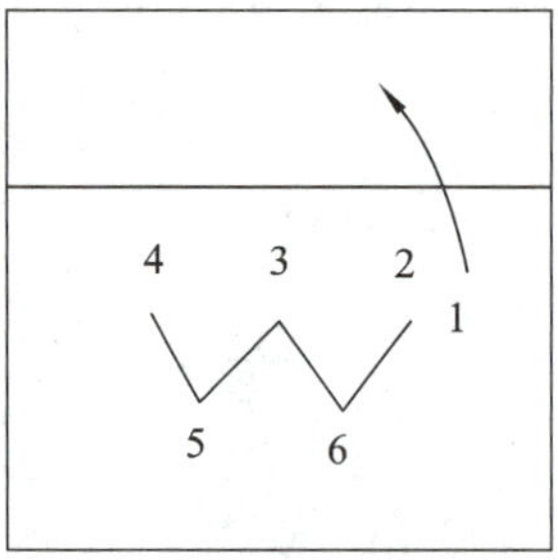

图 6-23　W 形站位示意图

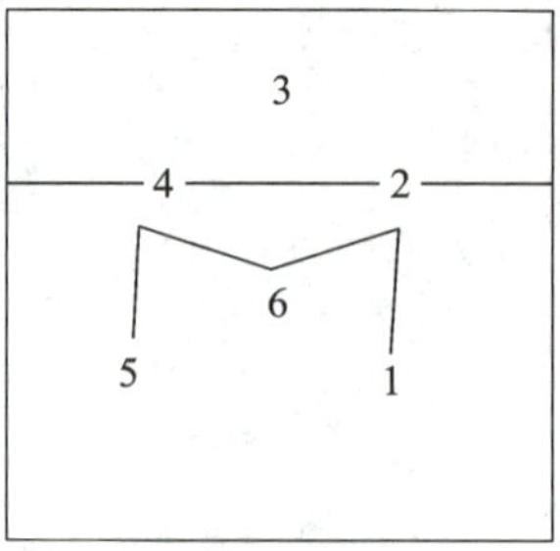

图 6-24　M 形站位示意图

2. 接扣球防守战术

接扣球防守阵型通常采用无人拦网下的防守阵型、单人拦网下的防守阵型和双人拦网下的防守阵型。

(1) 无人拦网下的防守阵型：当对方进攻力较差，没有必要拦网时采用。其阵型与五人接发球阵型相似。

(2) 单人拦网下的防守阵型：当对方进攻力量不强，扣球线路变化少，吊球多的情况下，可采用单人拦网下的防守阵型。不拦网的队员后撤参加防守。

(3) 双人拦网下的防守阵型：高水平的队多采用这种防守阵型，又分为“心跟进”和“边跟进”两种阵型。

①“心跟进”防守阵型，这种阵型也可称为“6 号位跟进”防守阵型。这种防守阵型是前排队员双人拦网，6 号位队员专职跟进，保护拦网和防吊球。前排不拦网的队员后撤，防小斜线球，后方场区有空当，5 号位队员加强判断来弥补，如图 6-25 所示。

②“边跟进”防守阵型，也称为“马蹄形”或“1、5 号位跟进”防守阵型。这是目前国内外强队广泛采用的一种阵型。前排队员组成双人拦网，不拦网的前排队员与后排三名队员组成弧形防线。为解决“中空”问题，明确 1 号位队员或 5 号位队员随时跟进，担负保护拦网和防吊球的任务。当 1 号位或 5 号位队员跟进时 6 号位队员来弥补 1 号或 5 位的空当，如图 6-26 所示。

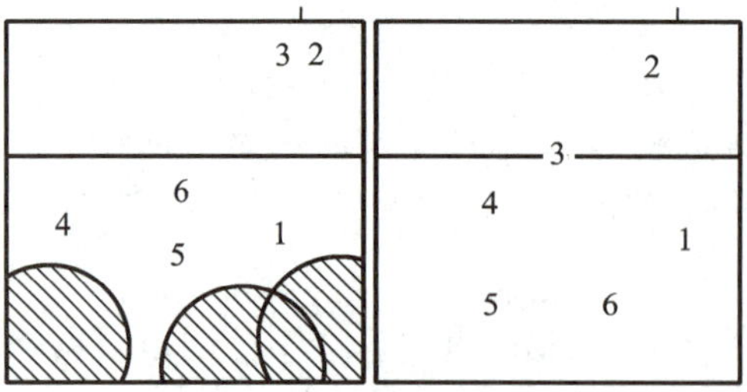

图 6-25　“心跟进”阵型示意图

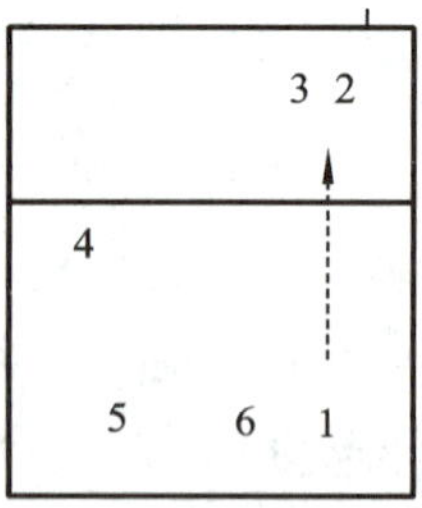

图 6-26　“边跟进”阵型示意图

6.4 排球运动的主要规则

6.4.1 比赛场地

排球场包括比赛区域和无障碍区两部分:比赛区域为长 18 m,宽 9 m 的长方形,由中线将球场分为两个相等的场区,中线两侧 3 m 处画有两条平行线,称为进攻线,它把每个场区分为前、后场区。中线设置长 9.5 m、宽 1 m 的球网,男子网高 2.43 m,女子网高 2.24 m。比赛场地边线外的无障碍区至少宽 5 m,端线外的无障碍区至少宽 8 m,比赛区域上空的无障碍空间至少高 12.5 m(从地面量起)。比赛场地示意图如图 6-27 所示。

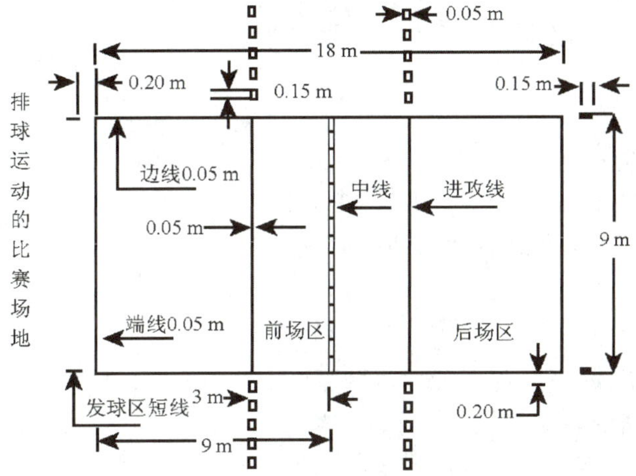

图 6-27 排球场地示意图

6.4.2 比赛方法

比赛开始双方各 6 名队员上场,站在靠网位置的 3 名为前排队员,从右到左依次为 2、3、4 号位队员,站在后排的从右至左为 1、6、5 号位队员。比赛开始由裁判主持挑边,先由发球队的 1 号位队员发球,若对方失误则发球方得一分并继续发球;若发球方失误则对方得一分并换由对方 2 号位队员发球,并依次按顺时针方向轮转发球。

在比赛进行中,队员允许身体的任何部位触球,每个队员不得连续触球两次(拦网除外),每队最多可击球三次将球击到对方场区。正式比赛为 5 局 3 胜制,前 4 局先得 25 分为胜 1 局,若打到 24 平,必须超出对方 2 分才算胜 1 局。第 5 局(决胜局)为 15 分,如打到 14 平,超出对方 2 分或先到 17 分的队获得本场胜利。决胜局重新挑边,比赛中任何一方先得 8 分立即交换场区,交换场区后,由得分方发球。

6.4.3 犯规、暂停及换人

1. 犯规

1）发球犯规

（1）发球队队员未依照上场阵容单的顺序，轮流发球。

（2）发球队员在击球时或击球跳起落下时，踏及场区（包括端线）或发球区以外地面。

（3）发球队员在第一裁判员鸣哨后 8 s 内没有将球击出。

（4）发球出界。

2）击球犯规

（1）排球比赛中，一名队员（拦网队员除外）连续两次击球或球连续两次触及他身体的不同部位。

（2）比赛过程中，击球队员将球接住或抛出。

（3）击球出界。

3）拦网犯规

（1）拦对方的发球。

（2）拦网出界。

（3）队员从标志杆以外伸入对方空间拦网。

2. 暂停

每队每局有两次暂停机会，每次暂停时间为 30 s。只有在死球时经教练员或场上队长请求后才允许暂停。

3. 换人

每队每局可替换 6 人次。每局开始上场的队员只能下场一次，再次上场只能回到原轮次的位置；替补队员每局只能上场一次，并只能由被他替下场的队员来替换。“自由人”在死球时可不经裁判同意在边线自由进行替换，并可替换后排的任何一名队员。

思考与练习

（1）简述排球运动的起源与发展。

（2）排球运动的特点有哪些？

（3）简述常见的发球技术。

（4）简述常见的进攻战术。

第 7 章 乒乓球

7.1 乒乓球运动简介

7.1.1 乒乓球运动的起源与发展

乒乓球运动于 19 世纪起源于英国，是以球拍在中间隔网的球台上双方击球的一项球类运动。它是将网球打法改在桌台上进行，俗称“桌网球”，乒乓球以其击打时发出“乒乓”声音而被形象地命名的。1926 年，在德国柏林举行了国际乒乓球邀请赛，后被追认为第一届世界乒乓球锦标赛，同时成立了国际乒乓球联合会，负责每两年举行的世界乒乓球锦标赛和世界杯比赛。

我国 1952 年加入国际乒联，1953 年首次参加世界乒乓球锦标赛。自从第 25 届世界乒乓球锦标赛上容国团荣获男子单打冠军后，我国乒乓球健儿在历届世界乒乓球赛和乒乓球锦标赛上取得了辉煌成绩。在第 36 届世界乒乓球锦标赛上囊括了全部 7 项冠军和 5 个单项冠军，为祖国取得荣誉，为世界乒乓球运动的发展做出了贡献。1988 年乒乓球运动被列为奥运会正式项目，更加引起了各国对乒乓球运动的重视，同时也推动了乒乓球运动在全世界的发展。

7.1.2 乒乓球运动的特点与作用

1. 乒乓球运动的特点

乒乓球运动的设备比较简单，在室内外都可以进行，它运动量可大可小，不同年龄、性别和身体条件的人都可以参加活动，是一项易于开展的普及的体育运动。

2. 乒乓球运动的作用

1）促进交流，增加友谊

乒乓球运动除了单打项目外，还有双打和团体等集体项目，这些有利于培养参与者的集体主义精神。而且，通过参加乒乓球运动，双方可以相互交流经验，切磋球技，达到相互学习、共同提高、建立良好道德人际关系的目的。

2）提高身体素质

长期参加乒乓球运动，随着水平的不断提高、运动量的变大。不仅能够提高速度、力量和身体的灵敏性、协调性，而且能够使肌肉发达、结实，使关节更加灵活稳固。

3）提高心理素质

乒乓球运动是竞技运动，由于竞争激烈，成功和失败的条件经常转换，参赛者情绪状态也非常复杂。参赛者打法变幻莫测，胜负难料。经过激烈竞争的锻炼，参赛者能体验种种情绪。同时，在比赛中，一方要对另一方的战术意图进行揣摩，把握自己的战术应用，这能使参与者的心理素质得到很好的锻炼。

4）社会价值

在我国，乒乓球运动深受广大群众喜爱，且成为开展最广泛的体育运动之一。这不仅是因为它能锻炼身体、强健体魄、丰富生活、增添乐趣，而且还因为在一些特定的历史时期，乒乓球起到了鼓舞士气、振奋民族精神的作用，其意义已大大超出了体育本身的功能。

7.2 乒乓球运动的基本技术

7.2.1 准备姿势

准备姿势是指击球员准备击球时身体各部位的姿势。运动员在每一次击球之前，均应当使身体保持合理正确的基本姿势。合理姿势有利于腿脚蹬地用力和腰、躯干各部位的协调配合与迅速启动。

动作：两脚平行站立，略比肩宽，身体稍右侧，面向球台。两膝微屈并内旋，前脚掌内侧着地，重心置于两脚之间。上体略前倾，含胸收腹，注视来球。执拍手与非执拍手自然弯曲置于体侧，前臂、手腕、手指自然放松，使拍面成半横状置于腹前。

7.2.2 握拍

1. 横握拍法

虎口压住球拍右上肩，中指、无名指和小指自然地握住拍柄，拇指在球拍的正面轻贴于中指旁边，食指自然伸直斜贴在球拍的背面，如图 7-1 所示。

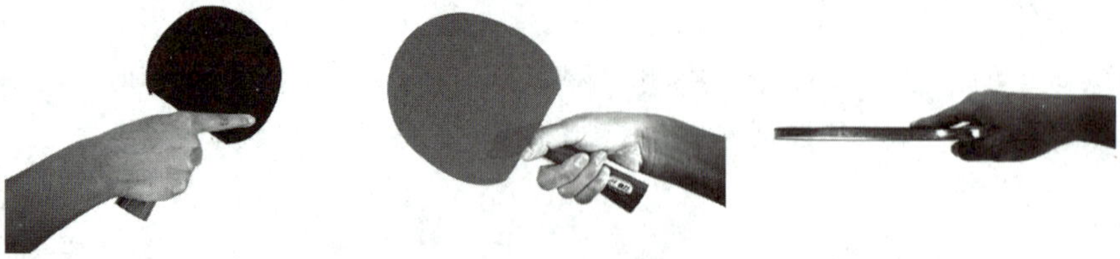

图 7-1　横握拍法示意图

2. 直握拍法

1）中钳握法

食指和拇指自然弯曲，食指的第二指关节和拇指的第一指关节分别压住球拍的两肩，食指与拇指间的距离要适中（一般以一指宽距离）。中指、无名指、小指自然弯曲斜形重叠，中指的第一指关节侧面顶在球拍背面约 1/3 处，如图 7-2 所示。

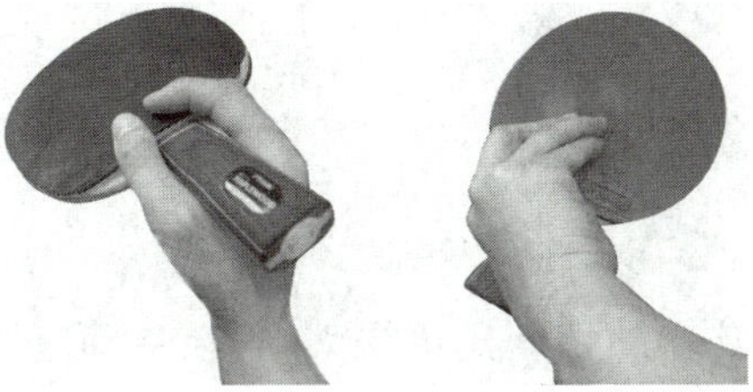

图 7-2　中钳握法示意图

2）削球握法

拇指贴住拍柄左侧，第一指节用力下压，虎口顶住拍柄与左拍肩的弯曲部位，使球拍固定。食指、中指、无名指和小指伸开，托位球拍背面，食指用第一、二节贴住拍背外侧，如图 7-3 所示。

图 7-3　削球握法示意图

7.2.3　基本步法

1. 单步

一般是在来球离身体近处的小范围内运用。它有移动简单、灵活、重心平稳等特点，在打近网短球或追身球时常用此步法。

动作要点：以一只脚的前脚掌为轴，另一只脚向前、后、左、右的不同方向移动，当移动完成时身体重心也随之落到摆动脚上，如图 7-4 所示。

2. 跨步

跨步的移动幅度较大，常会降低身体重心的高度，近台快攻打法在还击正手拉大角度来球时用此步法较多。

动作要点：来球方向异侧脚用力蹬地，另一只脚向来球方向侧跨一大步，而蹬地脚也迅速跟着移动，球一离拍立即还原成准备姿势，如图 7-5 所示。

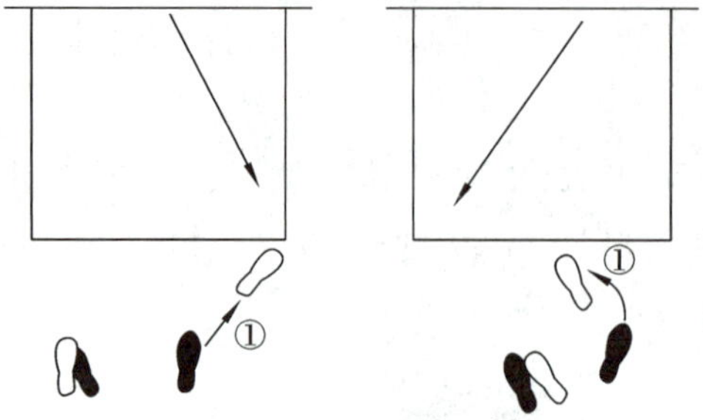

图 7-4　单步示意图

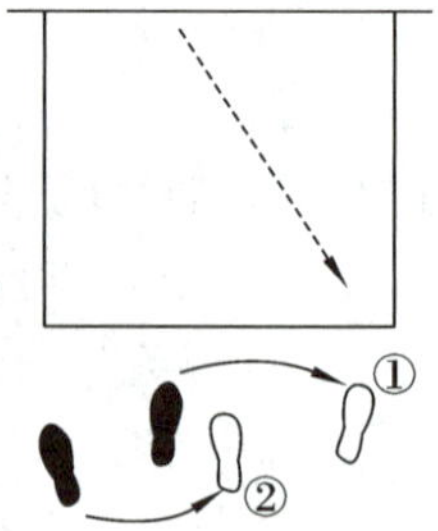

图 7-5　跨步示意图

3. 并步

并步又称换步或滑步，其移动幅度比单步大，它在移动时没有腾空动作，重心起伏小，能保持身体的平衡和稳定。进攻型选手或削球选手左右移动时常用此步法。

动作要点：先以来球异侧方向的脚用力蹬地向另一脚移半步或一小步，另一只脚在并步落地后向同方向移动，如图 7-6 所示。

4. 交叉步

对要对付离身体比较远的来球，其移动幅度和范围都比较大。弧圈球和快攻型打法在侧身进攻后扑右大角空当等用此步法。

动作要点：以靠近来球方向的脚作为支撑脚，该脚的脚尖调整指向移动方向，远离来球方向的脚在体前交叉，向来球方向跨出一大步，身体随之向来球方向转动，支撑脚跟着向来球方向再迈一步，如图 7-7 所示。

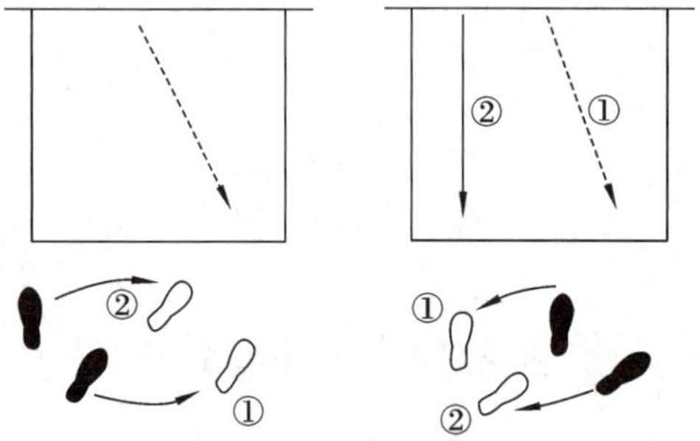

图 7-6　并步示意图

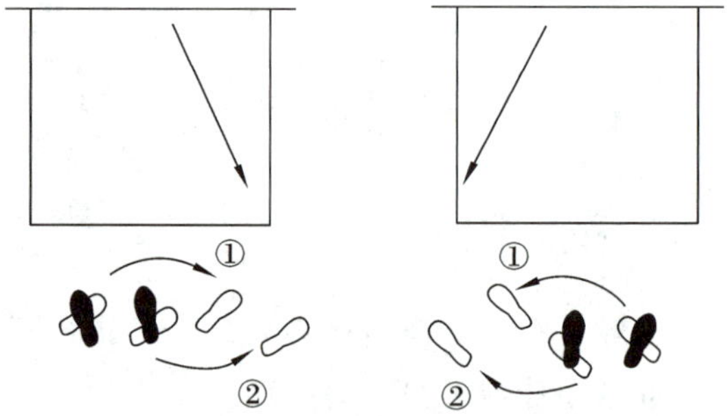

图 7-7　交叉步示意图

7.2.4　发球

发球在比赛中对于扬己之长、攻彼之短均有着技术和战术上的意义。它是连接整个乒乓球技术、战术的重要环节。发球、接发球、发球抢攻称为前三板技术，是我国乒乓球的强项技术。

1）正手平击发球

将球抛起，拍面稍前倾，当球下降稍高于球网时，手臂向左前方发力，挥拍击球中上部。击球后的第一落点应落在球台中区，如图 7-8 所示。

图 7-8 正手平击发球示意图

2）发下旋球

发下旋球时，执拍手的上臂带动前臂加速向前下方挥拍，前臂迅速内旋。拍面后仰较大，由球的中下部后向底部摩擦击球，如图 7-9 所示。

图 7-9 发下旋球示意图

3）反手发轻短球

手臂先向后上方引拍，当球下降至比网稍高时，前臂向前下方轻微用力送出，拍面后仰，触球中下部并向底部摩擦，如图 7-10 所示。

图 7-10 反手发轻短球示意图

7.2.5 接发球

接发球的手段很多，既可用搓、推、摆短等方法对付，也可用点、拨、拉等方法抢攻。

1）接正手、反手急球

因来球速度快、弧线低、落点远、冲力大、带上旋，左方大角度急球往往来不及侧身回击，故一般宜用反手推挡或反手快攻回击；右方急球可用正手快带、快攻回击。

2）接短球

因为这种球多在台内，回击时，球拍往往受台面阻碍，动作不能大，所以要充分运用前臂和手腕的力量，根据来球的旋转方向和强度，调整好拍面角度和用力方向，采用搓、推或攻、拉。

3）接正手发左侧上(下)旋球

接正手发左侧上旋球，一般采用推、攻回击，回接时，拍面要稍前倾，并适当向左偏斜，同时增加向前下方的用力，以防止来球触拍时向右上方反弹。

接正手发左侧下旋球，一般采用搓、削回击，回接时，拍面要稍后仰，并适当向左偏斜，适当增加向前的用力，以防止来球触拍后向左下方反弹。例如，用推或攻回接，应使拍面稍后仰，并向左偏斜，适当增加向上摩擦球的力量。

4）接反手发右侧上(下)旋球

与接正手发左侧上(下)旋球的方法基本相同，只是击球时，球拍要适当向右倾斜以抵消来球向左侧反弹的力量。

7.2.6 击球

1）推挡球

推挡球是推球和挡球的总称，是左推右攻型打法的主要技术之一。其特点是站位近动作小、速度快、落点变化多。推挡球包括挡球、快推、快拨和加力推等多种方法，下面介绍挡球和快推两种方法。

(1) 挡球。

前臂与台面平行伸向来球。球拍触球时，前臂和手腕稍向前移动，拍面接近垂直，并在来球的上升期击球的中部，如图 7-11 所示。

(2) 快推。

引拍时肘关节靠近身体右侧，前臂与台面平行。将球拍后引至左腹前，拍面垂直。击球时，前臂和手腕迅速前伸，食指用力，拇指放松使拍面稍前倾，并在上升期击球的中上部，如图 7-12 所示。

图 7-11　挡球示意图

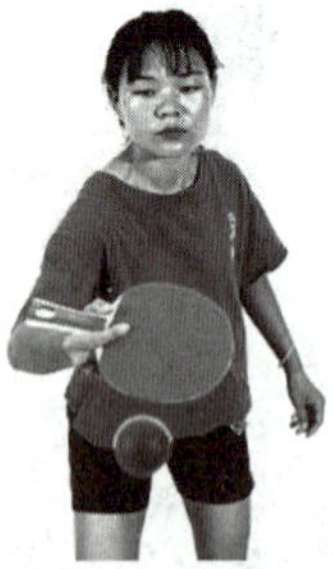

图 7-12　快推示意图

2）攻球

攻球是左推右攻型和两面攻型打法的主要技术之一，也是其他类型打法不可缺少的技术。攻球力量大、速度快、落点变化多，是各种技术型运动员的主要得分手段。

(1) 正手快攻。

站位在球台中间或偏左，身体离台约 50 cm。左脚稍前，重心放在右脚上，两膝微屈，收腹含胸，身体稍向右转。右臂自然弯曲，前臂后引，将拍引至身体右侧，略偏后，同时，前臂内旋，使拍面稍前倾。当来球从台面弹起后，在上臂的带动下，以前臂和手腕为主向左前方（来球上旋强度较大时）或左前上方（来球不转或上旋强度较小时）挥拍迎球，同时，腰、髋带动上身向左转动，在球的上升期，以前倾拍形迎击球的中上部。球拍击球的瞬间，以前臂和手腕为主向左前方或左前上方发力击球，腰部亦协助用力。击球后，手和臂顺势向左前方或左前上方挥动，并迅速还原成准备姿势。动作过程中，重心从右脚移到左脚，如图 7-13 所示。

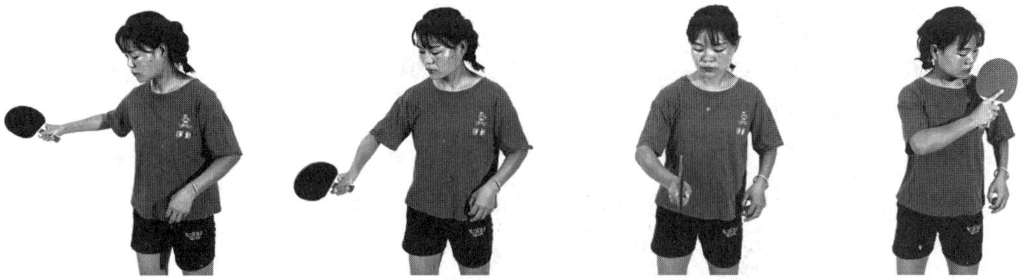

图 7-13　正手快攻示意图

(2) 正手拉攻。

站位在球台中间或偏左，身体离台约 50～60 cm。左脚稍前，重心放在右脚上，两膝微屈，收腹含胸，身体稍向右转。右臂自然弯曲，前臂后引并下沉，将拍引至身体右后下方，同时，前臂外旋，使拍面稍后仰。当来球从台面弹起到高点期时，在上臂带动下，以前臂为主向左前上方挥拍迎球，同时，腰、髋带动上身向左转，在球的下降期，以后仰拍形迎击球的中下部，若来球下旋强度小，可击球的中部。球拍击球的瞬间，以前臂为主向左前上方发力摩擦击球，使球上旋。击球后，手和臂顺势向左前上方挥动，并迅速还原成准备姿势。动作过程中，重心从右脚移到左脚。

3) 搓球

搓球是近台和台内回击下旋球的一种比较稳健的技术，各种类型打法都不可缺少。搓球力量小、速度慢、旋转和落点变化多、线路短，球弹起后多在台内，缺乏前进力，对方不易发力进攻，故可作为过渡技术，以等待、寻找或创造进攻机会。

(1) 反手快搓。

站位稍偏左，离台约 40 cm。右脚在前，两膝微屈，收腹含胸，身体向前或略向左转。手臂自然弯曲，前臂略内旋并向左上方提起，引拍至身体左前方，使拍面稍后仰，当球从台面弹起后，前臂和手腕向右前下方挥拍迎球，在来球的上升期击球的中下部。球拍击球的瞬间，前臂和手腕适当用力，使球拍向右前下方摩擦球，要注意利用来球的反弹力。击球后，手和臂顺势向右前下方挥动，并迅速还原成准备姿势。动作过程中，重心从左脚移到右脚，如图 7-14 所示。

图 7-14　反手快搓示意图

（2）正手搓侧旋。

站位稍偏左，离台约 50 cm。左脚稍前，两膝微屈，收腹含胸，身体稍向右转。手臂自然弯曲，前臂提起并外旋，引拍至身体右侧前方，使拍面稍后仰。当球从台面弹起后，前臂和手腕向左前下方挥拍迎球，在来球的高点期或下降前期，以后仰拍形击球的中下部。球拍击球的瞬间，以前臂和手腕发力为主向左前方摩擦球。击球后，手和臂顺势向左前方挥动，并迅速还原成准备姿势。动作过程中，重心从右脚移到左脚。如图 7-15 所示。

图 7-15　正手搓侧旋示意图

4）弧圈球

执拍手沉肩垂臂，引拍至身体后下方，大臂带动前臂向前上方挥拍，逐渐加快挥拍速度。拍触球时，右脚蹬地转体向左侧转动，迅速收缩前臂，发力要以腰、手为主，在来球下降期击球的中部或中上部，如图 7-16 所示。

图 7-16　弧圈球示意图

7.3 乒乓球运动的基本战术

在乒乓球比赛中，为扬长避短以争取胜利而有目的地使用各种技术的方法叫作战术。乒乓球的战术一般由两种或两种以上的单项技术结合运用而构成，故乒乓球的技术是战术的基础。只有练好各项基本技术，才能在比赛中得心应手地运用各种所需要的战术。不同的打法有不同的战术。为使战术能够更好地发挥技术特长，各种不同打法类型的运动员应采用不同的技术以组合成适合自己打法的战术。

7.3.1 对攻战术

对攻战术是进攻型打法在相持阶段常用的一项重要战术。快攻类打法主要依靠反手推挡（或反手攻球）和正手攻球（或正手拉弧圈球）的技术，充分发挥快速多变的特点来调动对方。常用的对攻战术有以下几种。

（1）紧逼对方反手，伺机抢攻或侧身抢攻、抢拉。

（2）压左突右。

（3）调右压左。

（4）攻两大角。

（5）攻追身球。

（6）变化击球节奏，加力推和减力挡结合，发力攻、拉与轻打轻拉结合，也可造成对手的被动局面。

（7）改变球的旋转性质，如加力推后、推下旋；正手攻球后，退至中远台削一板，令对方往往来不及反应，可直接得分或创造机会球。

7.3.2 发球抢攻战术

发球抢攻是指运动员发球后，立即采取进攻的手段方法。这是一种力争主动、先发制人的主要战术，也是我国乒乓球运动员的重要战术之一。发球抢攻战术运用的效果主要取决于发球的质量和第三板进攻的能力。发球抢攻战术因打法的类型不同而有所差异。常用的发球抢攻战术有以下几种。

（1）急球与轻球结合落点变化进行抢攻。

（2）上旋或下旋结合落点变化进行抢攻。

（3）侧上或下旋结合落点变化进行抢攻。

（4）转与不转结合落点变化进行抢攻。

7.3.3 接发球战术

搓攻战术主要运用“转、低、快、变”的搓球控制对方，以寻找战机，然后采用低突、快点或快拉等技术展开攻势，并进入连续攻。在搓球中遇到机会球时进行扣杀，常常带有突然性，可以直接得分。搓攻战术是乒乓球运动各种打法都不可缺少的辅助战术。常用的接发球战术有以下几种。

(1) 用拉球、快攻或推挡回击,争取形成对攻的相持局面。

(2) 用快搓摆短回接,使对方难以发力抢攻。

(3) 用削球或搓球的旋转、落点变化来控制对方,以造成对方击球失误或形成相持局面。

(4) 用快点、快攻或中等力量突击,进行接发球抢攻。

7.4 乒乓球运动的主要规则

7.4.1 比赛场地及器材

1. 球台

球台(见图 7-17)的上层表面,称为台面。它是与水平面平行的长方形,长 2.74 m,宽 1.525 m,离地面高度 0.76 m。比赛台面应包括球台表面的边缘,不包括边缘以下的侧面。台面应一律呈暗色,无光泽,各边有一条 2 cm 宽的白线。沿 2.74 m 长的台面边缘所画的线称为“边线”,沿 1.525 m 长的台面边缘所画的线称为“端线”。比赛台面应由一个垂直的球网划分为两个相等的“台区”,在各区的整个面积应被看作一个整体,球网与端线平行。

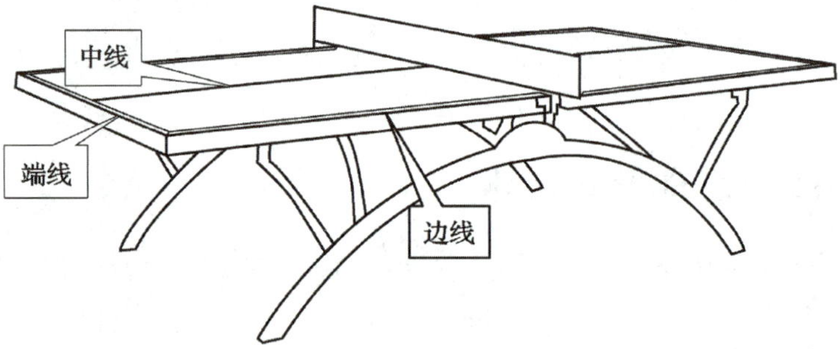

图 7-17 乒乓球台示意图

2. 球网

球网包括网、悬挂物及支柱。球网应悬挂在一根绳子上,绳子两端系在高 15.25 cm 的直立网柱上,网柱外缘离开边线外缘 15.25 cm。整个球网的顶端距台面 15.25 cm。球网的底边应尽量贴近台面,网的两端应尽量贴近网柱。

3. 球

标准球应为圆形,直径为 40 mm。球重 2.7 g。传统乒乓球用硝化纤维塑料制成,呈白色或黄色。球的材料也在不断革新中,高弹环保、价廉物美、耐用好打的无缝球已经风靡全球，受到越来越多的球迷的喜爱。

4. 球拍

球拍的大小、形状或重量不受限制，但球拍的底板应为木料制成，平整而坚硬。用来击球的拍面覆盖物可以是一层普通的颗粒胶，颗粒向外，连同黏合剂不超过 2 mm 厚；也可以是颗粒向内或向外的海绵胶，连同黏合剂不超过 4 mm 厚。球拍两面的表面不管是否用来击球，一律为暗色无光泽，拍身边缘的滚条或包边不得呈白色，也不得反光。由于褪色、磨损或意外的损坏，颜色上有轻微差异的球拍，如果未改变拍面的性能，可以继续使用。在比赛时，运动员有权对对方球拍进行检查。

7.4.2 计分方法

比赛采用七局四胜制，先得 11 分者胜一局，如果打到 10 平以后，则先多得 2 分者胜一局。比赛中，运动员未能合法发球、发球失误，或未能合法击球、击球失误，均应被判失 1 分。

7.4.3 合法发球

符合规则规定的发球称为合法发球。它要求比赛选手在发球时，应遵循以下规则。

（1）发球时，运动员必须将球放置在不执拍手上，手掌张开伸平，将球垂直向上抛起，并不得使球旋转，球离手的高度不应少于 16 cm，当球下落时发球员方可击球。

（2）击球时，球和球拍应在台面的水平面上，以便让对方进行判断和让裁判员看到是否合乎发球规定。

裁判员如怀疑发球人有犯规行为时，在一场比赛中第一次出现时，可向其提出警告并不予判分；在同一场比赛中发球人再次受到怀疑则被判失 1 分；如果发球人明显不按规定发球，则无论是否第一次或任何时候，均无须警告可直接判其失分。

7.4.4 合法还击

合法还击是指对方发球或击球后，本方球员必须击球，使球直接越过或绕过球网装置，或触球网装置后，再触及对方台区的有效部位。

7.4.5 比赛次序

在单打比赛中，先由发球一方合法发球，再由接发球一方合法还击，然后往返进行；在双打比赛中，同样由发球一方，先合法发球，接着由接发球员合法还击，然后由发球员的同伴接球，再由接发球员的同伴接球，每人轮换接球一次，往返进行。

7.4.6 重发球

如果发球员发出的球，正超过或绕过球网装置时，触及球网装置，此后成为合法发球或被接发球员或其同伴阻挡。如果接发球员或队友未准备好时，球已发出，而且接发球员或其队友均没有企图击球，发生了运动员无法控制的干扰，运动员未能合法发球、合法还击或遵守规则。

裁判员可以在下列情况暂停比赛。

(1) 要纠正发球、接发球次序或方位错误。

(2) 要实行转换发球法。

(3) 警告或处罚运动员。

(4) 比赛环境受干扰，以致回合结果可能受到影响。

7.4.7 失分

除非一个回合被判重发球，否则下列情况判失一分。

(1) 未能发出合法球。

(2) 未能合法还击。

(3) 拦击或阻挠。

(4) 连续两次击球。

(5) 球连续两次触及本方的台区。

(6) 用不符合规则的拍面击球。

(7) 在球处于比赛状态时，运动员及其任何穿戴的任何物品触网或网柱。

(8) 在球处于比赛状态时，不持拍手触及台面。

(9) 发球时，运动员或其同伴跺脚。

(10) 在双打中，运动员未按照发球员和接球员确定的顺序击球。

(11) 实行转换发球时，发出和还击的球被接球方连续进行了 13 次合法还击。

7.4.8 胜负评定

在一局比赛中，先得 11 分的单打或双打运动员为胜方，但打到 10 平以后，必须先多得 2 分者为胜方。一场比赛可采用五局三胜制或七局四胜制。

思考与练习

(1) 简述乒乓球运动的起源与发展。

(2) 乒乓球运动的特点与作用有哪些？

(3) 简述常见的发球技术。

(4) 简述常见的击球技术。

(5) 常用的对攻战术有哪些？

(6) 简述乒乓球的计分方法。

第 8 章

羽毛球

8.1　羽毛球运动概述

羽毛球运动对于普通人群来说是一种游戏，只要天气允许，任何一块空地都可进行此项活动；而对于羽毛球爱好者来说它却是一项对抗性很强的竞技运动。经常参加此项活动可全面提高身体素质。

8.1.1　羽毛球运动的起源和发展

1873 年，英国公爵鲍弗特在格拉斯哥郡的伯明顿镇的庄园里进行了一次羽毛球游戏表演。从此，羽毛球运动便逐渐开展起来，“伯明顿”也就成为羽毛球的英文名称。1893 年，世界上第一个羽毛球协会在英国成立，并进一步修订了规则和规定了统一的场地标准，确定了羽毛球的形状和重量。1899 年第 1 届全英羽毛球锦标赛在伦敦举行，以后每年一次，沿袭至今。

1934 年，由丹麦、英国、法国等 10 多个国家发起成立了国际羽毛球联合会（简称国际羽联），总部设在伦敦。国际羽联于 1948—1949 年举办了第 1 届世界男子团体赛，于 1956 年举办了第 1 届世界女子团体赛。1978 年 2 月，由亚非国家组成的世界羽毛球联合会在中国香港成立，同年 11 月举办了第 1 届世界羽毛球锦标赛。国际羽联和世界羽联于 1981 年 5 月 26 日宣布合并，统一称为国际羽毛球联合会。其管辖的主要比赛有汤姆斯杯赛、尤伯杯赛、世界锦标赛、全英羽毛球锦标赛和奥运会比赛等。羽毛球运动于 1992 年巴塞罗那奥运会开始成为奥运会正式比赛项目，包括男女单打、男女双打和混合双打共 5 个比赛项目。

羽毛球运动是在 20 世纪初传入我国的。1963 年前后，随着华侨中的羽坛名将归国，我国羽毛球运动进入了鼎盛时期。进入 20 世纪 80 年代以后，中国选手在世界大赛中连续取得优异成绩。

8.1.2 羽毛球运动的特点与作用

(1) 羽毛球运动的特点是球小、速度快、变化多，趣味性强；动作简单易学，运动量可大可小，不受年龄、性别和身体状况的影响。

(2) 器材设备简单，占用的场地空间小，既适宜于体育场馆，又可在林间路旁开展；由于不发生身体接触，不易发生伤害事故。

(3) 经常参加羽毛球运动，可以增强体质，发展灵敏和协调能力，提高人体速度、力量、耐力等身体素质，促进内脏器官的功能，使身体得到全面发展。

(4) 羽毛球运动还可以培养人勇敢顽强、机智灵活、沉着果断等优良品质。

8.2 羽毛球运动的基本技术

8.2.1 握拍法

基本的握拍方法有两种，即正手握拍法和反手握拍法(本书所介绍的技术均以右手握拍为例)。

1. 正手握拍

正手握拍

通常，正确的握拍姿势与握手非常相似。虎口对着拍柄窄面内侧的小棱边，拇指和食指贴在拍柄的两个宽面上，中指、无名指和小指并拢握住拍柄，掌心不要紧贴，拍柄末端与小鱼际肌持平，拍面基本与地面垂直，如图 8-1 所示。

反手握拍

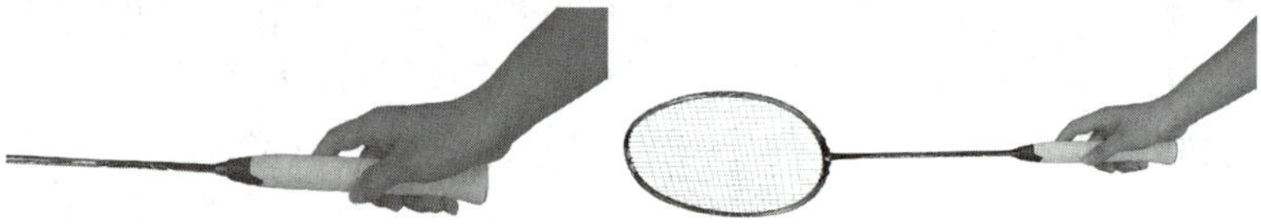

(a) (b)

图 8-1 正手握拍示意图

2. 反手握拍

反手握拍是在正手握拍的基础上，拇指和食指将拍柄稍向外转，食指稍向中指收拢，拇指上内侧顶贴在拍柄内侧的宽面上，中指、无名指和小指并拢握住拍柄，柄端靠紧小指根部，使手心留有空隙，如图 8-2 所示。

8.2.2 发球法

发球有正手发球和反手发球两种。根据球在空中飞行的弧线，可分高远球、平高球、平快球、网前球等。

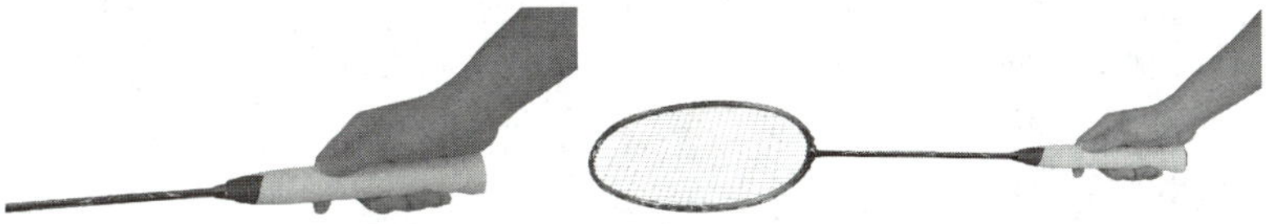

(a) (b)

图 8-2 反手握拍示意图

1）正手发球技术

（1）正手发高远球。

高远球是指将球发得又高又远，几乎垂直下落在对方底线附近。

站位应靠近中线一侧，离发球线前约 1 m 的位置处。左脚在前，右脚在后，身体稍侧对网，两脚与肩同宽，身体重心放在右脚上。左手持球，右手握拍并自然屈肘于身体右侧。发球时，右臂后引，由上而下向右前方挥拍，同时左手放球。挥拍过程中，重心由右脚转到左脚。当球拍挥至右侧稍前下方时（击球点），右前臂加速，握紧球拍，手腕由后伸经前臂稍内旋到屈收，急速向前上方闪动击球。击球后，球拍随势向左上方减速收回至胸前，如图 8-3 所示。

(a) (b) (c)

图 8-3 正手发高远球示意图

正手发高远球

（2）正手发平高球。

这是一种比高远球低、速度较高远球快、具有一定攻击性的球。发球的动作过程与发高远球大致相同，只是在击球的一刹那，小臂加速带动手腕向前上方挥动，拍面要向前上方倾斜，以向前用力为主。发平高球时要注意发出球的弧线以对方接球时伸拍打不着球的高度为宜，并应发到对方场区底线。

（3）正手发平快球。

这种球比平高球的弧线还要低、速度还要快。在对方反应较慢、站位较前或动作幅度较大时使用，效果往往会很好。前期动作应和发高远球一致，站位比发平高球稍靠后些，充分利用前臂带动手腕向前方用力，球直接从对方的肩稍上高度越过，直攻对方后场。发平快球关键是出手的动作要小而快，同时还应注意不要过手、过腰犯规。

（4）正手发网前球。

网前球是指发的球刚好越过网顶落至对方的前发球线附近。基本动作与发高远球相仿，但站位稍前。由于网前发球飞行距离短、弧线低、用力轻，因此，前臂挥动的幅度和手腕后伸的程度要比发高球小，球拍触球时，拍面从右向左推送击球，使球刚好越网而过，落在对方的前发球线附近，如图 8-4 所示。

(a)　　(b)　　(c)

图 8-4　正手发网前球示意图

正手发网前球

2）反手发球技术

站位靠近前发球线，左脚或右脚在前均可，身体重心在前脚，上体前倾，后脚跟提起。右手反握在拍柄稍前部位，肘关节提起，手腕稍前屈，球拍低于腰部，斜放在小腹前。左手持球在球拍面前方。发球时，球拍由后向前推送击球，使球的最高弧线略高于网顶，球过网而下行，落在对方的前发球线附近，如图 8-5 所示。

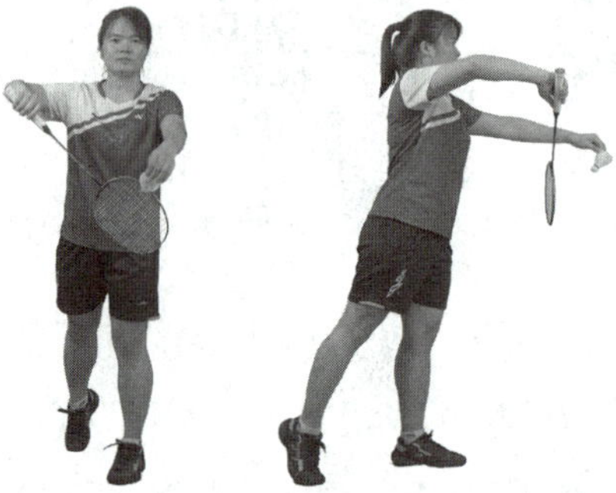

(a)　　(b)

图 8-5　反手发网前球示意图

反手发球技术

8.2.3　击球法

1. 高手击球

高远球

高手击球具有击球点高、速度快、主动性强、进攻威力大等特点。高手击球包括高远球、吊球和扣杀球。

1）高手击球技术

（1）高远球。

①正手击高远球。

击球点在身体的右侧方用正拍面击出的高远球，称为正手高远球。

判断来球方向和落点后，侧身后退（后退步至球下），左肩对网，左脚在前，右脚在后，重心在右脚上。右手持拍，手臂自然屈曲，举至右肩上方。击球时，首先要判断来球的速度、高度和方向，快速移动步法到降落点的位置，使击球点尽量选择在右肩稍前的上空；身体侧向球网，左脚在前，右脚在后，身体重心放在右脚上，上体和头稍后仰，然后右手屈臂将拍子举到肩上，拍面朝网以便准备挥拍击球；当球下落到接近击球点的高度时，握拍手前臂向后移动，肘关节向后侧提高，球拍后引到头后，自然伸腕；接着在右腿蹬地和腰腹协调用力下，大臂带动前臂向上，肘关节迅速上升，前臂明显向前"甩"出，触球时手臂伸直，"闪"动手腕（前臂突然内旋至腕屈、收），击球的后下底部，把球向前上方击出，如图 8-6 所示。

(a) (b) (c)

图 8-6 正手击高远球示意图

②反手击高远球。

当对方将球击到本方左后场内，以反手将球击回对方底线去的高远球击球法称为反手高远球。

当球飞向左后场时，变成反手握拍法，用反拍面击出的高远球，称为反手击高远球。其方法为：当判断来球是在左后场区上空，决定采用反手击高远球时，即刻启动，左后转身向球的降落点移动。同时，将正手握拍法变为反手握拍法，右肘关节往左移，握拍要放松，举拍于左胸前；当右脚向左后场区跨出最后一步时，重心移到右脚上，膝关节微屈，左脚在后，脚跟提起，脚掌内侧点地背向球网，头上仰，眼盯球，击球点选在右肩上方；当球降落到适当高度时，右脚蹬地，上体往后伸展以带动右肘关节往上提，形成肘关节先行，以带动前臂加速往上挥拍击球；击球时，手腕由原来屈曲的姿势经前臂内旋至加速伸腕闪击，紧握拍柄，拇指顶压，将球击出，如图 8-7 所示。

（2）吊球。

在中、后场的高球，运用劈切或拦截的技术动作，使球轻轻地落在对方网前区，称为吊球。吊球包括正手吊球、反手吊球等。

①正手吊球。

击球前期动作同正手击高远球。吊球时，拍面正面向内倾斜，手腕做快速切削下压动作，用力要轻。若吊斜线球，则球拍切削球托的右侧；若吊直线球，拍面正对前方，向前下

(a) (b) (c)

图 8-7 反手击高远球示意图

方做切削球，如图 8-8 所示。

(a) (b) (c) (d)

图 8-8 正手吊球示意图

正手吊球

反手吊球

②反手吊球。

来球是左后场区上空的高球，反手握拍，用反拍面吊球，称为反手吊球。反手吊球的方法与反手击高远球的方法类似，不同的是：挥拍的速度较慢，力量小，拍面角度小，运用手腕的转动切击球托。

(3) 杀球。

杀球

在尽量高的击球点上，用力挥击，将球击到对方场区内，称为扣杀球。它是争取得分的主要手段，包括正手扣杀球、反手扣杀球、头顶扣杀球、劈杀球和突击杀球等。

①正手扣杀球。

当来球是在自己右侧上空的高球时，正手握拍，用正拍面扣杀球，称为正手扣杀球。它可分原地和起跳扣球。它的准备姿势和动作过程与击高远球的相似，其技术方法上的区别在于：第一，发力要求不同，扣杀球要充分运用腰腹力量和肩关节的力量，击球的一刹那用全力，前臂快速带动手腕下压；第二，击球点有区别，扣杀球点选择在右肩前上方；第三，拍面角度不同，扣杀球的拍面角度要比击高远球小，如图 8-9 所示。

(a)　(b)　(c)　(d)

图 8-9　正手扣杀球示意图

②反手扣杀球。

当来球是自己左侧上方的高球时，反手握拍，用反拍面扣杀，称为反手扣杀球。反手扣杀球的方法与反手击高远球的方法基本一致。其不同点是：击球时，拍面角度较小，发力方向是前下方。

2）常见错误

（1）高远球。

①击球点选择不当，偏前或偏后。

②不是以肩为轴，影响上臂发力。

③击球前后引拍不够。

④击球不是用手指力而是把球推出去。

（2）吊球。

①击球点过低，造成球不过网。

②不是用“切削”动作击球，而是往下拉球拍。

（3）杀球。

①击球点偏后或偏低，影响手臂发力。

②动作过于紧张，用不上劲。

③挥臂时以肘为轴，影响上臂发力。

④击球时手腕下甩不够，造成杀球出界。

3）练习方法

（1）高远球。

①击高远球的挥拍练习。

②向正前上方投掷羽毛球，通过“甩”臂动作领会击高远球的要领。

③一对一直线定点往返击高远球。

④移动步法，调整重心，做头顶和反手击球练习。

⑤以高远球发向练习者右侧、左侧或头顶上空，练习者选择采用正手、反手和头顶击球方法回击高远球，可以先定点练习，再逐步过渡到综合练习。

（2）吊球。

①按动作要领进行挥拍练习。

②定位劈吊对角：练习者在后场，将发来的高远球吊回对方的右网前区。

③一点吊两点：将球吊对角和吊直。

④两点吊一点：积极移动，将底线两角的来球吊回到对方网前固定点。

（3）杀球。

①击高远球的挥拍练习。

②持羽毛球或小皮球，模仿扣杀球的方法向对方场区下压掷球。

③练习者站在半场区，陪练者发半场高球，练习者做各种扣杀练习。

④移动步法，做原地和起跳扣杀球。

2. 网前击球

网前击球是调动对方、寻找战机的重要手段。因为它的技术动作轻松而细巧，运用力量要控制适当，所以在学习时，除注意动作规范之外，还应细心体会击球时手腕、手指的细小感觉。

1）网前击球技术

（1）搓球。

击球前的准备姿势为侧身对网，右腿跨出呈弓步，左脚在后自然拉开，上体略有前倾。击球时，拍面稍前倾，利用手腕和手指的力量向前“切削”球托底部或向后“提拉”，使球击出后旋转或滚动过网。搓球一般在对方来球较靠近网上时运用。正、反手搓球除握拍不同外，其他要领相同。反手搓球如图 8-10 所示。

(a)　　　　(b)

图 8-10　反手搓球示意图

搓球

（2）放网前球。

接对方网前球时，用球拍轻轻一托，将球向上弹起恰好一过网就朝下落，称为放网前球。其方法为：判断来球方向，侧身向球的方向移动，最后一步用左脚后蹬，右脚向球的方向跨弓箭步，上体稍前倾，重心在前脚，右臂伸向前下方，正拍面或反拍面朝上迎击球托底部。触球时，主要靠手腕控制球拍向前上方轻轻一托，使球越网而过。正手放网前球如图 8-11 所示。

(a)　　(b)

放网前球

图 8-11　正手放网前球示意图

（3）挑球。

把对方击来的网前球，挑高回击到对方后场去，称为挑球。其方法与放网前球的方法类似，区别在于：挑球时以小臂带动手腕发力，作弧形挥拍。正手挑球如图 8-12 所示。

(a)　　(b)　　(c)

挑球

图 8-12　正手挑球示意图

（4）扑球。

对方击网前球时，在球刚到达网顶时，即迅速上网向斜下扑压，称为扑球。其方法为：蹬步上网，迅速举拍向前上方，拍面前倾，击球时用腕部和手指的力量向前下方挥击，球拍触球后立即回收。正手扑球如图 8-13 所示。

2）常见错误

（1）手腕与手指用力不当，使击出的球离网太高或落网。

（2）击球点低，出手慢。

3）练习方法

（1）用多球进行正、反手两个部位的挫、推、挑、扑球的动作练习。

扑球

图 8-13　正手扑球示意图

（2）一对一站在网前，做对搓、对挑练习。

（3）从场区中心位置开始，定点（或不定点）、定动作（或不定动作）上网击球练习。

8.2.4　基本步法

1. 上网步法

上网步法包括蹬跨步上网、垫步加蹬跨步上网、前交叉步加蹬跨步上网、后交叉步加蹬跨步上网和蹬跳上网。不论使用哪种步法上网，其上网前的站位及准备姿势都是一样的。即站在中心位置，两脚左右开立（稍有前后），约同肩宽，两膝微屈，两脚前脚掌着地，后脚跟稍提起并左右微动；上体稍向前倾，右手持拍于体前，两腿注视对方的来球。

1）上网步法技术

（1）蹬跨步上网。

判断准对方来球后，左脚掌内侧用力蹬地，接着右脚向前迈一大步，以脚掌外侧和脚跟先落地，再过渡到前脚掌，右膝关节弯曲并成弓箭步，如图 8-14 所示。击球后，右脚蹬地用小步、交叉步或并步回到中心位置。

（2）垫步加蹬跨步上网。

判断准对方来球后，右脚先迈出一小步，左脚立即向右脚垫一小步，左脚着地后，脚内侧用力蹬地，右脚再向网前跨一大步成弓箭步，身体重心在前脚，如图 8-15 所示。击球后，前脚朝后蹬地，小步、交叉步或并步退回到中心位置。

（3）前交叉步加蹬跨步上网。

右脚先向球的方向迈出一小步，左脚再迈出一步，紧接着左脚后蹬，侧身将右脚向球的方向跨一大步，如图 8-16 所示。

（4）后交叉步加蹬跨步上网。

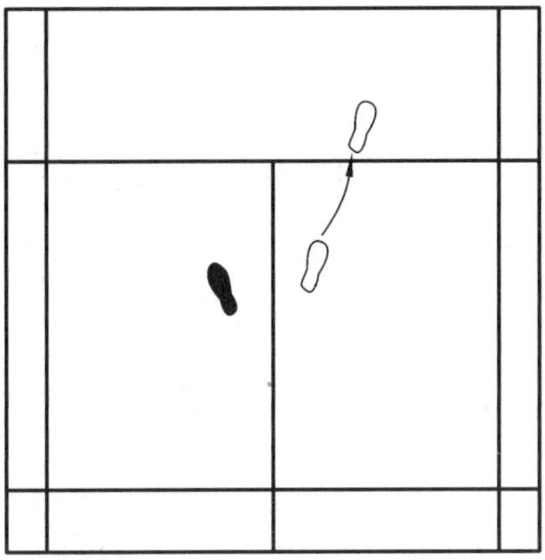

图 8-14 正手跨步上网示意图

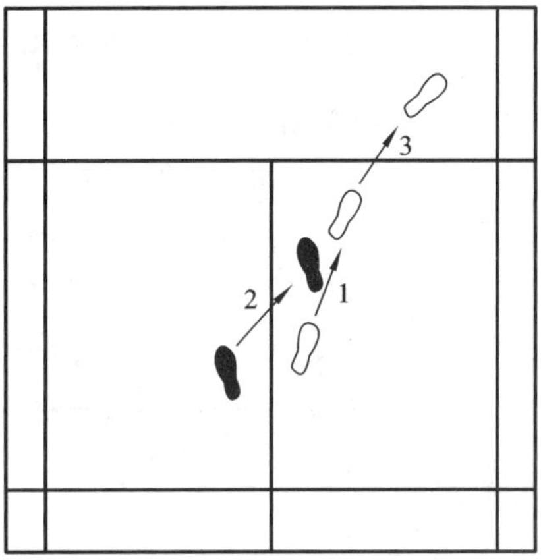

图 8-15 正手垫步上网示意图

右脚先向球的方向迈出一小步，接着左脚向右脚后交叉一步，左脚着地后立即用力蹬地，侧身将右脚向球的方向跨一大步，如图 8-17 所示。

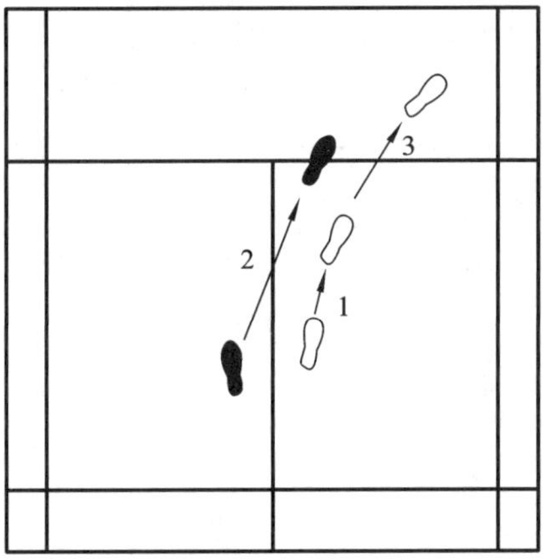

图 8-16 正手前交叉步上网示意图

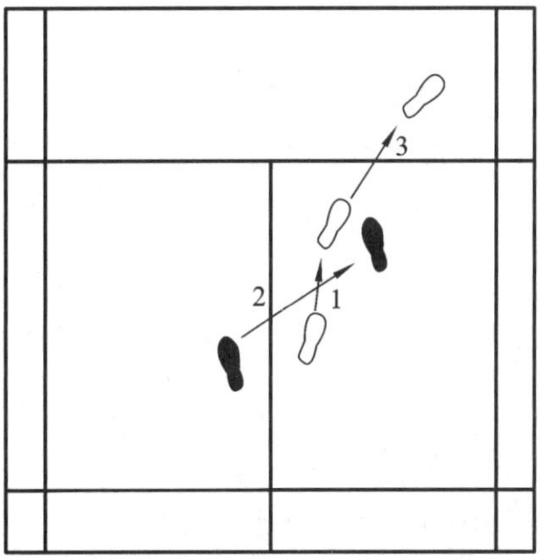

图 8-17 正手后交叉步上网示意图

（5）蹬跳上网。

蹬跳上网是在预先判断来球的基础上，利用脚的蹬地，迅速扑向球网，以争取在球刚越过网时立即进行还击。单打或双打中常用此步法上网扑球。蹬跳上网时，站位稍靠前，一旦察觉对方有打网前球的意图后，右脚稍向前，点地后立即起蹬侧身扑向网前。击球后应马上退回中心位置。

2）常见错误

（1）上网前冲力过大，使身体重心越过右腿而失去平衡。

（2）前脚落地时，脚尖朝内侧而未朝边线。

3）练习方法

（1）先做分解步法练习，再过渡到完整上网步法练习。

（2）在场外教师手势指挥下做上网步法练习。

（3）结合多球击网技术，从中心位置向左右两边网前做上网步法练习。

2. 后退步法

1）后退步法技术

判断来球后，右脚蹬地先向后撤一小步，同时上体右转，左肩对网，接着左脚用并步靠近右脚（或从右脚后交叉后撤一步），右脚再向后撤，左脚再跟上，一直移至球下。需要注意的是，在移动过程中，必须完成挥拍击球前的引拍动作。击球后，身体重心随右脚前移，迅速用小步回到中心位置，如图 8-18 所示。

图 8-18　后退步法示意图

2）常见错误

（1）侧身后退时，最后一步跨度不大。

（2）做完击球动作后重心没有前移。

3）练习方法

同上网步法的练习方法。

8.3　羽毛球运动的基本战术

羽毛球比赛的战术较多，但不管什么战术，都要根据双方特点及场上情况合理加以运用，只有这样才能收到较好的效果。羽毛球比赛中有单打战术和双打战术两种。

8.3.1　单打战术

（1）发球战术。

从发球的第一拍起，争取控制对方，以攻杀得分。这种战术，一般为发网前低球结合平快球、平高球，争取第三拍的主动进攻。

（2）攻后场战术。

通过击高球，重复压对方的底线两角，造成对方的被动，然后寻找机会进攻。

（3）攻前场战术。

对付网前技术较差的对手，可运用此战术先将其吸引到网前，然后再攻击其后场。

(4) 打四方球战术。

通过打落点，逼迫对方前后奔跑，被动应付，并在其回球质量下降或露出破绽时乘虚进攻。用于应对步法较慢、体力较差的对手。

(5) 杀、吊上网战术。

这是一种主动进攻的战术。通过高举下压迫使对方被动回网前球，这时迅速上网以扑或搓、勾等网前球技术，制造在中场大力扣杀的机会。采用这种战术，必须很好地控制杀、吊球的落点，使对方被动回网前球，才能主动迅速上网。

(6) 打对角线战术。

对付身体灵活性差、转体较慢的对手，不论是进攻还是防守，均应以打对角线为主。

8.3.2 双打战术

(1) 攻人。

集中攻击对方中有明显弱点的人，并伺机攻击另一人因疏忽露出的空当，或对此人偷袭。

(2) 攻中路或攻边。

当对方分边站位防守时，将球攻击到对方两人的中间；当对方前后站位时，将球下压或平推两边半场。这样可使对方防守时因互相争抢或避让而出现失误。

(3) 攻后场战术。

对方后场扣杀能力差时，本方可采用平高球、推平球、接杀挑底线战术，把对方一人紧逼在底线两角移动。当对方被动还击时，则抓住机会大力扣杀。如另一对手后退支援时，即可攻网前空当。

8.4 羽毛球运动的主要规则

8.4.1 球场和设备

1. 球场

羽毛球运动场长为 13.40 m，单打场地宽为 5.18 m，双打场地宽为 6.10 m。球场四周 2 m 以内、上空 9 m 以内不得有任何障碍物，如图 8-19 所示。

2. 羽毛球

正式比赛时，应使用羽毛插在软木上制成的羽毛球，球重应为 4.74～5.5 g。一名运动员站在端线外，用低手充分向前上方击球，球的飞行方向与边线平行，球能落在另一端线内 30～76 cm 之间，则应认为速度正常。

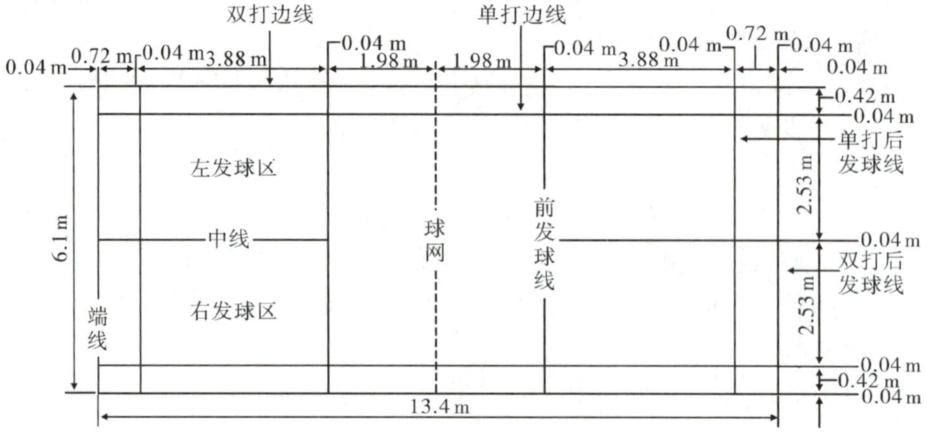

图 8-19　羽毛球运动场地

3. 球拍

球拍由拍柄、拍弦面、拍头、拍杆、连接喉构成。球拍框总长度不超过 68 cm，宽不超过 23 cm；拍弦面长不超过 28 cm，宽不超过 22 cm，如图 8-20 所示。球拍不允许有附加物，除非是为了防止磨损、断裂、振动或调整重心而添加，但其尺寸和位置应合理。

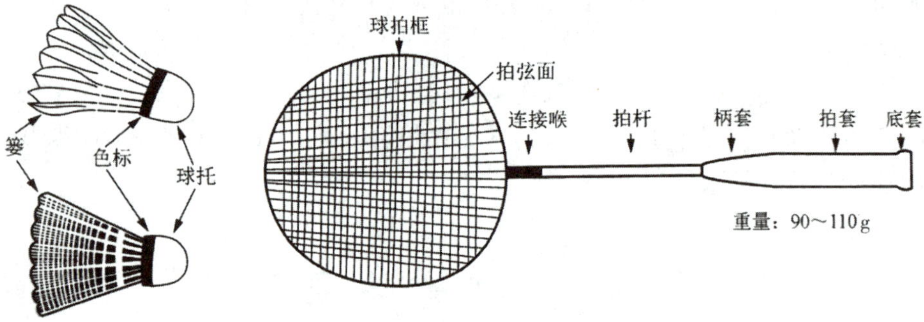

图 8-20　羽毛球及球拍

8.4.2　记分规则

每场比赛采取三局两胜制，21 分为一局，率先得到 21 分并超过对方 2 分的一方赢得当局比赛；如果双方比分打成 20 比 20 平，则率先超过对方 2 分的一方获胜；如果双方比分打成 29 比 29，则率先得到第 30 分的一方获胜；首局获胜方在接下来的一局比赛中率先发球。

8.4.3　发球规则

发球时，比赛双方均应遵循以下规则。

（1）任何一方都不允许非法延误发球。

（2）发球员和接发球员都必须站在斜对角线发球区内发球和接发球，脚不能触及发球区的界限。

(3) 两脚必须都有一部分与地面接触，不得移动，直至将球发出。

(4) 发球员的球拍必须先击中球托，与此同时整个球必须低于发球员的腰部。

(5) 发球开始后，发球员的球拍必须连续向前挥动，直至将球发出。

(6) 发出的球必须向上飞行过网，如果不受拦截，应落入接发球员的发球区。

8.4.4 单打规则

(1) 当发球方的得分为零或双数时，发球方应在右发球区发球；当发球方的得分为单数时，发球方则应在左发球区发球，不论发球方在哪个发球区发球，接发球的一方均应在斜对角的区域内接球。

(2) 如果发球方取得 1 分，那么下一回合由其继续发球。反之，如果接发球方取得 1 分，则由接发球方发球。

8.4.5 双打规则

除了适用单打规则外，双打规则还有其特殊规则，具体如下。

我们以甲/乙组合对丙/丁组合为例，讲解双打发球的规则。假设甲/乙一方选择先发球，甲先发球给对角线位置上的丙，如果甲/乙一方得分，那么，甲和乙需要交换彼此的站位区，还由甲来发球，将球发给丁(甲/乙一方得分，丙和丁两人不换位置)；如果此时丙/丁一方得分，那么，双方 4 名队员都不换位置，发球权交给丙/丁一方，由刚才接发球的丁来发球，丁发球给对方刚才发球的选手甲；如果丁发球后丙/丁一方得分，那么丙和丁交换位置继续由丁发球给乙；如果丁发球后得分的是甲/乙一方，那么，双方队员不用换位，发球权交给乙。

思考与练习

(1) 简述羽毛球运动的起源与发展。
(2) 羽毛球运动的特点与作用有哪些？
(3) 简述常见的握拍方法。
(4) 简述常见的击球技术。
(5) 常用的单打战术有哪些？
(6) 简述羽毛球的发球规则。

第 9 章

网球

9.1 网球运动概述

9.1.1 网球运动的起源与发展

网球运动起源于法国。早在 12 至 13 世纪，法国传教士常常在教堂的回廊里，用手掌击打一种类似小球的物体，以此来调剂刻板的教堂生活。渐渐地这种活动传入法国宫廷，并很快成为王室贵族的一种娱乐游戏。当时，他们把这种游戏叫作“掌球戏”。14 世纪中叶，法国王储将这种游戏使用的球赠给英国国王亨利五世，于是这种游戏便传入英国。英国人将这种球叫作“Tennis”，即网球。16 世纪出现了用羊皮制作的球拍。17 世纪开始将绳改为网，球拍改变成弹性的弦线球拍，场地也比较正规了。到 19 世纪，网球运动在欧美兴盛起来。国际网联（ITF）1912 年 3 月 1 日在巴黎成立，总部设在伦敦。19 世纪后期，由英、美、法等国商人、传教士和军人作为体育娱乐活动传入我国，分别在上海、广州、北京等城市教会和商会俱乐部中出现打网球活动，后在教会学校中展开。1980 年，中国网球协会被接纳为国际网球联合会正式会员。20 世纪 80 年代以来，我国网球运动水平提高较快。

如今，世界网球单项的四大比赛是：英国温布尔顿网球赛、美国公开赛、法国公开赛和澳大利亚公开赛。“戴维斯杯赛”与“联合会杯赛”是以国家为单位的男女团体赛。

9.1.2 网球运动的特点与作用

网球运动是一项深受人们喜爱，极富乐趣的体育活动。它既是一种消遣，一种增进健康的方式，也是一种艺术追求和享受，当然它还是一种扣人心弦的竞赛项目。网球运动文明、高雅、优美，每打出一次好球，都会使人感觉兴奋异常，愉快无比。

1. 网球具有独特的健身价值

网球运动是一个以有氧为主，无氧为辅的运动项目。所以经常运动可以提高人的心血管系统的能力，降低人体的血脂，维持血压稳定。运动量的大小可以自己控制，想要强度大可以打单打，不想太累就打双打。网球运动的技术要求高，必须动手、动脚、动脑，对人体的灵敏反应要求也高，经常打网球可以增强人的灵活性，提高人的反应速度，使人年轻，有朝气，有精力，可防止老年痴呆。在网球场上挥舞着球拍使人们一天紧张疲惫的大脑和身心得到放松。

2. 网球具有独特的欣赏价值

网球运动是一项把力量美和艺术美，形体美、服饰美与环境美，比赛中竞争的激烈性与观众的文明性有机结合在一起，即把竞争性、文化性、观赏性和参与性有机结合在一起的极具魅力的体育项目。它是既有悠久历史，又不断得到普及发展并深受群众喜爱的时尚健身运动。

当然，网球之所以有其独特的欣赏价值，还因为它特有的"网球精神"。网球比赛跑动场面大，对抗激烈，且又在露天进行，运动员的体力消耗很大。规则规定要连胜两分才算取胜一局；要连胜两局才算取胜一盘，否则便要无休止地战斗下去。可见，网球比赛中不但要勇敢拼搏，而且还要能够坚忍不拔。因此，网球比赛是力的较量，是技术战术的较量，也是心理素质的较量。

9.2 网球运动的基本技术

9.2.1 握拍法

握拍法

学习打网球，首先要掌握握拍的方法，这对初学者来说是非常重要的。其握拍方法有三种：起源于美国东部沙土场地的东方式握拍法；起源于欧洲大陆草地球场的大陆式握拍法；起源于美国西部的半西方式握拍法。现在还有一种很流行的双手握拍法，尤其是双手的反手击球握拍法被世界许多一流的网球高手所采用。一般来说东方式握拍法比较适合大部分的网球爱好者，也是多数优秀球员所选择的握拍方法。

1. 介绍握拍的定位

1）手掌定位

以基底指关节和小鱼际来定位，主要以食指的指根为主，如图 9-1 所示的是手掌定位示意图。

2）拍柄定位

球拍柄水平放置，拍面与地面垂直，拍柄的 8 个面中最上面的面定为第一平面，按顺时针依次至第八平面，如图 9-2 所示的是拍柄定位示意图。

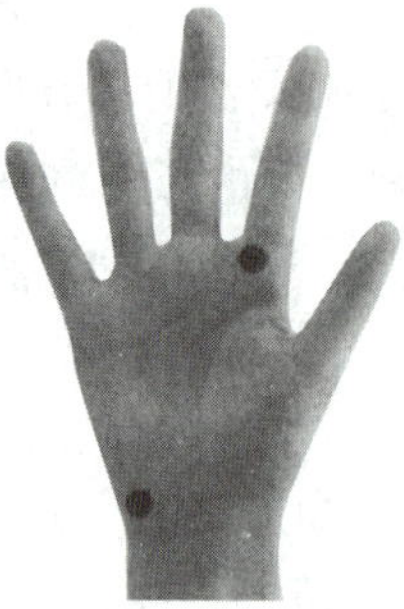

图 9-1 手掌定位示意图

图 9-2 拍柄定位示意图

2. 东方式握拍法

东方式握拍法分为正手握拍法和反手握拍法。

(1) 正手握拍法。

技术要领:基底指关节和小鱼际放在第 3 边上,手掌在拍把后面,如图 9-3 所示。

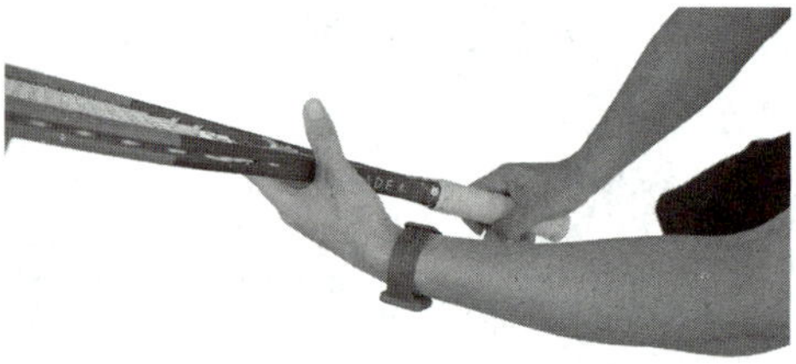

图 9-3 东方式正手握拍法示意图

(2) 反手握拍法。

技术要领:基底指关节和小鱼际放在第 1 边的上面。

3. 大陆式握拍法

技术要领:基底指关节和小鱼际放在第 2 个平面,如图 9-4 所示。

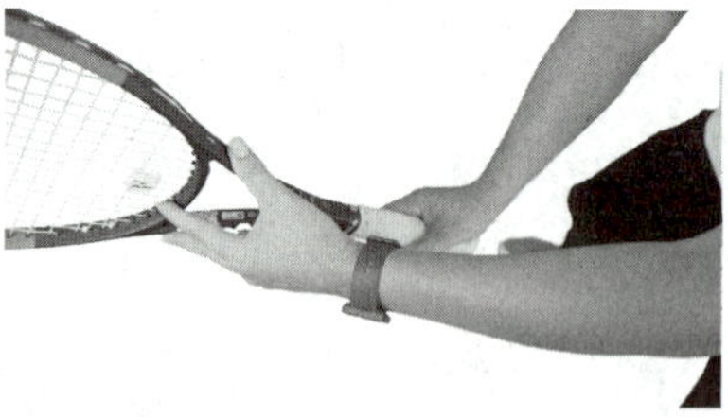

图 9-4 大陆式握拍法示意图

4. 半西方式握拍法

技术要领:将基底指关节和小鱼际放在第 3、第 4 个平面之间,如图 9-5 所示。

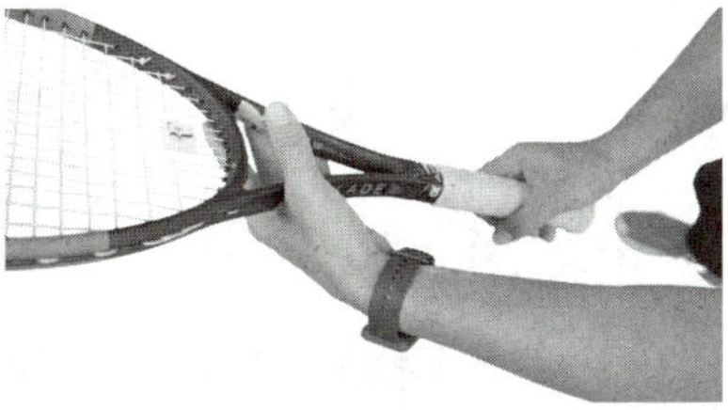

图 9-5　半西方式握拍法示意图

5. 东方式/大陆式双手反拍法

技术要领：左手的基底指关节和小鱼际握在拍柄第 7 个平面上，右手的基底指关节和小鱼际握在拍柄的第 2 个平面上，如图 9-6 所示。

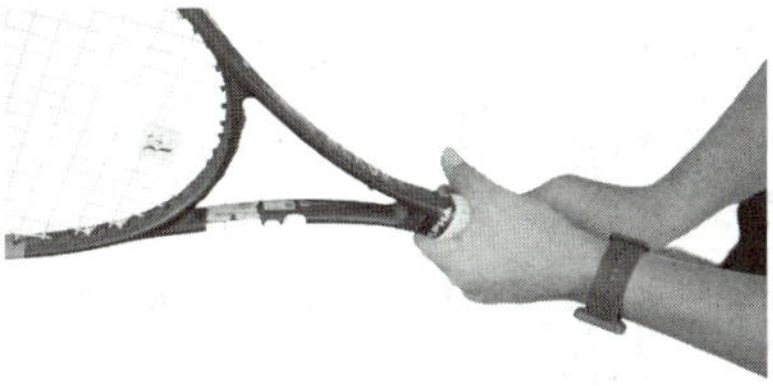

图 9-6　东方式/大陆式双手反拍法示意图

9.2.2　准备姿势

两脚自然开立与肩同宽，双膝微曲，身体前倾，重心在两脚之间，含胸收腹，眼睛平视前方，右手持拍左手扶拍，拍子持于身体前，两眼注视来球，如图 9-7 所示。

图 9-7　准备姿势示意图

9.2.3　正手击球法

技术要领：预备姿势→后摆引拍→挥拍击球→随挥跟进，如图 9-8 所示。

预备姿势：两脚自然开立与肩同宽，双膝微曲，身体前倾，重心在两脚之间，含胸收腹，眼睛平视前方，右手持拍左手扶拍，拍子持于身体前，两眼注视来球。

(a) (b) (c)

正手击球

图 9-8 正手击球示意图

后摆引拍：当球来时，判断击球点，转肩侧身右手带动右臂向后从上向下引拍，拍头指向后方，左脚向前跨一步，身体重心移向右脚，左手指向击球点，并保持身体平衡。

挥拍击球：在准备击球时，注意发力顺序，蹬地转髋腰，带动臂手前送，手腕固定，重心前移，在左胯齐平的右前方击球点击球，撞击球的中后部。

随挥跟进：击球后，手臂拍子继续往前送，上肩并左手扶拍，身体进行充分转体。

9.2.4 反手击球法

击球前将拍改为东方式反手握法。身体向左侧转，重心在后脚上。球拍后摆，拍头略低，击球时右脚向前跨，转腰带动上臂、前臂向前上方挥拍，手腕绷紧，握紧球拍，击球后继续向上做随挥动作，至右肩前上方，如图 9-9 所示。

(a) (b) (c) (d)

反手击球

图 9-9 反手击球示意图

9.2.5 发球

在现代网球运动中，发球是最重要的技术之一，是唯一能由自己掌握而不受对方影响与干扰的技术。发球不仅是比赛开始的第一个动作，更是进攻的开始。好的发球应具有攻击性，使发出的球在速度、力量、旋转和落点方面有所变化。

1）发球的基本要求

（1）站位：在端线后两脚开立与肩同宽，前脚与端线呈 45°，身体侧对球网，重心在后脚上。

(2) 持球与抛球：持球时，可手持两个球或一个球。用拇指和另外两三个手指的顶部拿着将要发的球。抛球时手臂向身体的右前上方直臂抬起，到肩部与头部之间位置时撒手将球推向空中，尽量使球垂直上抛，球落下时在身体前脚的右前方，不要在头顶上。

(3) 引拍和击球：当抛球手向上时，握拍手也应该向后上方运动，为击球做好准备，如两手配合不协调时，可采用“计数”法。先把球和球拍都放在齐胸处，数“一”时双手往下放；数“二”时双手往上，但抛球手在前，执拍手在身后；数“三”时击球。击球的高度在身体和握拍手臂充分伸展时球拍的上部。

发球要领如图 9-10 所示。

(a)　(b)　(c)

图 9-10　发球示意图

发球

2) 平击发球

平击发球时要尽可能地用力击球。动作方法基本同切削发球，只是在击球的瞬间，拍面不绕球切削，而是正对球的后部，用力击打。要充分利用身体、手臂的力量，以及身体重心向前的力量。

3) 削击发球

由球拍从球右上方往左下方切削击球的一种发球方法。其优点是球速快、威胁大、命中率高，故成为优秀选手的杀手锏。

重点：掌握抛球与后摆动作及击球点。

难点：抛球与后摆协调配合，手臂充分展开。

9.2.6　接发球

接发球的站位，一般位于端线附近，力求在接发球时向前侧移动击球，接发球时应集中注意力，消除紧张心理，两脚左右开立，略宽于肩，屈膝重心下降，上身稍前倾，脚跟略提起，重心可在两脚间左右移动。抬头注视对手的发球动作，盯住对手抛球的位置。预先判断发球的方向和旋转。由于对方第一次发球时多采用大力发球，站位应偏后一些。如果对方是第二次发球，站位可略向前移，以便于采取攻击性的还击。

接发球

眼睛始终盯住球，球动人动，在对方击球的瞬间就应做好判断并开始移动。接发球与接落地球的最大区别就是尽量早些向后拉拍并减少后摆幅度。击球时绷紧手腕以控制好拍面角度，握紧球拍以免拍面被震转动，同时随挥动动作加长击球时间，击完球后迅速回到场地中央准备下一次击球。

接发球前观察对方行动，考虑自己的回球路线和落点，对控制对手发球后抢攻有着重要意义。

9.2.7　截击球

截击球是指在对方来球未落地之时，将球回击到对方场区，由于截击球一般都站在网前，回球距离短、速度快，使对手无法或难以应付。因而它是一种攻击性击球方法。

1）正手截击球

准备时膝盖要弯曲，重心稍前，球拍在身前，采用大陆式握拍法。击球前必须转动上体和肩部，带动球拍向后；击球时握紧球拍，绷紧手腕，在身体前面 15～50 cm 处迎击球。拍头上翘，拍面稍向后仰，向前向下挥拍击球，如图 9-11 所示。

(a)　(b)　(c)

正手截击

图 9-11　正手截击球示意图

2）反手截击球

击球前要转肩，使上身和球飞来的路线平行，同时球拍后摆至肩部，拍头向上。击球时拍向前做简短的撞击动作，在身体前面击球。拍触球时，手腕绷紧，握紧球拍，如图 9-12 所示。

(a)　(b)　(c)

反手截击

图 9-12　反手截击球示意图

9.2.8 高压球

高压球是将对方挑出的防御性的高球凌空或落点弹起后向前下打出，绝大多数高压球采用正拍击球。

高压球

高压球和发球动作相似，主要区别在于向后引拍的动作比发球简短。打高压球时，必须迅速地移向球的下方，左肩向前，上身右转，抬头仰视球，同时使球拍垂向背后，重心在后脚，做好高压球的准备动作。当球下落到合适的高度时，重心前移，左脚蹬地起跳，在头部上方向前下方扣击，完成高压动作。

9.3 网球运动的基本战术

9.3.1 单打战术

1. 发球战术

1）右区发球

站在右区发球时，第一次发球一般采用平击大力发球。站位靠近中点，发向对方右发球区中线附近，迫使对方用反手接发球。若第一次发球失误，则第二次发球一般应采用侧旋球，发向对方右发球区边线附近，利用侧旋迫使对方离开场区接球，自己则可以占据场中有利位置等待回击。

2）左区发球

站在左区发球时，第一次发球有90%的概率可以发到对方左边线附近，即对方的反手边，同时，根据对方的情况随时调整发球类型。左区第一次发球的第二个目标是对方场区的中心线附近，这种发球的概率在比赛中大概占10%，当对方为了接反手球而离中点较远时，可以突然采用平击大力发球，使其不得不跑回场区中间用正手接球。这种发球具有突然性，往往可以直接得分。

由于第一次发球可以失误且不失分，所以要发攻击性最强、威胁最大的球。发球时，力量既要大，又要落点好，力求做到稳、准、狠。若第一次发球失误，则进行第二次发球，要注意发球的把握性，尽量发出攻击力强的球。重点放在稳健、准确、发好落点上。

2. 接发球战术

1）右区接发球

当对方在右区发球后仍留在端线附近时，则回球可以把球击向对方端线的两角之一。一般情况下，当对方把球发向自己反手时，回球也击向对方的反手。记住，应把球击向安全范围内，不要企图一下子置对方于死地，接发球仅仅是比赛的开始。

2）左区接发球

当对方在右区发球后仍留在端线附近时，回球时则与对付右区发球的方法一样。这两种接发球的运作要领相同，手腕应固定，利用拍面与来球所形成的不同水平角度来控制回球方向，球要击得深。

接发球击球要把握好击球的方法，选择好击球的落点。为自己创造上网的机会，不能只是被动地击球、挡球。

3. 上网战术

一般在发急速旋转球后，将球击向底线中间区域时；对方接反弹至底线外或反弹至边线外的球时；对方击被动的过渡球时，应及时上网。网前的位置应根据个人掌握网前击球的技术情况、自己移动的速度、来球的角度、来球的高度等因素来确定。一般距网 2～2.5 m 为宜。离网较近，攻击的角度大、截击球机会多、控制面积大、移动距离较短，同时还可使回球的路线短，从而取得主动权。击球应力求积极主动地击球，或进行强有力地击球和具有战术意图地击球，尽量避免被动击球。

4. 底线战术

底线打法首先要将球打深，球落在端线前而不是发球线附近，同时利用落点调动对方或者抓住对方的弱点进行突破。在有机会的情况下也可上网截击。

5. 综合战术

根据对手的情况，采用不同的打法。若对方频频上网，可采用挑高球迫使他退回去；若对方底线技术很好，可适当放一些小球诱使他上前，再用力将球打深来调动他。综合打法就是将底线和上网两种打法结合起来，根据场上情况，随机应变。

9.3.2 双打战术

双打是网球比赛的主要项目，双打对体力要求较低，适合各种年龄层次的人参加。

1. 发球战术

发球队员站位应稍靠边线。同伴站位一般在离网 2～3 m、距边线 2～2.5 m 处为宜，以防对手回击直线球，并伺机截击高压球。亦可采用同伴底线站位，发球队员发球后立即上网的打法。第一次发球，基本原则是大力（发向对方反手区）、准确（打落点），迫使对方打过渡球，压制其回球角度，伺机上网截击或大力抽杀。第二次发球，尽量发好落点，减少对方回击球的威力。同伴要做好充分准备，以防对方的袭击和强攻。

2. 接发球战术

接发球站位的原则是便于接发球后的上网，利用较小的移动距离取得较大的防守控制范围，一般站在对方发球扇面角度的角平分线上，右手持拍可稍偏左一些：反之，稍偏右一些。队友的站位应在半场发球区内，随时准备上网迎击来球或及时后退至端线进行防守。接发球队员的回击球应积极主动，通过线路的变化，变被动为主动。网前的队友应根据对方发球、同伴接发球、双方队员场上位置的移动情况，做出恰当地预判，迅速移动到来球位置截击球。

3. 上网战术

采用上网战术，首先应选择好正确的基本位置。一般应距网 2～3 m。这样不仅能进和退，能击高于网的强有力的进攻性来球，而且也能迅速后退对付对手的挑高球。两人之间要保持适当的距离，既各自看好自己的边线球，又防止对方从结合部突破。随着场上的变化，两人要及时变换位置，左右交换，前后补位，不要同时偏向一边。两人之间的球，应掌握近球者先击，正手方便者先击球，同时要互相呼应，防止互相让球。

4. 底线战术

底线战术可采用准、低、快的抽击球方法向对方两人之间，或向对方的两底线角，或向对方两边线位置击球；还可运用削击球、拉旋转球等方法击球，争取制造良好的上网截击球机会。有时为了打破双方底线抽球的平衡局面，可突然放一短球，引一人上网，然后向网前队员的身后吊球或向其身后击球，使底线队员的防守困难。比赛中还应注意对方有人在网前封网时，回击的球应避开其截击。

9.4 网球运动的基本规则

9.4.1 场地与器材

1. 场地

球场(见图 9-13)是一个长方形，长 23.77 m(78 英尺)，宽 8.23 m(27 英尺)。用球网将全场横隔为二等区，球网悬挂在直径不超过 0.8 cm(1/3 英寸)的绳或钢丝绳上，球网两端悬挂或超过在直径不超过 15 cm(6 英寸)的圆形网柱或边长不超过 15 cm(6 英寸)的正方形网柱顶上。网柱高不得超过网绳顶部 2.5 cm(1 英寸)。网柱中心距边线外沿 0.914 m(3 英尺)。球场两端的界线称端线。球场两边的界线称边线。在球网两侧6.4 m处的场内各画一条与球网平行的横线叫作发球线。联结两条发球线的中点画一条与边线平行的线，线宽 5 cm 叫作中线，中线与球网成 HU＋20C＋HU＋201D 形，将发球线与边线之间的地面分成四个相等的区域叫作发球区。在端线的中心，向场内画一条 10 cm 长、5 cm 宽的垂直于端线的短线叫作中点。全场除端线可宽至 10 cm 外，其他各线的宽度均不得超过 5 cm，也不得少于 2.5 cm。全场各区的丈量，除中线外都从各线的外沿计算。所有的线应是同颜色，如在球场后面放置广告或其他物品时，则不得使用白色、黄色。任何浅颜色，只有当其不妨碍运动员视线时，方可使用，如广告放置在位于球场后面的司线员的座椅上，这些广告也不得使用白色或黄色。

球场是一个长方形，长 23.77 m(78 英尺)，宽 8.23 m(27 英尺)。球网(网的中央高度为 91.47 cm，两端高度为 107 cm)把全场隔成相对的两个半场，接近球网两边的 4 块相等

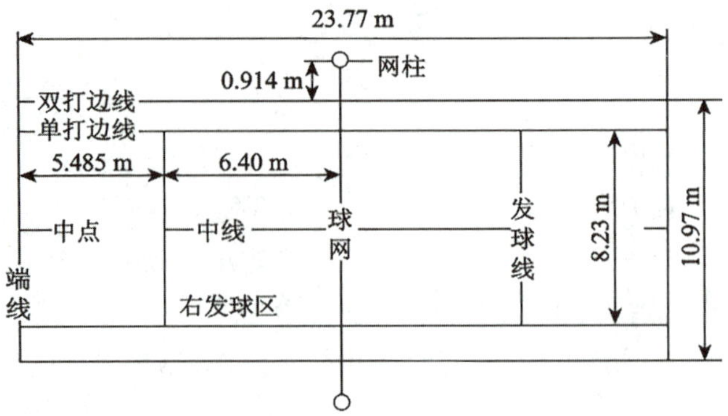

图 9-13　网球场地示意图

的区域是发球区，双打场地的两边较单打场地宽 1.37 m。网球场地分为草地、土地、硬地和塑胶场地等。

2. 球拍

网球拍一般由木质、铝合金、碳素等材质制成。各种材质的球拍都有其优缺点。目前，普遍选择的是铝合金和碳素网球球拍。球拍有轻型（L）、中型（M）、重型（H）等型号。

9.4.2　竞赛规则与裁判法

1. 比赛方法

网球比赛有单打和双打两种形式，正式比赛项目有男子团体、女子团体、男子单打、女子单打、男子双打、女子双打、混合双打 7 项。

2. 发球

（1）发球前的规定：发球者在发球前应站在端线后、中点和边线的假定延长线之间的区域里，用手将球抛向空中任何方向，在球接触地面以前，用球拍击球（仅能用一只手的运动员，可用球拍将球抛起）。球拍与球接触时，就完成球的发送。

（2）发球时的规定：发球员在整个发球动作中，不得通过行走或跑动来改变原站的位置。两脚只准站在规定位置，不得触及其他区域。

（3）发球者的位置：①每局开始，先从右区端线后发球，得或失 1 分后，应换到左区发球；②发出的球应从网上越过，若到对角的对方发球区内，或过周围的线上。

3. 发球失误

（1）未击中球。

（2）发出的球，在落地前触及固定物（球网、中心带和网边白布除外）。

（3）违反发球站位的规定。

注意：发球者第一次发球失误后，应在原发球位置进行第二次发球。

4. 发球无效

发球触网后仍然落到对方发球区内或接球者未做好接球准备均应重发球。

5. 交换发球

第一局比赛终了，接球者成为发球者，发球者成为接球者。以后每局终了，均互相交换，直至比赛结束。

6. 变换场地

双方应在每盘第一、第三、第五等单数局结束后，以后每盘结束双方局数之和为单数时交换场地。

7. 失分

下列情况发生将判失分。

(1) 在球第二次着地前未能还击过网。

(2) 还击的球触击对方场区界线外的地面、固定物或其他物件。

(3) 还击空中球失误。

(4) 故意用球拍触及超过一次。

(5) 运动员的身体、球拍在“活球”期间触及过网。

(6) 过网击球。

(7) 抛拍击球。

8. 压线球

比赛中，落在线上的球都算界内球。

9. 双打还击

1) 双打发球次序

每盘第 1 局开始时，由发球方决定由何人首先发球，对方则同样地在第 2 局开始时，决定由何人首先发球。第 3 局由第 1 局发球方的另一球员发球。第 4 局由第 2 局发球方的另一球员发球。以下各局均按此次序发球。

2) 双打接球次序

先接球的一方，应在第 1 局开始，决定何人先接发球，并在这盘单数局，继续先发球。对方同样应在第 2 局开始时，决定何人先接发球，并在这盘双数局继续先接发球。他们的同伴应在每局中轮流接发球。

3) 双打还击

接发球后，双方应轮流由其中任何一名队员还击。若运动员在其同队队员击球后，再以球拍触球，则判对方得分。

10. 计分方法

网球计分的最小单位是分，然后是局，最后是盘。

1）胜 1 局

（1）每胜 1 球得 1 分，先胜 4 分者胜 1 局。

（2）双方各得 3 分时为“平分”，平分后，净胜两分为胜一局。

2）胜一盘

（1）一方先胜 6 局为胜 1 盘。

（2）双方各胜 5 局，一方净胜两局为胜 1 盘。

3）决胜局计分制

为了控制比赛时间，近年来普遍采用平局决胜制，即当局数为 6∶6 时，只再打一局决胜负。在这一局中，谁先赢得 7 分为胜这一盘，如果在此局打成 5∶5，一方仍须连得 2 分才算胜此局，即胜此盘。

（1）首先发球员只发第 1 分球，对方发第 2、3 分球，然后轮流发两分球，直至比赛结束。

（2）第 1 分球在右区发，第 2 分球在左区发，第 3 分球在右区发。

（3）每 6 分球和决胜局结束都要交换场地。

思考与练习

（1）简述网球运动的起源与发展。

（2）网球运动的特点与作用有哪些？

（3）简述常见的击球方法。

（4）简述常见的截击球技术。

（5）常用的单打战术有哪些？

（6）简述网球的比赛方法。

第 10 章 健身健美

10.1 健身健美运动概述

10.1.1 健美运动的起源和发展

早在古希腊时代的运动健将就用举重物来锻炼身体，并得到强壮健美的体型，这些健美的运动员，被雕塑家“记录”下来并留存到 21 世纪。这是健美运动的早期萌芽。公元 130—200 年，古罗马著名的医生盖伦著书立说，倡导健身运动。19 世纪，德国著名的体育活动家艾绎伦(1792—1846)开设了培训体育师资的课程，创始了哑铃、吊环等运动，这些锻炼形式是现代健美运动和力量的起源。1904 年 1 月 16 日，首届大规模的健美比赛在美国纽约的麦迪逊广场举行。1946 年，国际健美健身联合会(IFBB)创建，制定了健美比赛的国际规则，并开始举行正式的国际业余健美锦标赛。

1950 年，另一个名为国家业余健美协会(NABBA)开始在英国举办“NABBA 宇宙先生”的比赛。1965 年，“奥林匹亚先生”(Mr. Olympia)开始举办。每年“奥林匹亚先生”是健美界的顶级赛事。起初健美比赛仅由男性参加，到后来的 1965 年，NABBA 开始加入“宇宙小姐”(Miss Universe)，到 1980 年，“奥林匹亚小姐”(Ms. Olympia)也开始被引入。

现代健美运动在 20 世纪 30 年代才由欧美传入我国。当时在上海沪江大学读书的赵竹光困惑于国衰民弱，抱着强身健体的宗旨，倡导和组织了中国第一个健身组织沪江大学健美会。1946 年在上海八仙桥举行了我国第一次男子健美比赛，共有 20 多名运动员参加。中华人民共和国成立后，健美运动渐为广大群众所喜爱，在上海、广州、北京、南京、苏州等地有成千上万的青年坚持健美锻炼。20 世纪 60 年代，健美运动被当作“资产阶级的体育观点和唯美思想”加以批判，停滞了近二十年，随后得以恢复和发展，并吸引了众多男女老少参加，对增强人民体质，丰富群众的业余文化生活起到了积极的作用。健美运动不仅能增强体质，改善体型，而且是现代社会现代人对生活、艺术、社会交往等的完美结合。

10.1.2 健美运动的概念

健美运动是一门通过徒手和各种器械，运用专门的动作方式和方法进行锻炼，根据人类遗传学、人体解剖学、运动生理学、运动医学结合美学等学科，以锻炼身体、增强体质、发达肌肉、改善体形、陶冶情操、促进人体健美为目的的体育科学。它是举重运动的一个分支，在长期的实践过程中，逐步发展成为一个独立的竞赛项目。它在运动器械、动作方式、锻炼方法、目的作用和竞赛形式等方面都有着自身的特点。

10.1.3 健美运动的特点

1. 动作多样，老少皆宜

健美锻炼的动作多种多样。即使是采用杠铃和哑铃，也可根据需要自由调节重量。训练的次数、组数和运动量，也可根据体力进行调整。所以，它能够充分满足男女老少不同的需求。

2. 设备简单，易于开展

健美运动可以徒手或依靠自抗力进行练习，也可以利用各种简单的轻重器械进行练习，还可以采用一些自制的器械乃至简单的家具进行锻炼。它不受时间、场地、器械的限制，在室内、室外只要有几平方米的地方就行，因而比较容易开展。

10.1.4 健美运动的作用

1. 发展肌肉，增强肌力

有效地发展全身肌肉、增加力量是健美运动的一个比较突出的作用。通过健美训练，促使肌肉得到强烈的刺激，肌细胞数量增加，从而使肌纤维增粗，肌肉变得丰满而结实。

2. 增进健康，增强体质

健美锻炼可使心肌增强，心脏容量增大，血管弹性增强，进而提高心脏的收缩力和血管的舒张能力，使心搏有力，心排血量增加，每分钟心跳次数减少，提高心脏的储备能力和工作能力。

健美锻炼可增加每次呼吸时的气体交换量，这既有利于呼吸肌的休息，又可提高呼吸系统的功能和储备，从而保证激烈运动时满足气体交换的需要，提高技能水平。

健美锻炼还能提高消化系统的能力，因为肌肉活动时要消耗大量的营养物质，这就需要及时补充。同时，肌肉的活动可促使胃肠的蠕动增强，消化液分泌增多，使消化和吸收能力提高，食欲增强，提高人体健康水平。

3. 改善体形体态，矫正畸形

健美运动的各种动作练习能给予身体某些部分的生长发育以很大的影响，科学的锻炼还可以起到消脂减肥的作用，这些变化都能够有效地改善人的体形、体态。

由于健美运动的各种动作能给予身体某些相应部位的影响，因此，当一个人的体态已经出现某些缺陷的时候，就可以有针对性地选择某些适当的动作进行练习，以达到矫正畸形的目的。例如，矫正含胸驼背等。

4. 调节心理，陶冶情操

紧张的体力劳动和脑力劳动后，机体必然会产生疲劳，健美运动则可以起到调节心理的作用。优美明快的音乐，以及明显的锻炼效果，对紧张的学习、生活都能起到良好的调节作用，能产生良好的心理反应；同时也可以陶冶情操，使人产生积极向上、追求美好未来的意愿。

10.2 人体肌肉

10.2.1 人体肌肉及分类

人体肌肉约 639 块(见图 10-1 和图 10-2)，按结构和功能的不同可分为：平滑肌、心肌和骨骼肌三种。按形态可分为：长肌、短肌、阔肌和轮匝肌。

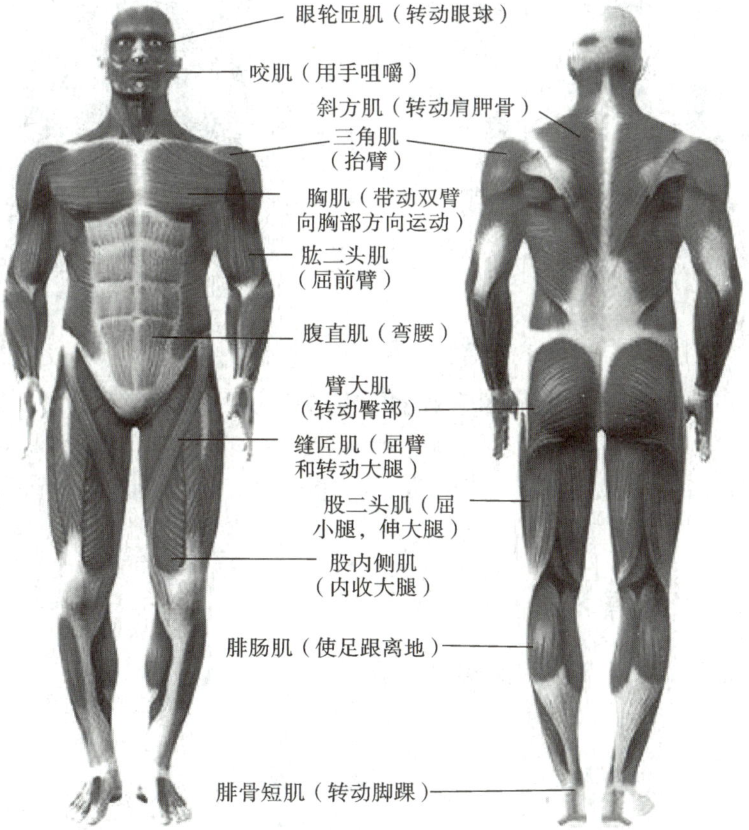

图 10-1 人体重要的肌肉

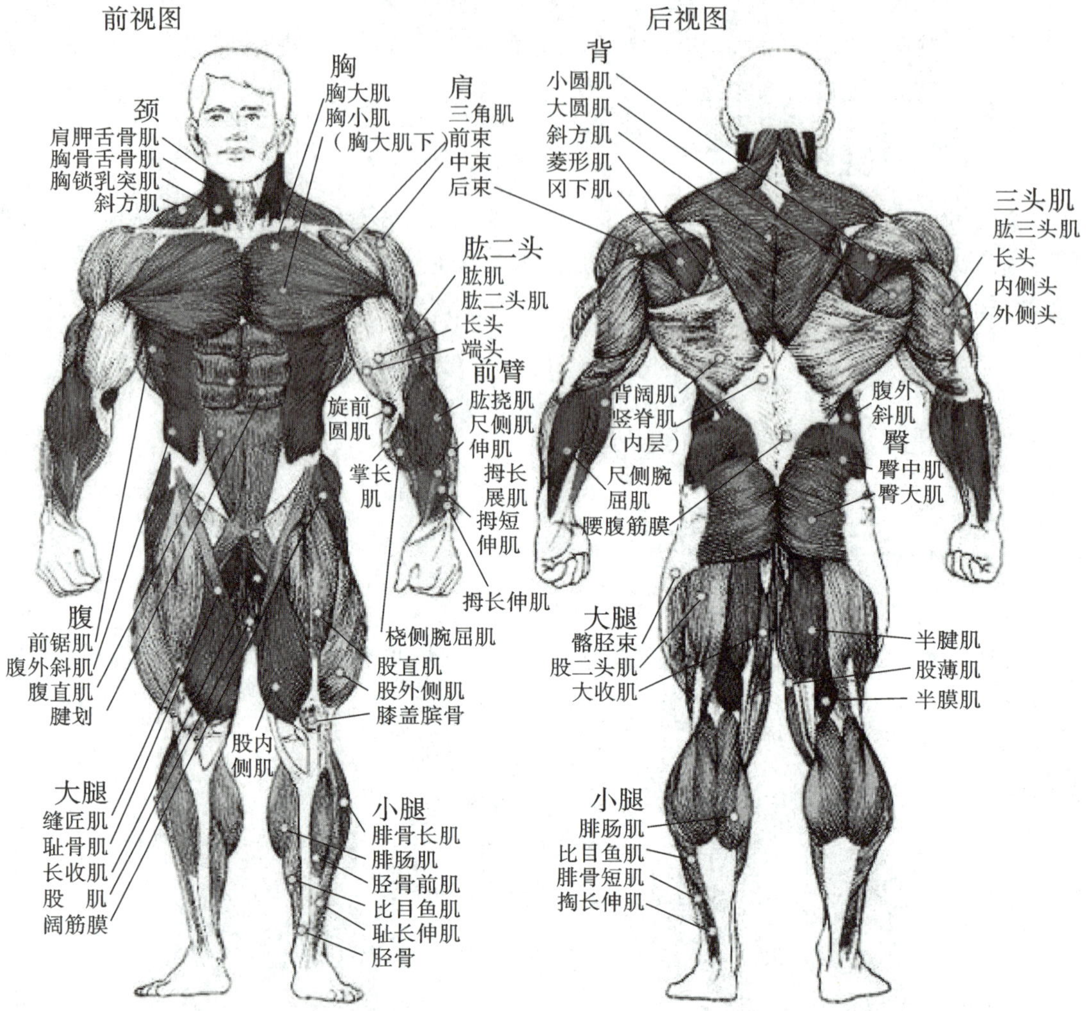

图 10-2　人体肌肉分布图

平滑肌主要构成内脏和血管，具有收缩缓慢、持久、不易疲劳等特点。心肌构成心壁。两者都不随人的意志收缩，故称不随意肌。骨骼肌收缩迅速、有力、容易疲劳，可随人的意志舒缩，故称随意肌。骨骼肌在显微镜下观察呈横纹状，故又称横纹肌。人体骨骼肌共有600余块，分布广，约占体重的40%。

10.2.2　骨骼肌

骨骼肌分布于头、颈、躯干和四肢，通常附着于骨。

10.3　各部位训练动作

全身各部位训练动作主要包括：躯干训练动作、上肢训练动作、下肢训练动作。

10.3.1 躯干训练动作

这里主要介绍体前的腰腹肌群和体后的背部肌群。

腰腹肌群主要包括:腹直肌、腹内外斜肌、腹横肌。

背部肌群主要包括:斜方肌、菱形肌、背阔肌、竖脊肌。

1) 仰卧卷腹

仰卧卷腹(见图 10-3)主要锻炼肌肉:腹直肌、腹内外斜肌、腹横肌。

图 10-3 仰卧卷腹

(1) 预备姿势。

仰卧在垫上,两脚与肩同宽。屈膝,使大腿和小腿夹角成 90°,两手放于体侧或头部两侧。

(2) 向上动作阶段。

动作将开始时,含胸收腹,使上背部离开地面,以腹部肌群的收缩力卷起上身。在上体卷腹过程中,要"卷、压、吐",也就是在动作中要卷腹,在卷腹的同时要对肌肉进行压缩,在压缩的同时要把腹腔的气体逐渐吐至"真空状态",稍停。

(3) 向下动作阶段。

在腹部肌群的控制下缓慢、流畅、有控制地下落,依次是腰部、背部、头部。下落过程中尽力拉长腹直肌,吸气。

2) 俄式转体

俄式转体(见图 10-4)主要锻炼肌肉:腹直肌、腹内外斜肌、腹横肌。

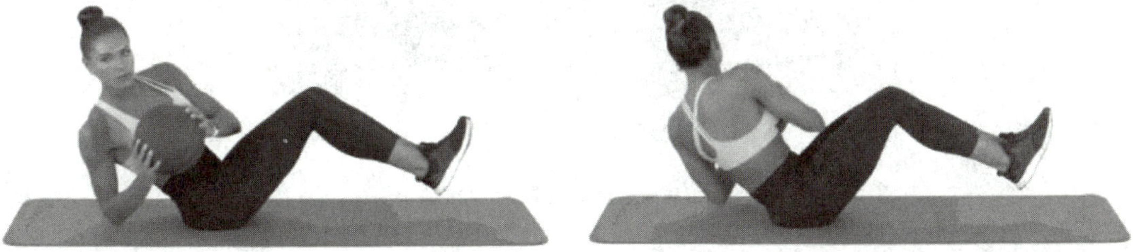

图 10-4 俄式转体

(1) 预备姿势。

坐骨保持身体平衡,腰腹收紧,两腿屈膝并拢抬离地面。

(2) 动作要领。

双手徒手或持轻器械于胸前,在核心控制下上体左右转动。

3) 俯卧挺身

俯卧挺身(见图 10-5)主要锻炼肌肉:竖脊肌。

图 10-5　俯卧挺身

(1) 预备姿势。

俯卧于垫上,面朝下,整个身体贴于垫子上,两臂置于体侧,伸直双腿脚尖向下,腰背收紧。如要增加训练难度和效果,也可放一杠铃片在上背部。

(2) 向上动作阶段。

呼气,集中竖脊肌的力量抬起上身至最高位置,稍停。向上阶段不使用爆发力。

(3) 向下动作阶段。

以背肌的力量缓慢向下落上体,至身体放松俯卧于垫上。要求下落时要缓慢有控制。

10.3.2　上肢训练动作

这里主要介绍三角肌、肱二头肌、肱三头肌训练动作。

1) 坐姿杠铃颈前推举

坐姿杠铃颈前推举(见图 10-6)主要锻炼肌肉:三角肌、肱三头肌。

图 10-6　坐姿杠铃颈前推举

(1) 预备姿势。

坐于长凳或推举练习凳上,挺胸直腰,收紧腰腹部,保持身体平稳。两手握住横杠,握距略比肩宽,把杠铃提起置于上胸部,小臂垂直地面。

(2) 向上动作阶段。

保持身体不动,把杠铃向上推举至两臂伸直,稍停。上推阶段不要使用猛力、爆发力。

（3）向下动作阶段。

用三角肌的控制力把杠铃缓慢、流畅下放至上胸部，暂停。下放时要控制杠铃的速度，下放至最低点时三角肌要保持张力，小臂垂直地面。

2）直立划船

直立划船（见图 10-7）主要锻炼肌肉：三角肌、肱二头肌。

（1）预备姿势。

自然站立，两脚与肩同宽，腰腹收紧，保持身体平稳，双手采用窄握距握住杠铃置于体前。

（2）向上动作阶段。

动作开始时，以三角肌的收缩力缓慢、平稳带动杠铃垂直向上，直至超过肩部，上拉时肘关节始终高于杠铃。整个动作都要利用三角肌的力量完成，身体不能前后摆动。

（3）向下动作阶段。

以三角肌的张力缓慢控制杠铃沿身体前侧下落，还原至开始位置。下落时速度要均匀、缓慢、有控制。

3）站姿哑铃侧平举

站姿哑铃侧平举（见图 10-8）主要锻炼肌肉：三角肌中束、前束、后束。

图 10-7　直立划船

图 10-8　站姿哑铃侧平举

（1）预备姿势。

自然开立，两脚与肩同宽，身体略微前倾，双手握住哑铃置于身体两侧。为防止身体晃动而借力，可采用坐姿。

（2）向上动作阶段。

动作开始时，双手同时缓慢向身体两侧划半圆弧，直至哑铃略超过肩部，稍停。要始终保持三角肌处于紧张状态，肘关节不能有屈伸动作。

（3）向下动作阶段。

持哑铃放下时，以三角肌的力量控制哑铃慢慢下落，直至手臂与体侧成 10°～15°的夹角后停住。

10.3.3 下肢训练动作

这里主要介绍臀大肌、腘绳肌、股四头肌、腓肠肌、比目鱼肌训练动作。

图 10-9 屈腿硬拉

1）屈腿硬拉

屈腿硬拉（见图 10-9）主要锻炼肌肉：臀大肌、腘绳肌。

（1）预备姿势。

两脚开立与髋同宽，大腿外旋，两脚尖成“V”字形站立，挺胸直腰。掌心向后，双手握住杠铃横杠，握距略比肩宽，使横杠贴近身体，挺胸收腹，背部挺直，目视前方。

（2）向上动作阶段。

用力伸髋，充分利用臀大肌、腘绳肌的收缩力量将杠铃向上提起，将杠铃拉至大腿中部时，继续伸膝、伸髋和展体将杠铃拉起至身体挺直，稍停。动作要平稳，不能猛拉、猛起。

（3）向下动作阶段。

以髋关节为轴，上体前倾，缓慢、流畅、有控制地向前弯曲至最大伸展位，此时髋部高于双膝，低于肩部，短暂停留，感受臀大肌、腘绳肌的拉伸。整个下降过程中腰背一定要挺直，不能弓腰。

2）高位剪蹲

高位剪蹲（见图 10-10）主要锻炼肌肉：股四头肌、臀大肌、腘绳肌。

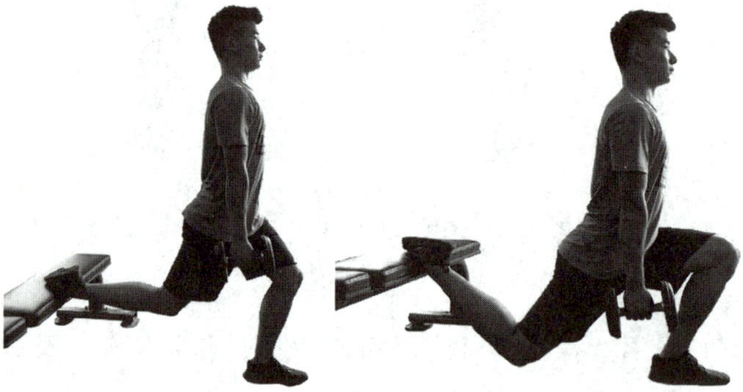

图 10-10 高位剪蹲

（1）预备姿势。

自然站立，两脚与肩同宽，上体挺直，收腹紧腰，双手持哑铃置于体侧（或把杠铃置于颈后斜方肌上）。背后放一长凳，高度与小腿齐高。左脚向后迈一步，并放于凳面上，前小腿垂直地面。

（2）向上动作阶段。

下蹲至最低位置时，重心后移，两腿同时向上伸直，如此反复练习。控制好平衡，身体不能左右摆动。

(3) 向下动作阶段。

屈髋、屈膝下蹲至右大腿接近水平位，稍停。在下蹲的过程中，要求缓慢、流畅、有控制，收腹，紧腰，上身不能前倾。

3) 侧卧单腿侧上举

侧卧单腿侧上举(见图 10-11)主要锻炼肌肉：臀中肌、臀小肌、臀大肌。

图 10-11 侧卧单腿侧上举

(1) 预备姿势。

以左侧卧为例，侧卧在垫上，左手撑垫上，双腿并拢，核心肌群收紧，保持身体平稳。

(2) 向上动作阶段。

身体不动，以臀大肌、臀中肌和臀小肌的收缩力将左腿用力上举至最大收缩位，稍停。左腿侧上举过程中保持膝关节伸直。

(3) 向下动作阶段。

身体不动，单腿缓慢、流畅、有控制地下降至开始位置。保持身体核心稳定，不能左右晃动。

4) 颈后深蹲

颈后深蹲(见图 10-12)主要锻炼肌肉：股四头肌、臀大肌、腘绳肌。

图 10-12 颈后深蹲

（1）预备姿势。

两脚自然站立，与肩同宽，脚尖略向外。两手宽于肩握杠，将横杠放在颈后，即隆起的斜方肌上和三角肌上，收紧腰腹，挺胸直腰。

（2）向下动作阶段。

吸气，头部稍微抬起，两眼始终注视前方，垂直向下，屈髓、屈膝缓慢控制下蹲。直腰直背，上体尽量保持不动，下蹲时膝关节的方向同脚尖的方向一致（大小腿夹角小于 90°），稍停。蹲至大腿平行或稍低于地面成全蹲向上动作阶段：挺胸收腰直背，以股四头肌的力量向上伸髓伸膝，直至伸直双腿。

（3）向上动作阶段。

挺胸抬头，直腰直背，使杠铃重心始终在脚尖和脚后跟之间。

5）坐姿腿屈伸

坐姿腿屈伸（见图 10-13）主要锻炼肌肉：股四头肌。

图 10-13　坐姿腿屈伸

（1）预备姿势。

坐垫调整到合适的位置，坐在腿屈伸机上，腰背靠紧靠板，双手于体侧抓握固定手柄。大腿贴于凳面，小腿屈膝下垂，双脚踝前部靠紧挡托。

（2）向上动作阶段。

以股四头肌的收缩力向上伸小腿至膝关节平直状态，使股四头肌达到最大收缩，稍停。上行动作时背部要紧贴靠板不能离开，臀部不能向上抬起。

（3）向下动作阶段。

在股四头肌力量的控制下，缓缓放下重物至初始位置。下放动作要缓慢，肌肉始终有张力，不能放松。

6）俯卧腿弯举

俯卧腿弯举（见图 10-14）主要锻炼肌肉：腘绳肌、腓肠肌。

（1）预备姿势。

俯卧在腿弯举练习器上，双手握住固定把手，调整身体的位置让膝关节刚好超过板面，双脚踝后部贴紧挡托。

图 10-14 俯卧腿弯举

（2）向上动作阶段。

保持身体不动，以腘绳肌的力量屈小腿，使小腿尽量向臀部靠近，直至最大收缩位置，稍停。做练习时臀部不能抬起，保证身体稳定。

（3）向下动作阶段。

以腘绳肌的控制力缓慢向后下落至开始位置。整个练习保持肌肉始终有张力，不能有惯性。

7）坐姿提踵

坐姿提踵（见图 10-15）主要锻炼肌肉：比目鱼肌。

图 10-15 坐姿提踵

（1）预备姿势。

身体正直坐在长凳上，两脚掌踏在地上或稳定的垫木上，抬头挺胸，收腹直腰，双腿并拢，在大腿上放置负重物或杠铃，两手扶重物使其不滑动，保证安全。

（2）向上动作阶段。

保持身体不动，以小腿三头肌的收缩力尽可能高地向上提起脚后跟，达到小腿三头肌的顶峰收缩后，稍停。不要使用冲击式动作，收缩时达到最大限度。

（3）向下动作阶段。

在小腿三头肌的控制下缓慢下落，使小腿肌群得到充分伸展。下落速度要缓慢，伸展幅度要大。

思考与练习

(1) 简述健美运动的起源与发展。

(2) 健美运动的特点是什么?

(3) 健美运动的作用是什么?

(4) 你所知道的人体肌肉有哪些?

(5) 写出自己想锻炼的部位并列出锻炼方法。

第 11 章

健美操

11.1 健美操运动概述

11.1.1 健美操的分类

健美操运动与其他众多体育项目一样，由大众健身、娱乐开始兴起，逐步引入表演和竞赛。根据当今世界和我国健美操运动的发展状况和未来的发展趋势，按照不同的目的和任务，健美操运动可分为健身健美操、竞技健美操和表演健美操三大类。

1. 健身健美操

健身健美操即大众健美操，练习的主要目的是“锻炼身体、保持健康”。健身健美操的动作简单，实用性强，音乐速度可控制，且为了保证一定的运动负荷和锻炼的全面性动作多有重复并均以对称的形式出现。

健身健美操按练习形式可分为徒手健美操、器械健美操和特殊场地健美操三大类。徒手健美操包括传统的有氧健美操和为满足不同人群兴趣和需求的各种不同风格的健美操。器械健美操是利用轻器械、以力量练习为主的一种有氧健美操。特殊场地健美操以其特殊的功效目前在国外发展很快，但在国内还开展较少。

2. 竞技健美操

竞技健美操是一项在音乐的伴奏下，能够表现连续、复杂、高强度健美操操化动作能力的运动项目。成套动作必须通过健美操七种基本步伐以及完美完成的难度动作来展示运动员完成连续动作、柔韧及力量动作的能力。

3. 表演健美操

表演健美操是根据所参加的表演的目的预先设计、编创和排练的成套健美操，人数不限，时间不等。表演健美操注重表演的效果，所以对音乐效果、动作设计、队形变化、表演者的动作质量及表现力等要求较高。

11.1.2 健美操运动的起源与发展

健美操是一项新兴的体育运动项目，最早是美国太空总署为太空人所设计的体能训练内容。医学博士库伯尔设计了一些动作并逐渐加上音乐伴奏和服装，形成了具有独特体系的运动，很快风靡世界。

健美操作为一项独立的体育运动项目兴起的时间是 20 世纪 70 年代末，其明显的标志就是"简·方达健美操"的出现。作为现代健美操运动的发起人之一，简·方达根据自己的体会和实践编写了《简·方达健美操》一书及录像带，自 1981 年首次在美国出版以来，一直畅销不衰，并被译成 20 多种文字，在世界 30 多个国家出售，对健美操运动在世界内的流行与发展起了巨大的推动作用，也使简·方达成为 20 世纪 80 年代风靡世界的健美操代表人物。

随着健美操在世界范围的广泛开展，人们逐渐认识到健美操是一项具有强大生命力和潜在商业价值的运动。一些热衷于健美操运动的有识之士分别发起并成立了各类健美操社团，使健美操成为一项有组织的体育运动。

首届国际健美操比赛是由国际健美操联合会于 1983 年在日本举办的，该协会现在每年仍举办健美操世界杯赛。

现在各种健美操国际比赛的参与人数均呈逐年增多的趋势。随着自身的发展，这项观赏性很高的运动得到了世界各国越来越多的重视。

健美操运动于 20 世纪 80 年代传入我国。1986 年 4 月在广州举行了首届全国女子健美操邀请赛。1992 年 9 月成立了中国健美操协会，总部设在北京。随着人民生活水平的不断提高，健美操所特有的保健、医疗、健身、健美、娱乐的实用价值受到越来越多人的重视。

11.1.3 健美操运动的特点

1. 健身健美操的特点

1）以有氧代谢为基础

健身健美操的动作及套路设计，都是以保证健身者在运动过程中能够最大限度地摄入氧气并充分燃烧体内脂肪作为能量供给为前提的，以此实现加快体内新陈代谢，重新建立人体更高机能水平的目的。在有氧运动中，呼吸系统、心血管系统及神经系统都得到良好的锻炼，对于消除体内多余脂肪，保持健康，增强体质具有良好的作用。

2）广泛的适应性

健身健美操练习的形式丰富，参加的人数可多可少，时间可长可短，运动量可大可小，易于控制，可以在室外、室内、广场、大厅、娱乐场所、健身房，甚至在家庭的居室中进行。因此，各个年龄阶段、不同性别、不同身体素质、不同技术水平的人都能从健身健美操练习中找到适合自己的方式，都能从健身健美操练习中获得乐趣，达到锻炼身体、娱乐身心、保持健康的目的。

3）操作的安全性

健身健美操所设计的运动负荷与运动节奏，都充分考虑了由此而产生的一系列刺激结果的可行性，使之适合于一般人的体质，甚至体质较弱的人都能承受的有氧范围。人们在平坦的地面上，在欢快的音乐声中，跟随快慢有序的节奏进行运动，十分安全且有效。

2. 竞技健美操的特点

1）以传统健美操为基础

竞技健美操保留了传统健美操的基本特性，如动作的弹性与控制、传统健美操中常用的七种基本步伐以及体现肌肉力量的动作。与传统健美操不同的是，竞技健美操的动作幅度更大、力度更强、速度更快，给观众带来的视觉感受更深刻、更有刺激性。因此竞技健美操是以传统健美操为基础，是在普及的基础上求发展，在比赛中求提高。

2）高度的艺术性

竞技健美操的艺术性主要体现在其"健、力、美"的项目特征上。它要求运动员必须要高质量、优美、自信和充满活力地完成动作。运动员在比赛中所表现出的健美的体魄、高超的技术、流畅的编排和充沛的体力等，充分显示出热情、活力、魅力、情感以及非凡的气质，无不给观众留下深刻的印象，从而充分体现出健美操运动的"健、力、美"特征和高度的艺术性。

3）强烈的节奏感

音乐是竞技健美操不可或缺的一部分，其特点是节奏强劲有力，旋律优美，具有烘托气氛、激发人们热情的效果。竞技健美操音乐的主要作用是用来烘托成套动作的效果与气氛。运动员可以将音乐的风格用肢体语言和面部表情表演出来，同时音乐主体的选择、节奏速度、高低音和后期动效的制作可使运动员的表演得到升华，与观众达成共鸣。音乐的选择和制作质量好，与运动员的特点、动作风格相吻合能激发观众的情绪，使健美操比赛更具有感染力与观赏性。

11.2 健美操运动的基本动作

健美操的基本动作包括基本步法、上肢动作和躯干动作。

11.2.1 基本步法

根据人体运动时对地面的冲击力大小分为无冲击步法、低冲击步法和高冲击步法。

1. 无冲击步法

无冲击步法

无冲击步法动作是指两脚始终接触地面的动作，身体重心在两脚之间没有腾空动作。

弹动：膝关节有弹性的屈伸。

半蹲：两腿分开或并拢，屈膝，如图 11-1 所示。

弓步：一腿向前（侧、后）迈步屈膝，另一腿伸直。

提踵：脚跟向上提起，然后还原。

箭步蹲：一腿向前一步屈膝；另一腿屈膝，大腿垂直地面，脚跟向上；中心在两脚之间，如图 11-2 所示。

图 11-1　半蹲动作示意图

图 11-2　箭步蹲动作示意图

2. 低冲击步法

低冲击步法是指在做动作时始终有一只脚接触地面。根据完成的形式不同，可以将低冲击步法分为踏步类、迈步类、点地类、抬起类 4 类。

1）踏步类

（1）踏步。

做法：单拍完成的动作。两脚在原地交替抬起和落地，如图 11-3 所示。

要点：落地时，由脚尖过渡到脚跟着地；屈膝时，髋骨微收，两臂自然前后摆动。

踏步类

图 11-3　踏步动作示意图

（2）一字步。

做法：4 拍完成的动作。两脚依次向前迈一步，并拢，再依次退一步，还原，如图 11-4 所示。

要点：每次落地下肢关节依次顺势缓冲。

（3）“V”字步。

做法：4 拍完成的动作。以右脚为例，右脚向右前迈一步，屈膝缓冲，左脚向左前迈一步成屈膝半蹲，两脚运动轨迹成 V 字形，然后从右脚开始依次退回原位，如图 11-5 所示。

要点：迈出的脚以脚跟落地，过渡至全脚。

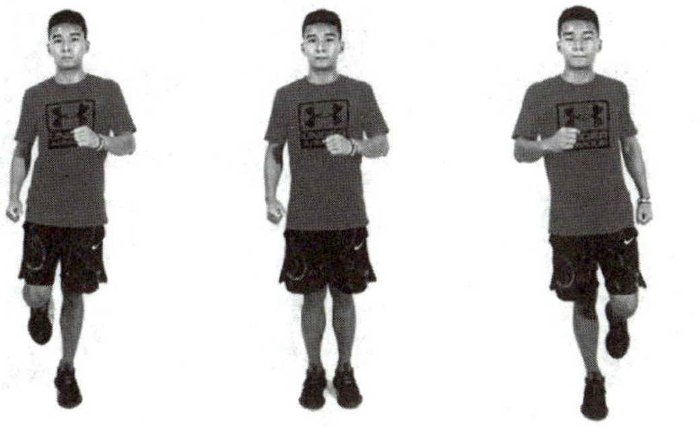

图 11-4　一字步动作示意图

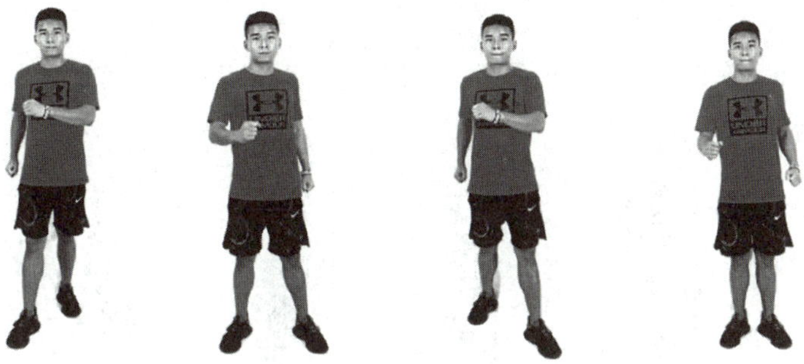

图 11-5　“V”字步动作示意图

2）迈步类

（1）并步。

迈步类

做法：2 拍完成动作。以右脚为例，右脚向右迈一步，左脚前脚掌并于右脚中部，稍屈膝下蹲，如图 11-6 所示。

要点：前脚掌落地时，膝部应顺势屈膝，腰腹部动作不变。

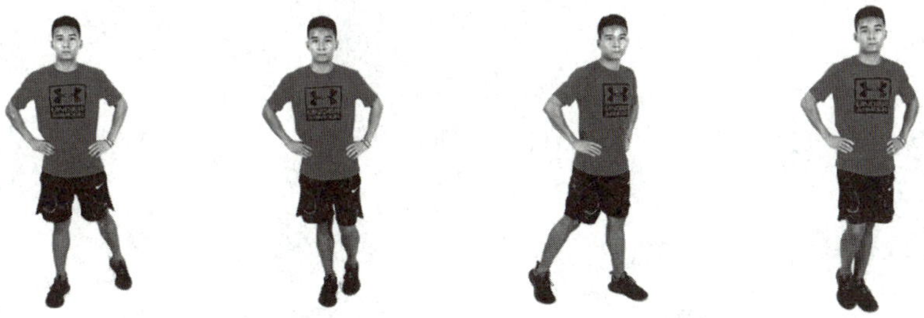

图 11-6　并步动作示意图

（2）交叉步。

做法：4 拍完成动作。以右脚为例，右脚向右迈一大步，左脚在右脚后部交叉，稍屈膝，紧接着右脚再向右侧迈一大步，左脚点地并拢，如图 11-7 所示。

要点：迈步幅度要大，落地时，膝部应顺势屈膝，腰腹部动作不变。

3）点地类

点地类

（1）侧点地。

做法：2 拍完成动作。左腿微屈站立，右脚脚尖右侧点地，然后还原。

图 11-7　交叉步动作示意图

要点：动力腿应尽量远伸，脚面向前，脚尖点地时腿微屈，腰腹部动作不变。

（2）脚尖点地。

做法：2 拍完成动作。左腿微屈站立，右脚脚尖向后点地，然后还原，如图 11-8 所示。

图 11-8　脚尖点地动作示意图

要点：动力腿应尽量远伸，脚跟向上，脚尖点地时腿微屈，腰腹部动作不变。

（3）脚跟前点地。

做法：2 拍完成动作。左腿微屈站立，右脚脚跟向前点地，然后还原，如图 11-9 所示。

要点：动力腿应尽量远伸，脚尖向上，脚跟点地时腿微屈，腰腹部动作不变。

4）抬起类

抬起类

（1）吸腿。

做法：2 拍完成动作。左腿支撑地面，右腿大腿与小腿成 90°向上抬起，然后还原，如图 11-10 所示。

要点：保持身体稳定。

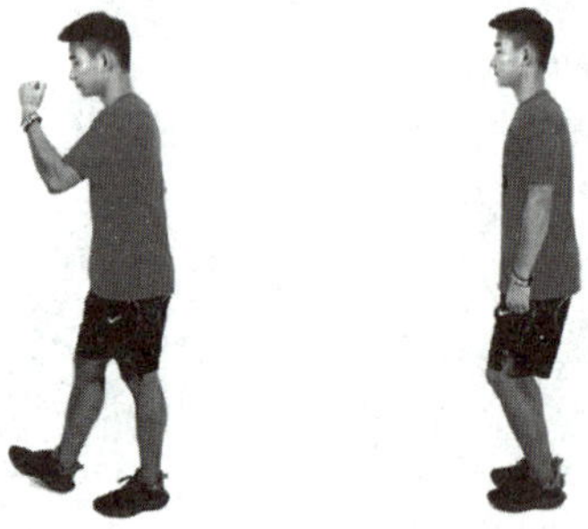

图 11-9　脚跟前点地动作示意图

图 11-10　吸腿动作示意图

(2) 踢腿。

做法:2 拍完成动作。

左腿支撑地面,右腿向前或者向侧面弹踢,然后还原,如图 11-11 所示。

要点:保持身体稳定。

(3) 摆腿。

做法:2 拍完成动作。左腿支撑地面,右腿向前或者向侧面摆踢,然后还原,如图 11-12 所示。

要点:保持身体稳定,摆踢时根据个人情况调整踢腿的高度。

图 11-11　踢腿动作示意图

图 11-12　摆腿动作示意图

3. 高冲击步法

高冲击步法是指两脚都离开地面,即有腾空姿势的动作。高冲击步法分为以下 4 类。

1) 迈步跳起类

迈步跳起类是指一脚迈出,重心移动,跳起单脚或双脚落地。

迈步吸腿跳。

迈步吸腿跳

做法:4 拍完成动作。右脚迈步同时蹬地起跳,然后左脚屈膝抬起,单脚落地(动作描述:右脚向前迈出一步,之后身体重心跟进,同时左腿抬起至水平时,右脚起跳。技术要点:跳起时上体保持正直,收腹、立腰、提膝腿,脚背绷直)。

要点:支撑腿稍屈膝,大腿上抬至水平,身体保持正直,注意身体肌肉适度紧张。

2) 双腿起跳类

双腿起跳类是指双脚起跳、双脚落地的动作。

开合跳。

开合跳

做法:4 拍完成动作。由并腿跳起,分腿落地,再由分腿跳起,并腿落地(第 1 拍并腿跳起,分腿落地;第 2 拍在分腿跳起,并腿落地;3 至 8 拍重复跟腿屈膝蹲时,两脚自然外拍,膝关节沿脚尖方向屈,膝关节夹角不小于 90°,脚跟落地)。

要点:分腿时,髋部外开,膝关节在同方向弯曲并腿时,脚可平行落地或外开并腿支撑,不可突然落地,必须缓冲击力(蹲)。

3）单腿起跳类(leap)

单腿起跳类是指动作过程中先抬、屈、摆起一条腿，另一腿跳起的动作。

弹踢腿跳

弹踢腿跳。

做法：2 拍完成动作。两腿起跳，单腿落地，另一小腿后屈直臀部，然后小腿向前踢伸直（1 至 2 拍，右腿站立，或者是右腿跳起，左腿先向后屈，然后向前下方弹踢并还原；3 至 4 拍反方向；5 至 8 拍重复。也可以向侧弹踢，通常以高冲击力的形式出现）。

要点：两脚落地时，弹踢腿脚尖绷直，上体保持正直。

4）后踢腿跑类

后踢腿跑

后踢腿跑类是指两腿依次蹬离地面，交替跳起。

后踢腿跑。

做法：2 拍完成动作。两腿依次抬起、落下，交替进行（上体正直或稍前倾，两臂前后自然摆动。足前掌着地，离地时足前掌用力扒地，地离地后小腿顺势向后腿踢与大腿折叠，膝关节放松，足跟接近臀部）。

要点：屈腿时膝向前，落地时从脚尖过渡到全脚，膝、踝关节放松，上体腰腹的控制力量保持自然的直立。

11.2.2　上肢动作

健美操中，手掌随臂的姿态而灵活变化，一般而言，手臂伸展时，手指和手腕随之伸展，手背呈反弓形；手臂弯曲时，手指、手腕放松，从肩至手指成一柔和弧线。恰当地运用各种手形，能使手臂动作更加丰富多彩、生动活泼。健美操常见手形有如下九种。

（1）并拢式——五指伸直并拢，大拇指微屈，指关节贴于食指旁。

（2）分开式——五指用力伸直，充分张开，手腕保持一定的紧张程度。

（3）一指式——握拳，食指或拇指伸直。

（4）芭蕾手式——五指微屈，后三指并拢、稍内收，拇指内扣。

（5）拳式——握拳，拇指在外，指关节弯曲，紧贴于食指和中指。

（6）立掌式——五指伸直，手掌用力上翘。

（7）西班牙舞手式——五指用力，小指、无名指、中指自掌指关节处依次屈，拇指稍内扣。

（8）花式——在分开式的基础上小指伸直向掌心回弯到最大限度，无名指会随小指回弯。

（9）剑指——拇指与无名指、小指相叠，中指、食指并拢伸直。

11.2.3　躯干动作

躯干的波浪动作可向前、后、左、右依靠身体各部位依次完成，动作要协调、连贯。例如，前波浪是从下而上，后波浪是从上而下。

11.3 健美操竞赛的规则要点

11.3.1 比赛场地

1. 赛台

赛台(见图 11-13)高 80～140 cm,后面有背景遮挡。赛台不得小于 $14\times14\ m^2$。

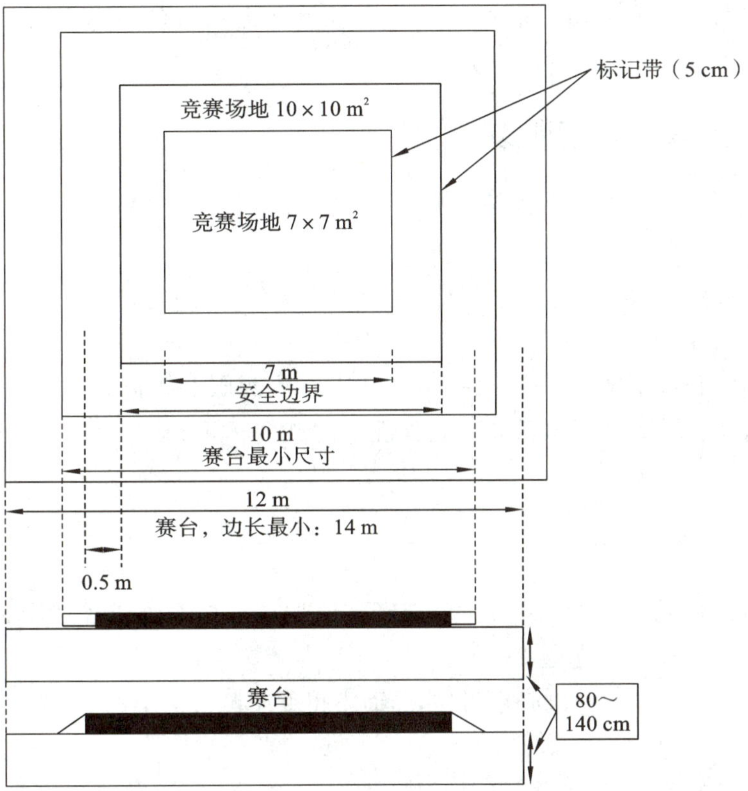

图 11-13 比赛场地示意图

2. 竞赛地板和竞赛区

竞赛地板必须是 $12\times12\ m^2$ 并清楚地标出 $10\times10\ m^2$ 的成年组各项目比赛场地(在年龄组某些项目比赛中使用 $7\times7\ m^2$)。标记带是场地的一部分。

所用地板必须符合国际体联的标准,只有经国际体联认可方可用于正式比赛。

11.3.2 音乐伴奏

1）音响设备

音响设备必须达到专业水准,包括常规设备及运动员专用音响和 CD 机。

2）录音

（1）可以使用一首或者多首乐曲混合的音乐，原创音乐或加入特殊音响效果的音乐均可使用。

（2）每张CD只允许录制1首音乐。

（3）自备两张比赛盘，并且清楚地标明运动员姓名、国家、参赛项目和音乐时长。

3）音质

音乐录制必须达到专业化水准。

4）音乐版权

国际体联和组委会不能保证运动员选择的成套音乐可以播放。

参赛国家必须把所使用音乐的曲目、艺术家和作曲家的名字列单在确认报名时一并交与世锦赛组委会和国际体联秘书处。

11.3.3　竞赛服装

运动员的着装必须符合竞技健美操项目的规定与要求。运动员外表应给人留下整洁、合体的总体印象。

不正确着装将由裁判长扣分（每出现一处扣0.2分）。

1）国徽与广告标识

按照国际体联最新规程，每个运动员均要求在比赛服上佩戴其国家标示或国徽。每个运动员要求穿戴印有国际体联最新规程规定的广告标识和赞助商标识的服装，否则扣0.3分。

2）比赛服

（1）女装。

• 女运动员必须身着一件带有肉色或者透明裤袜的比赛服或者连体衣（连体衣从颈部到脚踝是一体的），允许有亮片。

• 紧身衣前后领口的开口必须得体，前面不得低于胸骨的中部，后面不得低于肩胛骨的下缘。

• 腿部上缘的开口必须在腰部以下并且要遮住髂骨。比赛服必须完全遮住臀纹线。

• 女装的两袖（1个或2个均可）可有或可无，长袖袖口止于手腕处。袖子可以使用透明材料。

长裤袜和连体紧身衣都是允许的。

（2）男装。

• 男运动员必须着一件长款紧身比赛服或短裤配以合体上衣或配以适当装饰物的紧身连体裤（如腰带等）。

• 服装前后都不能有开口。

• 袖口处不得在肩胛骨下有开口（无袖）。

• 不允许有任何亮片。

• 3/4的裤长、长体操裤（紧身服＋裤子）、一件套连体服等都是允许的。

3）正确着装

(1）头发必须固定在头上。

(2）参赛运动员必须穿着让所有裁判员都能清晰辨认的白色健美操鞋和运动袜。

(3）只有女运动员才可化妆，且必须是淡妆。

(4）比赛服上禁止佩戴松散或多余的装饰。

(5）禁止佩戴珠宝首饰。

(6）比赛时，不允许穿破损的衣服且不得露出内衣或打底衣。

(7）比赛服不允许使用透明材料制作，女款比赛服的袖子除外。

(8）不允许穿有描绘战争、暴力、宗教信仰为主题的比赛服。

(9）运动员身体禁止涂抹油彩。

(10）服装要符合健美操运动特质。

4）出场服

所有运动员必须穿国家队运动套服参加开幕式和闭幕式，领奖时必须身着比赛服。

11.3.4 技巧动作与违例动作

每套动作分别由以下三组裁判给予评分。

(1）艺术裁判组（对动作设计、竞技健美操内容、表演评分）。

(2）完成裁判组（对技术技巧、一致性评分）。

(3）难度裁判组（评定难度的组别、等级、数量等）。

艺术分、完成分与难度分相加为总分。从总分中减去难度裁判、视线员与裁判长减分为最后得分。

11.3.5 技巧动作与违例动作

1. 技巧动作

以下动作由单臂或双臂、手、肘，或者单脚或双脚完成。

(1）侧手翻。

(2）键子翻。

(3）前手翻、后手翻。

(4）头手翻。

(5）前软翻。

(6）后软翻。

(7）空翻（360°——向前、向后、向侧）不转体。

注意：

(1）技巧动作(1)到动作(7)在一个成套中只能出现 2 次，而且不能出现技巧连接。

(2）在混双、三人或集体五人中，同时或连续出现 2 个不同的技巧动作，将被视为 2 次。

(3）技巧动作出现超过 2 次后，每多一个由裁判长扣 0.5 分。

2. 违例动作

(1) 过度展示静力性柔韧(如后搬腿、后桥等)。
(2) 过度展示身体向后的柔韧。
(3) 倒立时间超过 2 s。
(4) 直体前空翻转体。
(5) 空翻或旋空翻。
(6) 旋空翻。
(7) 技巧动作组合。
注意:违例动作每出现一次将由裁判长扣 0.5 分。

11.3.6 减分、警告和取消资格

(1) 不当出场举止,扣 0.2 分。
(2) 不当着装,扣 0.2 分/次。
(3) 未佩戴国家标识/国徽,扣 0.3 分。
(4) 时间偏差(允许范围±1～2 s),扣 0.2 分。
(5) 时间错误(允许范围±3 s 或更多),扣 0.5 分。
(6) 20 s 内未出场,扣 0.5 分。
(7) 多或者少于规定的托举次数,扣 0.5 分/次。
(8) 违例托举,扣 0.5 分/次。
(9) 违例动作,扣 0.5 分/次。
(10) 3 次或者超过 3 次违例动作,扣 0.5 分/次。
(11) 动作中断 2～10 s,扣 0.5 分/次。
(12) 动作停止超过 10 s,扣 2.0 分。
(13) 违背奥林匹克精神和评分道德,扣 2.0 分。
(14) 出现在禁止场地。警告。
(15) 不当举止/形态。警告。
(16) 未穿本国出场服。警告。
(17) 在颁奖仪式上未穿比赛服。警告。
(18) 弃权。取消资格。
(19) 严重违反国际体联章程、技术规则或者评分规则。取消资格。

11.3.7 特殊情况

以下被视为特殊情况。
(1) 播放错音乐。
(2) 由于音响设备而出现的音乐问题。
(3) 由于设备问题而出现的干扰。
(4) 其他任何异物由个人(不包括选手)带入进入比赛场地。

（5）运动员责任外的特殊情况导致的弃权。

运动员在遇到以上任何特殊情况时，应立即停止做动作，成套动作结束后提出的抗议将不被接受。

思考与练习

（1）健美操运动类型有哪些？

（2）简述健美操运动的起源与发展。

（3）健美操运动的特点有哪些？

第 12 章

体育舞蹈

12.1　体育舞蹈概述

体育舞蹈也称作国际标准交谊舞，简称国标舞。它以人体为舞蹈表现工具，在音乐伴奏下，通过有艺术化的规范性动作，来表现特定舞蹈技术特征并展现一定艺术内涵的运动项目。作为一项特殊的运动，它既有体育运动的竞技特征，又有浓郁的舞蹈风格，是集合了不同国家、地域和民族特色的国际型舞蹈。

12.1.1　体育舞蹈的起源与发展

国际标准交谊舞是由社交舞（交谊舞、舞厅舞）演变而来的。社交舞的来源可追溯到原始时期，那时人类就有带有自娱性、观赏性、表演性的舞蹈活动。男女对舞，最早出现在非洲黑人民间土风舞中，他们多在农闲或者节日，成群结队地在草地或者广场上跳乡村土风舞。因而，体育舞蹈是由世界各国最早的民间舞蹈演变而来，其发源地多为欧洲、非洲、南美洲、北美洲黑人群体聚居地，经历了对舞、圈舞、行列舞、集体舞等舞蹈形式的演变过程。

到了 11 世纪，欧洲一些国家王室的舞蹈教师按照宫廷生活和礼仪习俗的需要对民间舞蹈进行加工改造，形成了具有规范形式的社交舞蹈。法国大革命后，宫廷舞也进入了市民阶层，成为人人可跳的社交舞。17 世纪下半叶，交谊舞开始在欧洲社会中流行。1768 年，在巴黎出现了第一家舞厅，开启了现代社会交谊舞时代。交谊舞经历了 100 多年的发展，渐渐保留了一些风格鲜明、舞步规范的技巧体系。到了 19 世纪，法国大革命、工业革命和浪漫主义运动给人们的思想观念带来很大的影响，华尔兹等舞步十分盛行。之后，起源于古巴的拉丁舞也逐渐盛行，并很快传到了欧洲各国。

20 世纪初，体育舞蹈进入了一个崭新的历史时期。1924 年，英国皇家舞蹈教师协会对当时欧美流行的舞姿、舞步、方向、音乐、服装、技巧等进行规范整理，制定成统一的标准，颁布了华尔兹、狐步、探戈、快步 4 种舞蹈的步伐，统称为摩登舞，并编写成教材在全世界加以推广，受到了很多国家的民众喜爱，形成了一股跳舞热潮。1927 年，美国又产生了

“吉特巴”舞，当时的美国和各国海军士兵由于海上生活比较单调，经常在军舰上跳舞，因此在第二次世界大战期间，当时的“吉特巴”舞，又称“水兵舞”，风靡全球。

1947 年在德国柏林举办了第一届世界标准交谊舞锦标赛。1950 年在英国的“黑池”举办首届国标舞大赛，称为“黑池舞蹈节”(blackpool dance festival)，并把规范后的舞蹈命名为“国际标准交谊舞”，同时确定每年 5 月在英国黑池举办国际标准交谊舞大赛，“黑池”也成了国标舞的圣地。10 年后，世界舞蹈组织增加了拉丁舞蹈，拉丁舞世锦赛则在 1960 年正式推出。

1964 年以后，在国际标准交谊舞比赛中又增加了“集体舞”。该舞蹈规定有 8 对男女选手同时参加表演或比赛，把拉丁舞或摩登舞等 5 种舞种组合起来，编排各种队形，8 对选手一起共舞，使比赛增加了表演性与观赏性。舞者以娴熟的舞步、默契的配合及出神入化的队形配合，使音乐、舞蹈达到完美统一。于是，“集体舞”就与摩登舞、拉丁舞共同组成了当代国际标准交谊舞。

目前，国际上存在两个具有影响力的国际体育舞蹈组织：世界舞蹈与体育舞蹈理事会(WDDSC)于 1950 年 9 月 22 日在英国苏格兰的爱丁堡成立；国际体育舞蹈联合会(IDSF)于 1935 年在布拉格成立。1997 年体育舞蹈正式得到国际奥委会承认并且 IDSF 成为唯一代表体育舞蹈的国际组织。2000 年体育舞蹈成为悉尼奥运会的表演项目。

国际标准交谊舞 20 世纪 30 年代传入中国，20 世纪 80 年代发展较快，先后与日本、美国、英国等国家进行交流活动。我国自 1986 年正式引进后，发展迅速。1991 年 5 月，中国体育舞蹈运动协会成立。1994 年，我国又加入了国际舞蹈运动联合会，为中国体育舞蹈走向世界开创了新的局面。从 1998 年开始，体育舞蹈被列入原文化部“荷花奖”的评奖单项，从此体育舞蹈事业在中国又开辟了一个崭新的篇章。

12.1.2 体育舞蹈的分类

体育舞蹈按舞蹈的风格和技术结构，分为摩登舞和拉丁舞两大类。按竞赛项目可分为摩登舞、拉丁舞和团体舞三类。下文介绍前两类。

1. 摩登舞

摩登舞又称“现代舞”，是体育舞蹈项群之一，其内容包括维也纳华尔兹、华尔兹、探戈、狐步和快步舞。其特点是由贴身握抱的姿势开始，沿着舞程线逆时针方向绕场行进。步法规范严谨，上体和胯部保持相对稳定挺拔，完成各种前进、后退、横向、旋转、造型等舞步动作。它具有端庄典雅的绅士风度，其曲调大多抒情优美，旋律感强，服饰雍容华贵，一般男着燕尾服，女着过膝蓬松长裙。

2. 拉丁舞

拉丁舞是体育舞蹈项群之一，其内容包括伦巴、恰恰、桑巴、牛仔和斗牛舞。其特点是舞伴之间可贴身，可分离，各自在固定范围内辐射式地变换方向角度，展现舞姿。步法灵活多变，各舞种通过对胯部及身体摆动不同的技术要求，完成各种舞步，表现各种风格；舞姿妩媚潇洒，婀娜多姿；风格生动活泼，热情奔放；曲调缠绵浪漫，活泼热烈，节奏感强；着装浪漫洒脱，男着上短下长的紧身或宽松装，女着紧身短裙，显露女性曲线之美。

12.1.3 体育舞蹈的常用术语

1. 舞程向

舞程向是指整套舞蹈进行的方向。为了避免舞者之间相互碰撞，规定在舞场起舞时按照一定的方向行进。

2. 舞程线

舞程线是一条设想的线，是舞者沿舞程向方向行进的路线。

3. 方位

方位是以舞程线为标准，规定了脚所指的方向与舞场的位置关系，用来在舞蹈进行中正确地辨别身体与舞场的相对位置和检查旋转角度。一般以主席台的一面为规定方位的基点，并定为"1"点，按顺时针方向，每转动 45°角则变动一个方位，即场上共设 8 个方位，如图 12-1 所示。在国际体育舞蹈中，还规定了 8 条线来指示舞蹈者每个舞步的行进方向，如图 12-2 所示。

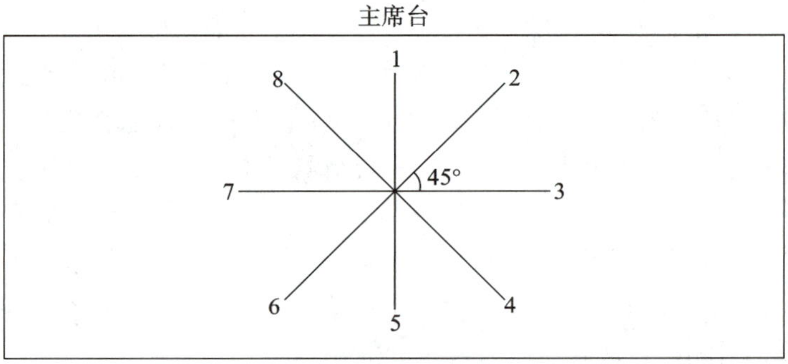

图 12-1 方位示意图

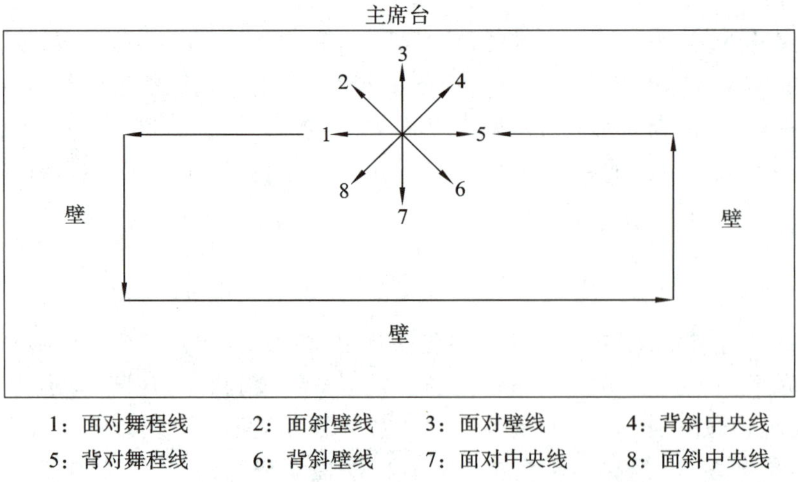

图 12-2 舞步行进方向示意图

4. 角度

角度指舞者运动时每一步之间脚位方向变化的度数，通常以圆的切分法来表示。旋转 1 周表示 360°；7/8 周表示 315°；3/4 周表示 270°；5/8 周表示 225°；1/2 周表示 180°；3/8 周表示 135°；1/4 周表示 90°；1/8 周表示 45°。

5. 转度

转度是舞者在起舞过程中旋转的角度。

6. 身体位置

身体位置是指舞步开始或结束时，身体与舞场的位置关系。身体位置与舞步行进方向的规定一致。舞者可根据舞蹈编排的需要选择或变化位置关系，以突出舞蹈风格特点和表演效果。

7. 脚位

脚位有以下几种：①左脚或右脚前进；②左脚或右脚后退；③左脚或右脚向侧；④左脚或右脚斜进；⑤左脚或右脚斜退。

8. 节奏

节奏是指音乐的均衡循环。由于音乐节奏的变化，产生不同的音乐格调，舞者按音乐节奏的变化调整舞步，从而表演出不同风格特点的舞姿。

12.2 体育舞蹈的通用技术

12.2.1 摩登舞(华尔兹)

1. 站立姿势

站立的基本要领是身体必须保持垂直。

在基本站立时，身体重心保持在一条腿上(单腿重心)，这条腿我们称之为支撑腿。动作腿在无重心状态下与支撑腿并拢，如从侧视，身体的垂直线通过头部(耳)、肩部、胯部、膝盖和脚掌中央。

女士的垂直线落地点比男士稍后，在脚弓位。

2. 基本步法

(1) 前后移动，如表 12-1 所示。

前后移动

表 12-1　前后移动

序号	动作	分解	时值
1	下降	降重心	123
2	前进	进左脚	223
3	下降	降重心	323
4	后退	退右脚	423
5	下降	降重心	523
6	前进	进右脚	623
7	下降	降重心	723
8	后退	退左脚	823

训练目的：此练习着重训练舞者前后移动中足法的准确运用。

注意事项：注意在移动中脚掌从脚跟至脚尖要做依次前后滚动，保持动作连续性。

（2）左右移动，如表 12-2 所示。

表 12-2　左右移动

序号	动作	分解	时值
1	下降	降重心，右脚向旁擦地	123
2	向右	向右移动右脚	223
3	下降	降重心，左脚向旁擦地	323
4	向左	向左移动左脚右脚	423

左右移动

训练目的：此练习着重训练舞者左右移动时脚法初步的规范性，重心控制以及重心转换的能力。

注意事项：动作脚收回时保持动作脚与地板的适度压力，双侧大腿内侧发力。

（3）方形步（包含并换步），如表 12-3 所示。

表 12-3　方形步

序号	动作	分解	时值
1	前进	进左脚	123
2	左脚并换步	进右脚，向旁打开	223
3	后退	退右脚	323
4	右脚并换步	退右脚，向旁打开	423

方形步

训练目的：此练习着重训练舞者前后移动和左右移动的复合技术。

注意事项：①保持动作脚与地板的适度压力并换步结束时身体略微倾斜；②进右脚、退左脚的方形步仅运步顺序与之不同。

3. 舞程向和舞程线

摩登舞是一种进行性舞蹈，要求舞者在行进当中完成指定动作。摩登舞的舞程向是沿着舞池的逆时针方向。舞程线是沿舞程向的方向，且与舞池墙壁平行的线。舞程向和舞程线如图 12-3 所示。舞程线外侧为壁，内侧为舞池中央。

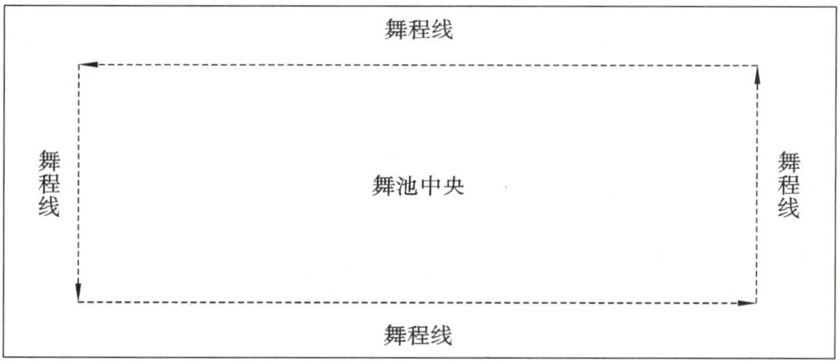

图 12-3　摩登舞的舞程向和舞程线示意图

4. 握持姿势

1）闭式握持姿势（右对右）

在摩登舞中，闭式握持姿势最为常用，闭式握持姿势如图 12-4 所示。

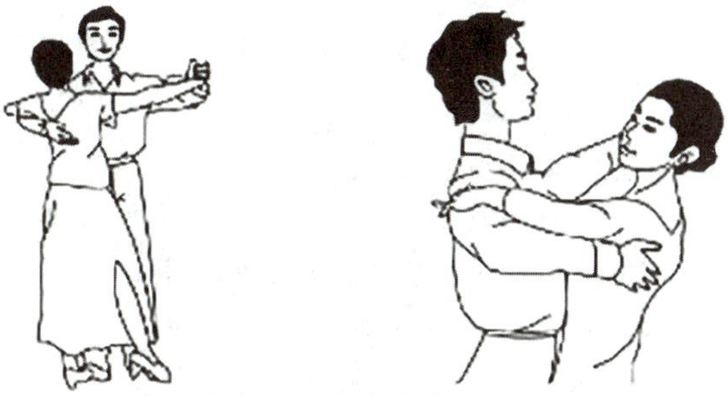

图 12-4　闭式握持姿势示意图

（1）男女舞伴相对站立，双腿并拢，双膝自然放松。男伴与女伴的两脚相距 10～15 cm，右脚尖对准对方两脚的中间。

（2）双方均身体稍前倾。男伴身体重心在右脚，挺胸立腰沉肩，收腹微提臀，胯部向左微转约 15°；女伴身体重心在左脚收腹提臀，紧腰沉肩。以腹部二分之一的右腹接触对方，胸肋以下至大腿根部与对方相贴。

（3）男伴头部基本保持正直；女伴头部向左转约 45°，含颌，颈部尽量向上牵伸，向后打开胸部线条。

（4）男伴双臂侧平举，两肘保持水平，左臂的大臂与小臂弯曲形成 90°左右，左肘比肩低 5～10 cm，左手高度与女伴右耳齐平；右臂的大臂与小臂弯曲形成 70°～80°。女伴双臂侧平举，两肘保持水平，右臂弯曲约 150°，左臂轻贴男伴右臂之上。

（5）男伴的左手虎口与女伴右手虎口相交，握于女伴小指之下，掌心空出。女伴左手虎口张开，放在男伴右上臂三角肌下部，拇指在内侧，其他四指在外侧，腕部和小臂放平，不得突起。

2）侧行握持姿势（男向左女向右）

在闭式舞姿的基础上，男女舞伴上身均向外打开，目光通过相握的手向同一方向远视，但腰髓并不分离，两人身体呈“V”字形。

12.2.2 拉丁舞(伦巴、恰恰)

1. 站立姿势

两脚自然轻松的靠拢站好;挺胸,脊椎骨伸直,不可耸肩;任一脚向侧跨出一步,支撑重心的另一脚伸直,并将体重全部移到这只脚上,以使骨盆可往旁后方移动,因而感觉上重量放在支撑脚的脚跟,其膝关节要向后锁紧;至于骨盆移动的幅度,要以不影响上身的姿势为原则。

2. 基本步法

库卡拉恰

(1) 库卡拉(左脚开始),如表 12-4 所示。

表 12-4　库卡拉恰

序号	节奏	动作描述
1	2	脚步:左脚向侧,部分重心,下压侧向步。 身体:右脚向左脚推动部分重心,结束时保持右脚脚跟停留在地面,其余动作同侧行步一样
2	3	脚步:右脚在原地,原地重心转移。 身体:前半拍,左脚推动重心向右脚向左脚推动,重心由右脚内侧边缘滚动到中间;后半拍,右胯与右腿由前经过旁向后转动,重心下压,带动左腿收回
3	4-1	脚步:左脚并向右脚。 身体:双脚并合,左脚原地重心转移

注意事项:右脚开始的库卡拉恰仅运步顺序与之不同。

(2) 前进走步(左脚开始),如表 12-5 所示。

表 12-5　前进走步

序号	节奏	动作描述
1	2	脚步:进左脚。 身体:出腿前先摆动胯部向前,让身体重心向前移动,接着转动右侧身体与胯部向后,带动左腿收回,弯曲左腿膝关节;前半拍左腿经过右腿向前移动,慢慢伸直膝关节,以脚尖、脚掌、脚跟的顺序着地,同时右脚脚跟离地,身体重心继续前移直至大部分重心到达左脚;后半拍将重心完全转移至左脚,右脚大腿和脚尖向外转,完成胯部旋转动作,并将右脚踝关节向内向下压,对地板保持一定压力 前进走步
2	3	脚步:进右脚。 身作:出腿前先摆动胯部向前,让身体重心向前移动,接着转动左侧身体与胯部向后带动右腿收回,弯曲右腿膝关节;右腿经过左腿向前移动,慢慢伸直膝关节,以脚尖脚掌、脚跟的顺序着地,同时左脚脚跟离地,身体重心继续前移直至大部分重心到达右脚;将重心完全转移至右脚,左脚大腿和脚尖向外转,完成胯部旋转动作,并将右脚踝关节向内向下压, 对地板保持一定压力

续表

序号	节奏	动作描述
3	4-1	重复序号 1 的步骤

注意事项：右脚开始的前进走步仅运步顺序与之不同。

(3) 后退走步(右脚开始)，如表 12-6 所示。

表 13-6　后退走步

序号	节奏	动作描述
1	2	脚步：退右脚。 身体：先摆动胯部向后，收回右脚，脚尖擦地，膝关节弯曲，经过左腿向后继续延伸；当右脚到达位置后，落下右脚脚限，膝关节慢慢伸直，右脚大腿和脚尖自然地向外转，大部分重心移动至右脚；左脚推地，脚后跟离开地面，保持压力在脚尖，膝关节伸直，重心继续转移，同时右胯向后转动，完成胯部动作 后退走步
2	3	脚步：退左脚。 身作：先摆动胯部向后，收回左脚，脚尖擦地，膝关节弯曲，经过右腿向后继续延伸；当左脚到达位置后，落下左脚脚限，膝关节慢慢伸直，右脚大腿和脚尖自然地向外转，大部分重心移动至左脚；右脚推地，脚后跟离开地面，保持压力在脚尖，膝关节伸直，重心继续转移，同时左胯向后转动，完成胯部动作
3	4-1	重复序号 1 的步骤

注意事项：左脚开始的后退走步仅运步顺序与之不同。

3. 舞程向与舞程线

拉丁舞的五个舞种的舞程向与舞程线都有其自身的特点，且舞蹈风格也各不相同。伦巴舞、恰恰舞、牛仔舞在起舞时可沿逆时针方向行进，也可从场地中央开始向场地四个角的方向行进；桑巴舞和斗牛舞在表演和比赛时以面向观众或评委起舞为最佳，桑巴舞的舞程向与舞程线与摩登舞的一致，因此它是拉丁舞中唯一的进行性的舞蹈。

4. 拉丁舞的握持姿势

拉丁舞与摩登舞相比具有活泼欢快的特点，因而它的握持姿势没有统一固定的模式，不同舞种的握持姿势各异，在起舞过程中握持姿势还会随着舞姿的变化而变换。拉丁舞的舞姿比华尔兹舞姿变化较多，男女双方相对位置与牵手状况也较复杂，大致可将其归类为以下三种。

1) 闭式握持姿势

将体重完全置于重心脚上方，男女双方距离约 15 cm。男性右手放在女性左肩胛骨，女性的左手放在男性右臂上，沿着肩膀轻放；男性的左手放在眼睛高度处，轻握女性右手。

拉丁舞的闭式握姿中，男女身体相离稍远，双手腕彼此向对方稍延伸，如图 12-5 所示。

2）分式面对姿势

分式面对舞姿一定要注意背部后面要尽量延伸，臀部收紧向身体内缩，不要提升，男女双手保持在腰部附近，非重心脚的脚跟提起，如图 12-6 所示。

图 12-5　闭式握持姿势示意图

图 12-6　分式面对姿势示意图

3）扇形姿势

扇形姿势是伦巴舞和恰恰舞中常用舞姿。扇形打开时，非重心脚脚跟提起，女性肚脐向男性，身体稍扭转。扇形舞姿要保持两人之间能容纳三个人为宜，圆形要大一些，双手则在男女双方中间紧握，如图 12-7 所示。

图 12-7　扇形姿势示意图

12.3　体育舞蹈竞赛规则要点

12.3.1　基本规则

1. 场地

国际体育舞蹈的比赛场地为 15 m×23 m 的长方形，长线为 A 线，短线为 B 线，场地要求不反光、防滑、平整，四周有界线。

2. 服装

摩登舞中，男士需着燕尾服，领结，白色衬衫，长裤，摩登鞋；女士需穿大摆舞裙带流苏，摩登鞋，化妆，盘发。

拉丁舞中男士需穿拉丁上衣，拉丁长裤，拉丁鞋；女士服装多样，共同点是必须露出80%的皮肤，露出皮肤部分需涂抹拉丁膏，穿拉丁鞋，脸部化浓妆，短发。

3. 音乐时间

比赛中每支舞的时间通常是 1 min 1 s 至 2 min，每支舞的比赛都会准备 5 首舞曲，比赛时随机进行选择，每一个组别用的都是相同的舞曲。

4. 对选手的要求

(1) 选手双脚不能离地 2 s，即不允许做托举动作。

(2) 如果音乐尚未结束而选手停止表演，则该项舞蹈的分数列最后一位。

(3) 选手不得向裁判询问评分结果。

5. 赛制与评分制度

比赛分为预赛、初赛、复赛、半决赛和决赛。从预赛到半决赛采取的是淘汰法，而决赛采取的是顺位法。

淘汰法是根据竞赛编排，从参赛人数中按规定录取定量选手进入下一轮比赛，淘汰其余选手。顺位法是指评委依据评比标准对进入决赛的 N 个选手排名次，用名次作为得分，也就是说得分越少的，成绩越好。例如，在大型的比赛中一般有 9 个裁判，每个裁判都要在 6 对选手中评出 1～6 名，9 个裁判的名次打出来后，获得累积分数越少的选手名次越靠前。

12.3.2 评判标准

1. 时值和基本节奏

裁判必须确定选手是否按时值和基本节奏进行表演。时值是指每一舞步的时间正好与音乐合拍。基本节奏是指舞步在规定时间内完成并且保持舞步之间正确的时间关系。

选手的时值和基本节奏错误时，其该项舞蹈的所得分数最低。这种错误不能因其步法技巧的良好表现来弥补。

2. 身体线条

身体线条是指两位选手作为一个整体，在运动中身体各部位构成的整体效果。这包括手臂线条、背部线条、肩部线条、胯部线条(骨盆姿势)、腿部线条、颈部和头部的左侧和右侧线条。

3. 整体动作

裁判必须确定选手是否正确掌握该舞蹈的风格特点，并且评估选手动作起伏、倾斜和平衡是否标准。只有在控制和平衡掌握良好的情况下，动作幅度越大，则评分越高。在拉丁舞中，还需评估每种舞蹈典型的胯部动作。

4. 节奏表现力

裁判必须评估选手的舞蹈节奏表现力。这揭示出选手对舞蹈节奏的感受与适应能力和在舞蹈中对音乐的理解与肢体表现。若表演与节奏不合，该项舞蹈的所得分数最低。

5. 步法技巧

裁判必须评估选手正确表现舞步的脚法，如每一步足着点是脚掌、脚跟或脚趾等，以及脚步移动的控制和表达力。

思考与练习

(1) 简述体育舞蹈的起源与发展。
(2) 简述体育舞蹈的分类。
(3) 简述体育舞蹈的特点。
(4) 华尔兹舞和伦巴舞的基本步法分别有哪些?

第 13 章

空手道

13.1 空手道概述与基本理论

目前，空手道在全球已有近 1.3 亿习练者。这一成就展示了空手道在全球范围内的广泛吸引力。空手道在传承和流变的过程中，已经成为一项融“心、技、体”于一炉的综合性武道项目。

13.1.1 历史渊源

空手道的起源众说纷纭，但普遍认为其前身是琉球民间传统武术“手”。14 世纪末，明朝与琉球王国建立朝贡关系，大量中国移民(被称为“唐人”)移居琉球，带去了中国拳法。这些中国武术与琉球本土的“手”相互融合，形成了“唐手”。17 世纪，岛津藩统治琉球时期，实行禁武政策，“唐手”转入秘密传承，并发展出更具实战性的技法。现代空手道之父的船越义珍解释称，“唐手”之名源于琉球人对中国唐朝文化的崇拜，他们将从中国学来的武术技巧与本地武术结合，形成了“唐手”。这一看法充分说明了中国武术对琉球及其武术发展的深刻影响，也体现了中国文化在东亚地区传播和影响的广泛性和深远性。

在 19 世纪中后期，随着日本对琉球的吞并和对其文化、语言、政治的同化政策的推进，琉球与中国长久以来维持的传统朝贡体系及册封仪式宣告结束。这一时期，琉球与中国间丰富的文化交流和深厚的历史联系被迫中断，同时也对琉球本土文化产生了深远的影响。特别是，这种政策导致了“唐手”，这一深受中国武术影响并与琉球本土武术相结合的独特武术形式，逐步被日本化，最终转变为我们今天所知的“空手道”。

13.1.2 基本理论

空手道强调“型”与“组手”的结合。型是空手道技术合理组织、配套练习的一连串动作组合，包括攻击、防御等各种技法，一般用于单人练习，旨在通过反复演练，掌握空手道的基本动作、呼吸、发力以及攻防转换的节奏。组手则是实战对抗，分为约束组手、半自由组手和自由组手，旨在将型的练习成果应用于实际对抗中，培养修习者的判断和反应能力。组手与型最大的不同就是，有真实的对手在眼前。双方根据规则在一定时间内可以自由的使用拳法、腿法以及摔法去攻击对方，是一项攻防交替快速且刺激的格斗竞技项目。空手道组手的竞赛规则与其他项目最大的区别就在于“寸止”，指在攻击要在对对手造成伤害前进行回收，现在只允许轻微的皮肤接触，只要造成对手伤害即为犯规，因此空手道也被称作“君子之拳”，所谓“我有能力攻击到你但我不伤害你”，其最大的特色在于“控制”的能力，双方良性的切磋技巧。

空手道的运动特点是力量、速度、技术、意识和时机。力量是技术发挥威力的基础，速度是有效打击和防守的关键，技术是攻防的手段，意识是预判和把握战机的能力，时机则是指在恰当的时机发动攻击或进行防守。这五点紧密联系，不可分割，共同构成了空手道实战的精髓。

空手道还强调“心、技、体”三位一体的修炼。心指精神修养，包括礼仪、忍耐、勇气和谦逊等武道精神；技指技术水平，包括基本动作、套路和实战技巧；体指身体素质，包括力量、速度、柔韧性和耐力等。空手道推崇修习者通过“心、技、体”三位一体的修炼，达到身心合一的境界。

13.2 基本技术与套路

空手道的基本技术是其体系的基石，主要包括站姿、步法、拳法、腿法、格挡和型。反复练习这些技术，旨在培养修习者的力量、速度、精确性和身体协调性。

13.2.1 基本技术

1. 站姿

空手道有多种站姿，如自然站姿、前屈立、后屈立、骑马立等。不同的站姿对应不同的攻防需求，是力量传递和平衡的基础。

2. 步法

步法是连接各种技术动作的关键，包括前进、后退、侧移、转身等。灵活的步法能够帮助修习者调整距离、躲避攻击并创造进攻机会。

3. 拳法

空手道拳法强调直线出拳，力量集中。主要拳法包括前突、逆突、上段突、中段突。

前突：最基本的直线冲拳，要求从腰部发力，拳头在击中目标时旋转，以增加穿透力。

逆突：与前手同侧的腿在前时，用后手发出的冲拳，是空手道中常用的反击技术。

上段突：攻击对手头部或面部的冲拳。

中段突：攻击对手躯干部位的冲拳。

4. 腿法

空手道腿法以踢击为主，力量大，攻击范围广。主要腿法包括前踢、侧踢、回旋踢、后踢等。

前踢：直线向前踢击，可攻击对手中段或上段。

侧踢：侧身踢击，力量强大，常用于攻击对手侧面。

回旋踢：弧线踢击，攻击范围广，具有很强的杀伤力。

后踢：向后踢击，常用于反击或拉开距离。

5. 格挡

格挡是防御技术，用于阻挡对手的攻击。主要格挡包括上段格挡、中段外格挡、中段内格挡、下段格挡等。

上段格挡：向上格挡，防御来自上方的攻击。

中段外格挡：向外格挡，防御来自中段的攻击。

中段内格挡：向内格挡，防御来自中段的攻击。

下段格挡：向下格挡，防御来自下段的攻击。

13.2.2 型

型是空手道训练体系中最具特色的训练方式，在中国武术体系中通常被称为“套路”或“套拳”。型本质上是一系列预先编排好并利用演练形式来进行攻防的动作组合，是通过模拟与多个假想敌进行对抗的形式，融空手道的基本技术、战术原理和精神内涵为一体。型绝不仅仅是技术动作的简单组合，而是空手道哲学思想、历史传承和武道精神的集中体现，承载着该武道深厚的文化底蕴和技击智慧。

型的演练特点要求具有“稳定”和“变化”的统一性（平衡、合理、互补）。“稳定”中存有强大的力量，但缺乏冲动力；而“变化”破坏了稳定性，是一种失衡行为，无法最大化地发挥出能力和潜力，因此，把“稳定”和“变化”同时放入型，才能构成空手道型的真实形态。

在整个空手道练习体系中，型占据着不可替代的重要地位，它是连接基本动作与实战应用的重要桥梁。每个空手道流派及其会馆都拥有代表其特色的型，这些型不仅继承了该流派的传统技法，更凝聚了创始人毕生的心血和武道感悟。从训练层次上看，型是在基础动作之上的高层次练习，可以理解为移动练习的一种升华形式，它巧妙地将基本技术与实战应用连接在一起，为修习者提供了从技术掌握到实战运用的完整训练路径。

通过系统的型训练，修习者能够在多个层面获得显著的提升。首先是基本技术的全面掌握，型将各种基本技术有机地串联起来，使修习者能够在连续的动作中反复练习，强化各种手技、足技和身法，从而更加熟练地掌握动作要领和发力技巧。其次是身体协调性的显著改善，型中包含大量的转身、移动和攻防转换动作，这些复杂的身体动作组合有助于提高修习者的身体协调性、平衡感和空间感知能力。更为重要的是，型的训练能够帮助修习者深入理解攻防原理。型中的每一个动作都蕴含着丰富的攻防原理和战术应用，通过对这些动作的深入分析和反复练习，修习者能够逐渐领悟距离控制、时机把握、力量运用等实战核心要素，从而有效提升自己的实战能力。同时，型的练习过程需要修习者保持高度的专注和持久的毅力，这种严格的要求有助于磨练修习者的精神意志，培养其忍耐力、自律性和坚韧不拔的武道精神。

在进行型练习时，必须在气、精、力、神四个方面都达到高度统一。一套型无论其动作简单还是复杂，绝不能仅仅理解为基本动作的机械堆砌，而应当视为实战攻防情境下技术动作的有机组合。这包括动作发生前的眼神专注、移动中身形重心的灵活变化、攻击时发力方法的准确运用，以及呼吸吐纳与动作节奏的巧妙配合等多个方面的协调统一。

从中华武术的角度来看，空手道的型在动作数量和练习时间上相对简单，许多基础型只包含十几个或二十个动作，完成时间多在一分钟之内，如“平安”这类入门级的型就具有这样的特点。但这种表面的简单并不意味着内容的简单，相反，正是这种高度凝练的特色使得每个动作都承载着丰富的技术内涵。在练习过程中，修习者必须认真感受身体的张弛变化、力量的强弱转换、动作的快慢节奏，以及呼吸吐纳与身体动作的精妙配合。只有具备了正确的体会和理解，即使是最简单的型，在熟练掌握者的演练下也能展现出强烈的美感和深刻的武道内涵。

空手道型分为基本型、指定型、自由型。指定型是世界空手道联盟从刚柔流、松涛流、糸东流、和道流四大流派中各取两个型作为为竞赛的指定型，共有 8 个指定型。分别是刚柔流的十八、碎破，松涛流的慈恩、观空大，糸东流的征远镇、拔塞大，和道流的征三、镇东。

这些型包含了空手道的核心技术要素，为建立正确的技术基础提供了重要保障。高级型不仅在技术上更加复杂多变，在武道哲理方面也蕴含着更加深刻的内容，需要修习者具备扎实的基本功和丰富的练习经验才能真正领悟。通过对各种型的深入学习和持续练习，修习者能够逐步深入空手道的核心理念，更好地领悟这一传统武道的精神实质和技击真谛。

13.2.3 组手

组手是空手道训练体系中与型并重的核心组成部分，指两人或多人之间进行的对练形式，是将型中所学的技术真正运用到实际对抗中的重要训练方法。如果说型是空手道技术的理论基础和文化传承，那么组手就是检验这些技术实效性和培养实战能力的重要途径。组手训练不仅能够帮助修习者将型中学到的技术转化为实用的格斗技能，更能培养其在动态对抗中的反应能力、判断能力和心理素质。

组手技术要求对拳法、腿法和摔法都要全面了解并加以练习，充分展现自己的技术优势，形成个人技术特色和魅力。组手的技术特点可以用“控、变、灵、准、快”这 5 个字来概括，要求控制组手技术的力度，在实战中善于变换技术、战术，灵活地运用技术、战术，准确而快速地击打目标。组手技术的得分部位包括：头部、面部、颈部、胸部、腹部、背部、胸腹侧面 7 个部位。

组手的训练价值体现在多个层面。首先是技术应用的验证，通过与对手的实际接触，修习者能够检验自己所掌握的技术，发现技术运用中的不足，并在实践中不断完善和提高。其次是时机距离感的培养，组手训练要求修习者在不断变化的对抗环境中准确把握攻击和防守的最佳时机，掌握与对手之间的最适距离，这种能力是通过静态的型练习难以获得的。最后是心理素质的锤炼，面对真实的对手和不可预测的攻击，修习者必须保持冷静的头脑和坚定的意志，这种心理承受能力的培养对于武道修行具有重要意义。

空手道的组手训练根据其规则和形式可以分为多种类型，每种类型都有其特定的训练目的和技术要求。

约束组手是最基础的组手形式，通常包括一本组手、三本组手和五本组手等，这类组手有着严格的攻防程序和固定的技术套路，主要目的是让初学者在相对安全和可控的环境中体验对抗的基本要素，掌握基础的攻防时机和距离感。

自由组手则是更高层次的训练形式，修习者可以在一定规则范围内自由选择攻防技术和战术策略，这种形式更接近实际的格斗情况，对修习者的综合能力要求更高。自由组手不仅考验技术水平，更考验战术思维、反应速度和心理承受能力，是检验空手道综合实力的重要项目。

竞技组手是现代空手道发展中形成的重要训练和比赛形式，它在保持传统技术特色的基础上，加入了现代体育竞赛的规则和评判标准。竞技组手不仅要求修习者具备高超的技术水平，还要求其具备良好的体能条件、灵活的战术运用能力和强大的心理素质。通过竞技组手的训练，修习者能够在激烈的对抗中快速提升自己的技术水平和综合能力。

13.3 竞赛规则与段位制度

现代空手道已发展成为一项国际性的竞技体育项目，其竞赛规则和段位制度是规范比赛、衡量技术水平的重要标准。

13.3.1 竞赛规则

空手道比赛主要分为“型”和“组手”两大部分，均遵循世界空手道联合会(WKF)制定的统一规则。

1. 型比赛

型比赛是单人进行的空手道技术预定动作套路表演，旨在展示技术的精确性、力量、速度、平衡和节奏感。选手根据规定演练指定型，裁判根据动作的正确性、力量、速度、平衡、节奏、呼吸、精神表现等方面进行评分。比赛通常采用单败淘汰制或双败淘汰制，得分高者晋级或获胜。

2. 组手比赛

组手比赛是两名选手之间的对抗，旨在模拟实战，但严格限制攻击部位和攻击力度，以保护运动员安全。

比赛场地通常为 8 米×8 米的正方形区域，选手穿戴护具(拳套、护齿、护胸等)。

得分方式如下。

一本：获得一本可得 3 分，通常是腿法破坏重心后连续对有效部位(如头部、躯干)的有力、准确、快速、有控制的攻击，且攻击后保持良好姿态。

瓦扎里：获得瓦扎里可得 2 分，通常是腿法对有效部位（如躯干）的有力、准确、快速、有控制的攻击，且攻击后保持良好姿态。

优扣：获得优扣可得 1 分，通常是拳法对有效部位（如头部、面部、躯干）的有力、准确、快速、有控制的攻击，且攻击后保持良好姿态。

优势：获得优势可得 1 分，通常是对有效部位的轻微触及或不完全的攻击。

比赛时间通常为 3 分钟，得分高者获胜。若平分，则根据优势判定或进行加时赛。

犯规包括过度接触、抓抱、重击、诈伤、夸大伤情、攻击禁忌部位、场外行为、消极比赛等，根据严重程度给予警告或判罚。

13.3.2 段位制度

空手道的段位制度是衡量修习者技术水平和经验的体系，通常分为“级”和“段”两个阶段。

1. 级位

级位是初学者的等级，通常从十级（或九级）开始，数字越小，级别越高。级位通过不同颜色的腰带来区分，常见的顺序为：白带（初学者）、黄带、橙带、绿带、蓝带、紫带、棕带（最高级位）。

每个级位都需要通过相应的考核，考核内容包括基本技术、型和简单的组手。

2. 段位

段位是高级修习者的等级，从初段（黑带一段）开始，数字越大，级别越高。段位通常以黑带表示，黑带之上还有红白带（六段以上）和红带（九段以上）。

段位考核更为严格，除了技术和型，还包括对空手道理论、历史和精神的理解，以及对空手道推广的贡献。

高段位者通常被尊称为“先生”或“师范”，承担着传承和发展空手道的责任。

空手道的段位制度不仅是对技术水平的认可，更是对修习者品格、毅力和奉献精神的肯定。它激励着修习者不断追求卓越，将空手道精神融入日常生活。

思考与练习

（1）什么是型？什么是组手？

（2）指定型有哪些？分别出自什么流派？

（3）型的练习方法有哪些？

（4）组手的技术特点是什么？

（5）组手训练有哪些类型？

（6）比赛中得分部位分别是什么？

第 14 章

跆拳道

14.1 跆拳道概述与基本理论

跆拳道是一种起源于朝鲜半岛的武术和格斗运动，其名称由“跆”“拳”和“道”三个字组成。“跆”指用腿部施展的技术，“拳”指用拳头击打、格挡等手部技术，“道”则代表了修习者对武术的心灵修养和对礼仪的遵循。跆拳道不仅是一种搏击技术，更是一种通过严格训练培养精神意志、磨练品格的武道。

14.1.1 历史渊源

跆拳道的起源可以追溯到朝鲜半岛三国时代（前 57～660）的徒手搏击术，如“跆跟”和“花郎道”。这些古老的武术在民间流传，同时也是军事训练的一部分。在朝鲜王朝时期（1392～1910），跆跟等武术逐渐衰落，但其技术元素被保留下来。

20 世纪初，日本殖民统治朝鲜半岛期间，空手道等日本武术传入朝鲜。朝鲜武术家在学习日本武术的同时，也开始重新挖掘和发展本土的传统武术。1945 年朝鲜半岛光复后，各种武馆（如青涛馆）纷纷成立，各自发展其独特的技击术。为了统一和规范这些流派，1955 年，崔洪熙将军将这些分散的武术形式整合，并正式命名为“跆拳道”。自此，跆拳道的名称被确定下来。崔洪熙被认为是现代跆拳道的创始人之一，对跆拳道的理论体系和技术规范做出了重要贡献。1966 年国际跆拳道联盟（ITF）成立，1973 年，世界跆拳道联盟（WTF）成立，标志着跆拳道作为一项国际性体育运动的正式确立。1988 年，跆拳道在汉城奥运会上首次作为表演项目亮相，并于 2000 年悉尼奥运会成为正式比赛项目。

14.1.2 基本理论

跆拳道强调礼仪、廉耻、忍耐、克己、百折不屈五大精神。这些精神贯穿于跆拳道的训练和比赛中，旨在培养修习者高尚的品德和坚韧的意志。

礼仪：跆拳道强调尊重师长、友爱同伴、谦逊有礼。修习者在训练和比赛中都必须遵守严格的礼仪规范，体现武道精神。

廉耻：知耻近乎勇，修习者应有自知之明，勇于承认错误，不弄虚作假。

忍耐：在训练中忍受身体的疲劳和疼痛，在生活中面对困难和挫折时保持坚韧不拔的毅力。

克己：自我控制，克服自身的弱点和不良习惯，保持冷静和自律。

百折不屈：指面对任何困难和挑战，永不放弃，坚持不懈地追求目标。

跆拳道的技术理论强调力量、速度、平衡、呼吸、集中、反作用力等要素的有机结合。力量是技术发挥威力的基础，速度是有效打击和防守的关键，平衡是保持身体稳定和发力的前提，呼吸是控制身体节奏和力量的关键，集中是指将全身的力量集中于一点爆发，反作用力则是利用身体的反向运动产生更大的力量。这些理论指导着跆拳道技术的训练和实战应用，使其成为一种高效且富有爆发力的格斗术。

14.2 基本技术与品势

跆拳道的基本技术是其核心组成部分，主要包括站姿、步法、拳法、腿法和格挡。这些技术通过系统训练，旨在提高修习者的身体协调性、力量、速度、柔韧性和精确性。品势则是将这些基本技术有机组合起来的套路，是跆拳道技术和精神的集中体现。

14.2.1 基本技术

1. 站姿

运动员准备攻击和防守时身体各部位的姿势，有利于身体协调运动、快速启动及作出快速的反应。跆拳道有多种站姿，不同的站姿在攻防转换中扮演着重要角色，是力量传递和距离把握的基础。

2. 步法

步法是连接各种技术动作的桥梁，包括前行步、后撤步、前滑步、后滑步、冲上步、跳换步、左移步、右移步、前垫步、后垫步、并步、后转身步。灵活的步法能够帮助修习者调整距离、躲避攻击并创造进攻机会。

3. 腿法

腿法是跆拳道最具特色的技术，以踢击为主，力量大，速度快、变化多。主要腿法包括前踢、横踢、推踢、下劈、后踢、旋风踢和后旋踢。

前踢：直线向前踢击，可攻击对手中段或上段。

横踢：侧身踢击，力量强大，常用于攻击对手侧面。

推踢：用脚掌推击，旨在推踢开对手，破坏、干扰对手或保持自己的进攻距离。

下劈：从上向下劈击，攻击对手头部或面部。

后踢：向后踢击，常用于反击或拉开距离。

旋风踢：弧线踢击，攻击速度快，具有很强的杀伤力。

后旋踢：360°弧线踢击，攻击距离大，具有很强的杀伤力。

4. 格挡

格挡是防御技术，用于阻挡对手的攻击。主要格挡包括上段格挡、中段外格挡、中段内格挡、下段格挡。

上段格挡：向上格挡，防御来自上方的攻击。

中段外格挡：向外格挡，防御来自中段的攻击。

中段内格挡：向内格挡，防御来自中段的攻击。

下段格挡：向下格挡，防御来自下段的攻击。

14.2.2 品势

品势也称为套路，是跆拳道训练体系中极为重要的组成部分。它的起源可以追溯到早期的武术教学实践，当时师父们创编了一系列固定的动作组合，使修习者能够在缺乏直接指导的情况下独立练习和巩固所学技艺。随着跆拳道的发展，套路已经演变成为这门武术最具传统特色的训练方法之一。

品势本质上是一套经过精心设计的攻防动作序列，它模拟修习者面对多个对手时的战斗情形。这种训练形式不仅仅是简单的动作重复，而是将跆拳道的技术精华、哲学思想、历史传承和精神内涵完美融合的载体。通过系统的品势练习，修习者能够在没有对手的情况下，体验真实对抗中的攻防转换和技术应用。

在品势训练中，修习者需要掌握各种手部技法、腿法技巧，同时学会正确的站姿和步法。值得注意的是，品势中所采用的技术动作和身体姿态与实际搏击时有所不同，这是因为品势更加注重动作的标准化、美观性和教学功能。通过反复练习这些规范化的动作，修习者可以建立肌肉记忆，为日后的实战打下坚实的基础。

品势练习的价值体现在多个层面。首先，它是技术学习的重要途径，通过将分散的基本技术动作有机串联，帮助修习者深入理解每个技法的要领和发力特点。其次，品势中丰富的转身变向、进退移动以及攻防切换动作，能够显著提升修习者的身体协调能力、平衡感和空间感知力。同时，每一个品势动作都蕴含着深刻的攻防理念和实战智慧，通过深入研习，修习者能够逐步领悟跆拳道的战术思想和技击原理。

更为重要的是，品势练习对于精神品质的培养具有独特作用。这种训练要求修习者保持高度的注意力集中，在反复的练习中磨练意志品质，培养坚韧不拔的精神和严格的自律习惯。这种精神层面的修炼正是跆拳道武道精神的重要体现。

在跆拳道的品势体系中，主要分为太极品势和有段者品势两大类别。太极品势包含8章，是初学者和低段位修习者的必修内容，每一章都承载着独特的哲学内涵和技术特色，循序渐进地引导修习者走进跆拳道的殿堂。而有段者品势则在技术复杂度和理解深度上有更高要求，需要修习者具备扎实的基础功底和较强的领悟能力。通过对不同层次品势的学习和钻研，修习者能够逐步深入跆拳道的精神内核，真正领会这门技击技术的深邃魅力。

14.3 竞赛规则与段位制度

现代跆拳道已发展成为一项国际性的竞技体育项目，其竞赛规则和段位制度是规范比赛、衡量技术水平的重要标准。

14.3.1 竞赛规则

跆拳道比赛主要分为“品势”和“竞技”两大部分。

1. 品势比赛

品势比赛是单人或团体进行的跆拳道技术预定动作表演，旨在展示技术的精确性、力量、速度、平衡和节奏感。选手根据规定演练指定品势，裁判根据动作的正确性、力量、速度、平衡、节奏、呼吸、精神表现等方面进行评分。

比赛通常采用淘汰制或循环赛制，得分高者晋级或获胜。

2. 竞技比赛

竞技比赛是两名选手之间的对抗，旨在模拟实战，但严格限制攻击部位和攻击力度，以保护运动员安全。

比赛场地通常为 8 米×8 米的正方形垫子区域，选手穿戴护具(头盔、护胸、护臂、护腿、护裆、护齿等)。

得分方式如下。

躯干踢击:2 分(横踢、推踢),4 分(旋转类踢击)

头部踢击:3 分(横踢、下劈等),5 分(旋转类踢击)。

直拳:1 分(击中躯干)。

每次犯规扣 1 分，如倒地、越界、抓抱、推搡、攻击禁忌部位等，累计扣分达到一定程度将被判负。

比赛通常分为 3 回合，每回合 2 分钟，回合间休息 1 分钟。得分高者获胜。若平分，则进行加时赛。

14.3.2 段位制度

跆拳道等级是根据练习者技术水平划分的晋级体系，采用十级九段制，通过腰带颜色区分。级位从十级(白带，最低)至一级(红黑带，最高)，段位从黑带一段至九段(最高)，黑带象征段位起点。级位代表技术成长阶段，如白带为初学者，绿带标志技术完善，红带提示攻击能力形成。

1. 级位

级位是初学者的等级，通常从十级开始，数字越小，级别越高。

级位通过不同颜色的腰带来区分，常见的顺序为：白带（初学者）、黄带、黄绿带、绿带、绿蓝带、蓝带、蓝红带、红带、红黑带（最高级位）。

每个级位都需要通过相应的考核，考核内容包括基本技术、品势和简单的竞技。

2. 段位

段位是高级修习者的等级，段位通常以黑带表示，从初段（黑带一段）开始，数字越大，级别越高。

段位考核更为严格，除了技术和品势，还包括对跆拳道理论、历史和精神的理解，以及对跆拳道推广的贡献。高段位者通常被尊称为“师范”，承担着传承和发展跆拳道的责任。

跆拳道的段位制度不仅是对修习者技术水平的认可，更是对其品格、毅力和奉献精神的肯定。它激励着修习者不断追求卓越，将跆拳道精神融入日常生活。

思考与练习

(1) 跆拳道起源于哪里？

(2) 跆拳道强调什么精神？

(3) 跆拳道有哪些步法？有哪些腿法？

(4) 什么是品势？

(5) 跆拳道竞技比赛中的得分规则是怎样的？

第 15 章 武术

15.1 武术简介

武术是中华民族一项宝贵的文化遗产，也是一项集中地体现中华民族风格和特色的传统体育项目。武术是以中国传统文化为理论基础，以徒手和器械的攻防动作为主要锻炼内容，有功法运动、套路运动和格斗运动三种运动形式。

15.1.1 武术的起源和发展

武术是以技击为内容，通过套路、搏斗等运动形式，来增强体质，培养意志品质的传统体育。

武术在我国有着悠久的历史，它起源于我国远古祖先的生产劳动。在原始社会生产力极为低下的社会条件下，人们为了生存的需要，就必须依靠群体力量同自然界搏斗，便形成了原始形态的攻防技能，这便是武术技能形成的基础。随着社会的发展，武术这种社会文化现象亦在发展，在不同的社会性质下武术的形态发展亦不同。在过去，由于诸多方面的影响，武术步伐变得缓慢，直至中华人民共和国成立以后，武术才成为社会文化和人民体育事业的一个组成部分，并得到蓬勃发展。在当今中国，曾多次以国家或地方的名义派代表团队出国进行表演访问，对世界各国产生了极大影响。1987 年，在日本横滨举行了第一届亚洲武术锦标赛，标志着武术首先在亚洲扎下根基，走进亚运会，成为正式比赛项目，从而逐步跨入世界体坛，实现“把武术推向世界”的雄伟目标，让其逐步为世界人民所认识，为全人类造福。

15.1.2 武术的特点

1. 攻防技击性

攻防技击性是武术运动的主要特点。它们有着不同的技击特点和攻防规律，不仅可以增强人们的体质，而且对防身自卫、公安侦破、反恐怖、反暴力活动都有积极的意义和作用。

2. 练功方法内外合一、形神兼备

所谓“内”，指的是心、神、意、气等内在的心态活动和气息运行。所谓“外”，指的是手、眼、身、步等外在形体活动。许多拳种和流派，都十分强调内外合一、形神兼备的练功方法，外可以练关节，强筋骨，壮体魄；内可以理脏腑，调经脉，调精神，使身心得到全面锻炼。

3. 广泛的适应性

武术内容丰富、形式多样，不同的拳术与器械有着不同的动作结构、技术要求、运动风格与运动量，它不受年龄、性别、体质、时间、季节、场地、器材的限制，人们可以根据自己的需要和条件，选择适合的项目来锻炼。

15.1.3 武术的作用

武术具有健身、防身、修身养性、娱乐观赏等方面的作用，是人们增强体质、振奋精神的一种好方式。武术的作用具体如下。

1. 提高素质，健体防身

武术套路运动其动作包含着屈伸、回环、平衡、跳跃、翻腾、跌扑等，人体各部位几乎都要参与运动。

系统地进行武术训练，对人体速度、力量、灵巧、耐力、柔韧等身体素质要求较高，人体各部位“一动无有不动”，几乎都参加运动，使人的身心都得到全面锻炼。实践证明，对外能利关节，强筋骨，壮体魄；对内能理脏腑，通经脉，调精神。武术运动讲究调息行气和意念活动，对调节内环境的平衡，调养气血，改善人体机能，健体强身十分有益。

2. 锻炼意志，培养品德

练武对意志品质考验是多面的。练习基本功，要不断克服疼痛关，磨炼“冬练三九、夏练三伏”，以及常年有恒、坚持不懈的意志品质。套路练习，要克服枯燥关，培养刻苦耐劳、砥砺精进、永不自满的品质。遇到强手要克服消极逃避关，锻炼勇敢无畏、坚韧不屈的战斗意志。经过长期锻炼、可以培养人们勤奋、刻苦、勇敢、顽强、虚心好学、勇于进取的良好习性和意志品德。

3. 竞技观赏，丰富生活

武术具有极高的观赏价值，无论是套路表演，还是散手比赛，历来为人们喜闻乐见；无论是显现武术功力与技巧的竞赛表演套路，还是斗智较勇的对抗性散手比赛，都会引人入胜，给人以美的享受，都具有很高的观赏价值。通过观赏，给人以启迪教育和乐趣。

4. 交流技艺，增进友谊

武术运动蕴涵丰富，技理相通，入门之后会有“艺无止境”之感。群众性的武术活动，便成为人们切磋技艺，交流思想，增进友谊的良好手段。随着武术在世界广泛传播，还可促进与国外武术爱好者的交流。许多国家武术爱好者喜爱武术套路，也喜爱武术散手，他们通过练武了解认识中国文化，探求东方的文明。武术通过体育竞技、文化交流等途径，在与世界各国人民友好交往中发挥着越来越大的作用。

15.2 太 极 拳

15.2.1 24 式太极拳基本动作

预备势：身体自然直立，两脚并拢，两腿自然伸直。两臂下垂，手指微屈，两手垂于大腿外侧。头颈正直，下颌微收，口闭齿扣，舌抵上腭。精神集中，表情自然，双眼平视前方。

1. 起势

两脚开立与肩同宽，双臂慢慢前平举，同时屈膝按掌（见图 15-1）。

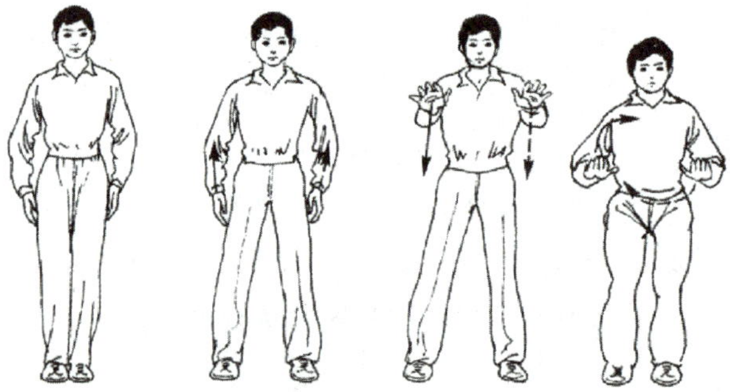

(a) 两脚开立　(b) 两臂前举　(c) 屈膝按掌

图 15-1　起势

第一组
第 1～3 式

2. 左右野马分鬃

收脚抱球，左转出步，弓步分手。后坐跷脚，跟步抱球，右转出步，弓步分手，后坐跷脚，跟步抱球，左转出步，弓步分手（见图 15-2）。

3. 白鹤亮翅

跟半步胸前抱球，后坐举臂，虚步分手（见图 15-3）。

第二组
第 4～6 式

4. 左右搂膝拗步

转体落手，转体收脚，迈步屈肘，弓步搂推，后坐跷脚，转体跟腿，迈步

(a) 收脚抱球　(b) 左转出步　(c) 弓步分手

(d) 后坐跷脚　(e) 跟步抱球　(f) 右转出步　(g) 弓步分手

(h) 后坐跷脚　(i) 跟步抱球　(j) 左转出步　(k) 弓步分手

图 15-2　左右野马分鬃

(a) 跟半步胸前抱球　(b) 后坐举臂　(c) 虚步分手

图 15-3　白鹤亮翅

屈肘，弓步搂推，后坐跷脚，转体跟脚，迈步屈肘，弓步搂推（见图 15-4）。

(a) 转体落手　(b) 转体收脚　(c) 迈步屈肘　(d) 弓步搂推
(e) 后坐跷脚　(f) 转体跟腿　(g) 迈步屈肘　(h) 弓步搂推　(i) 后坐跷脚
(j) 转体跟腿　(k) 迈步屈肘　(l) 弓步搂推

图 15-4　左右搂膝拗步

5. 手挥琵琶

进步收手，后坐挑掌，虚步合臂（见图 15-5）。

(a) 进步收手　(b) 后坐挑掌　(c) 虚步合臂

图 15-5　手挥琵琶

6. 左右倒卷肱

右转体撤手翻掌，提膝屈肘，撤步错手，后坐推掌；左转体撤手翻掌，提膝屈肘，撤步错手，后坐推掌。左右各再重复一次（见图 15-6）。

(a) 右转体撤手翻掌　(b) 提膝出肘　(c) 撤步错手

(d) 后坐推掌（重复三次）

(e) 左转体撤手翻掌　(f) 提膝屈肘　(g) 撤步错手

(h) 后坐推掌（重复三次）

图 15-6　左右倒卷肱

7. 左揽雀尾

右转收脚抱球，迈步分手，弓腿挪臂，转体伸臂后捋，转体搭手，弓腿前挤，后坐收掌，弓步按掌(见图 15-7)。

第三组
第 7～8 式

8. 右揽雀尾

后坐扣脚，右转分手，收脚抱球，右转出步，弓步挪臂，后坐下捋，转体搭手，弓步前挤，后坐分手，弓步推掌(见图 15-8)。

(a) 右转收脚抱球　(b) 迈步分手

(c) 弓步掤臂　(d) 转体伸臂后捋　(e) 转体搭手

(f) 弓步前挤　(g) 后坐收掌　(h) 弓步按掌

图 15-7　左揽雀尾

(a) 后坐扣脚　(b) 右转分手　(c) 收脚抱球　(d) 右转出步

(e) 弓步掤臂　(f) 后坐下捋　(g) 转体搭手　(h) 弓步前挤

(i) 后坐分手　(j) 弓步推掌

图 15-8　右揽雀尾

9. 单鞭

左转扣脚，右转收脚展臂，出步勾手，弓步推掌(见图 15-9)。

第四组

第 9～11 式

10. 云手

右转落手，左转云手，并步按掌、右转云手，出步按掌，左转云手，并步按掌，右转云手，并步按掌(见图 15-10)。

(a) 左转扣脚　　(b) 右转收脚展臂

(c) 出步勾手　　(d) 弓步推掌

图 15-9　单鞭

(a) 右转落手　　(b) 左转云手

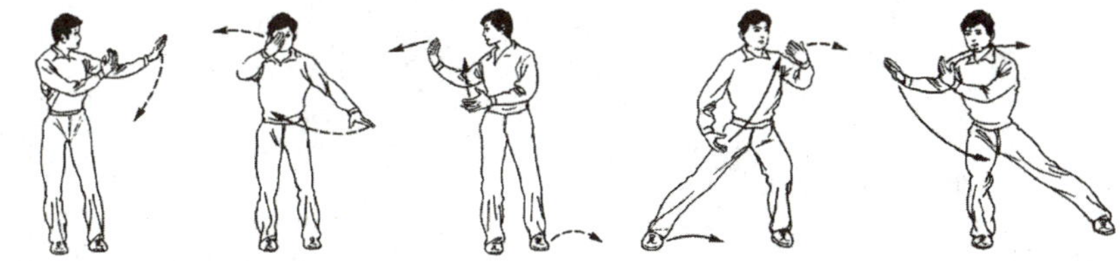

(c) 并步按掌　　(d) 右转云手　　(e) 出步按掌　　(f) 左转云手

(g) 并步按掌　　(h) 右转云手　　(i) 并步按掌

图 15-10　云手

11. 单鞭

落步右转举臂，出步勾手，弓步按掌（见图 15-11）。

(a) 落步右转举臂　(b) 出步勾手　(c) 弓步按掌

图 15-11　单鞭

12. 高探马

后坐展手，虚步推掌（见图 15-12）。

第五组

第 12～15 式

13. 右蹬脚

提脚收手线，左转出步，弓步划弧，合抱提膝，分手蹬脚（见图 15-13）。

(a) 后坐展手　(b) 虚步推掌

图 15-12　高探马

(a) 提脚收手线　(b) 左转出步　(c) 弓步划弧

(d) 合抱提膝　(e) 分手蹬脚

图 15-13　右蹬脚

14. 双峰贯耳

收脚落手，出步收手，弓步贯拳（见图 15-14）。

15. 转身左蹬脚

后坐扣脚，左转展手，合抱提膝，分手蹬脚（见图 15-15）。

(a) 收脚落手　(b) 出步收手　(c) 弓步贯拳

图 15-14　双峰贯耳

(a) 后坐扣脚　(b) 左转展手　(c) 合抱提膝

(d) 分手蹬脚

图 15-15　转身左蹬脚

16. 左下势独立

收脚勾手，穿掌下势，蹬脚弓腿，扣脚转身，提膝挑掌（见图 15-16）。

第六组
第 16～17 式

(a) 收脚勾手　(b) 穿掌下势

(c) 蹬脚弓腿　(d) 扣脚转身　(e) 提膝挑掌

图 15-16　左下势独立

17. 右下势独立

落脚左转勾手，穿掌下势，蹩脚弓腿，扣脚转身，提膝挑掌（见图 15-17）。

(a) 落脚左转勾手　　(b) 穿掌下势

(c) 蹩脚弓腿　　(d) 扣脚转身　　(e) 提膝挑掌

图 15-17　右下势独立

18. 左右穿梭

第七组
第 18～20 式

（1）右穿梭（见图 15-18(a)到(d)）。

落步落手，跟步抱球，右转出步，弓步推掌。

（2）左穿梭（见图 15-18(e)到(g)）。

跟步抱球，左转出步，弓步推掌。

(a) 落步落手　　(b) 跟步抱球　　(c) 右转出步　　(d) 弓步推掌

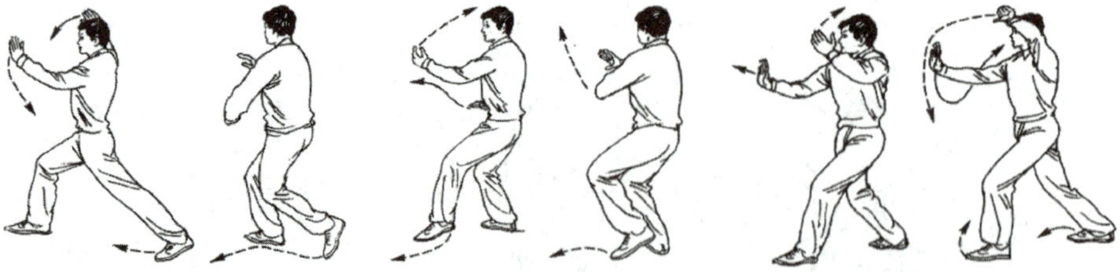

(e) 跟步抱球　　(f) 左转出步　　(g) 弓步推掌

图 15-18　左右穿梭

19. 海底针

跟步提手，虚步插掌（见图 15-19）。

(a) 跟步提手　(b) 虚步插掌

图 15-19　海底针

20. 闪通臂

收脚举臂，出步翻掌，弓步推掌（见图 15-20）。

(a) 收脚举臂　(b) 出步翻掌　(c) 弓步推掌

图 15-20　闪通臂

21. 转身搬拦捶

后坐摆掌，收脚握拳，摆步搬拳，右转搬捶，弓步打拳（见图 15-21）。

22. 如封似闭

插手翻掌，后坐收掌，弓步推掌（见图 15-22）。

23. 十字手

后坐扣脚，弓腿分手，收脚合抱（见图 15-23）。

第八组
第 21～24 式

(a) 后坐摆掌　(b) 收脚握拳　(c) 右转搬捶

(d) 弓步打拳

图 15-21　转身搬拦捶

(a) 插手翻掌　(b) 后坐收掌

(c) 弓步推掌

图 15-22　如封似闭

(a) 后坐扣脚　　(b) 弓脚分手　　(c) 收脚合抱

图 15-23　十字手

24. 收势

翻掌分手，两臂下落，并步还原(见图 15-24)。

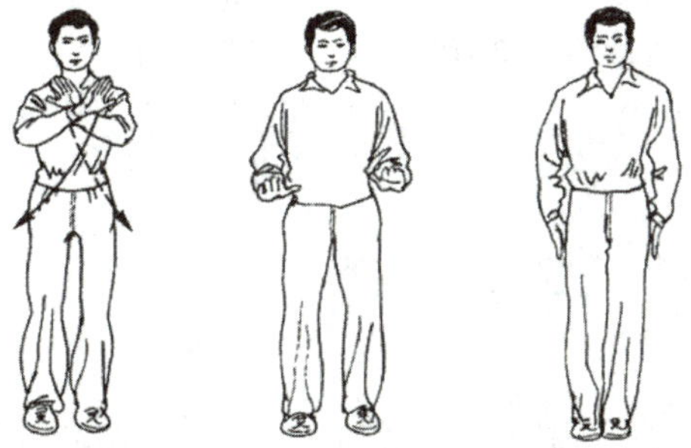

(a) 翻掌分手　(b) 两臂下落　(c) 并步还原

图 15-24　收势

15.2.2　太极拳的锻炼价值及演练要求

太极拳是中国拳术之一，早期曾称为“长拳”“绵拳”“十三势”“软手”等，至清朝乾隆年间(1736—1795 年)，山西武术家王宗岳著《太极拳论》，才确定了太极拳的名称。“太极”一词源出《周易·系词》，含有至高、至极、无穷大的意思。它运用中国古代的阴阳学说和中医经络学说，结合古代导引吐纳之术，综合吸收明代名家拳法，形成了别具一格、特点鲜明的技击拳法。太极拳的演练要求以静制动、以柔克刚、避实就虚、借力发力，主张一切从客观出发，从人则活，由己则滞。

太极拳原是一种技击术，讲究“听劲”，即要准确地感觉判断对方来势，以做出反应。当对方未发动前，自己不要冒进，可先以招法诱发对方，试其虚实，术语称为“引手”。一旦对方发动，自己要迅速抢在前面，“彼未动，己先动”“后发先至”，将对手引进，使其失重落空，或者分散转移对方力量，乘虚而入，全力还击。随着历史的发展，武术逐渐从战场搏杀转为体育健身，太极拳中这些结合《孙子兵法》的技击原则，如今只有在太极推手中尚见余存。

太极拳的健身功用是古来有之。早在 100 多年前，太极拳家在《十三势行功歌诀》中就有“详推用意终何在，益寿延年不老春”的提法。如今，太极拳之所以能在国内外广为推介，正是因为它具有防病治病的功用，对神经衰弱、心脏病、高血压、肺结核、气管炎、溃疡病等多种慢性病都有明显的预防和治疗作用。打太极拳要求松静自然，这使大脑皮质一部分进入保护性抑制状态而得到休息。同时，打拳可以活跃情绪，对大脑起调节作用，而且打得越是熟练，越要“先在心，后在身”，专心于引导动作。这样长期坚持，会使大脑功能得到恢复和改善，消除由神经系统紊乱引起的各种慢性病。太极拳要求“气沉丹田”，有意地运用腹式呼吸，加大呼吸深度，因而有利于改善呼吸机能和血液循环。通过轻松、柔和的运动，尤其能使年老体弱的人经络舒畅，新陈代谢旺盛，体质、机能得到增强。

太极拳以掤、捋、挤、按、靠、进、退、顾、盼、定等为基本方法，动作徐缓舒畅，演练时要求正腰、收颌、直背、垂肩，有飘然腾云之意境。练习时，头：保持“虚领顶劲”，有上悬意念，不可歪斜摇摆，眼要自然平视，嘴要轻闭，舌抵上颚；颈：自然竖直，转动灵活，不可紧张；肩：平正松沉，不可上耸、前扣或后张；肘：自然弯曲、沉坠，防止僵直或上扬；腕：下沉“塌腕”，劲力贯注，不可松软；胸：舒松微含，不可外挺或故意内缩；背：舒展伸拔，称为“拔背”，不可弓驼；腰：向下松沉，旋转灵活，不可前弓或后挺；脊：中正竖直，保持身型端正自然；臀：向内微敛，不可外突，要“溜臀”“敛臀”；胯：松正含缩，使劲力贯注下肢，不可歪扭、前挺；腿：稳健扎实，弯曲合度，转旋轻灵，移动平稳，膝部松活自然，脚掌虚实分清。

15.3 散　　打

散打古时称之为相搏、手搏、技击等。简单而言就是两人徒手面对面地打斗。散打是中国武术一个主要的表现形式，以踢、打、摔、拿四大技法为主要进攻手段，另外，还有防守、步法等技术。1979 年散打在我国成为竞技的比赛项目，在 80 cm 高、8 m 见方的擂台上进行比赛，散打比赛允许使用踢、打、摔等各种武术流派中的技法，不允许使用擒拿，不许攻击喉、裆等要害部位；运动员分体重、穿护具在相同的条件下平等竞争。

散打是中华武术的精华，是具有独特民族风格的体育项目，多年来在民间流传发展，深受人民喜爱。散打起源与发展，是和中华民族悠久历史同步。它从先辈的生产劳动、生存斗争缘起，但又服务于此，演化至今成为华夏民族灿烂文化遗产中的瑰宝。原始社会人类为了猎取食物，长期与野兽搏斗，学会了与野兽搏斗所使用的不同方法。例如，拳打、脚踢、抱摔等简单的散打技术，并学会了一些野兽猎取食物的本领，如猫窜、狗闪、兔滚、鹰翻等。春秋战国时期，散打得到了很大的发展，受到了人民的重视。

散打是一项对抗性很强的运动，练习散打不仅能强身健体，还能培养机智、顽强、勇敢、灵活、果断等意志品质。

15.3.1 散打基本拳法

散打的拳法技术，在散打的技术体系中占有重要的地位，特别是在中、近距离的攻防上有着十分重要的作用，在实战中拳法多运用于头部的攻防，其威力是巨大的。直线型拳法有左、右冲拳；曲线型拳法有左、右贯拳，左、右鞭拳；上下型拳法有左、右抄拳等。

1. 散打基本拳法及要领

1）冲拳

冲拳是以拳面为发力点，向前冲击的路线沿着直线运行的拳法。

（1）左冲拳。

①动作方法。

从预备势开始，右脚蹬地，重心前移；左拳向正前方直线快速冲出，力达拳面；眼看攻击的方向。

②动作要领冲拳时上体不可前倾，腰稍微右转，以拳领先，上臂推前臂，拳内旋成拳心向下，快出快收，切勿停顿，迅速还原成预备姿势。

（2）右冲拳。

①动作方法。

从预备势开始，右脚蹬地，身体重心前移；右拳向正前方直线冲出，力达拳面，左拳屈臂护于胸前；眼看攻击的方向。

②动作要领。

右冲拳的发力顺序是起于右脚蹬地，传送到腰（上体左转至臂与胸的夹角为 90°）、冲拳（由肩、臂传送力）最后达于拳面；还原时以腰带肘，臂膀放松，主动收回。

2）掼拳

掼拳是以拳面为发力点，拳冲击的路线是沿弧线运行的拳法，可以分为左掼拳和右掼拳两种。

（1）左掼拳。

①动作方法。

从预备势开始，右脚蹬地，重心前移；上体略微向右转，前臂与上臂夹角在 80°至 160°之间，可随意调整，左拳向正前方横向弧形击出，力达拳面，拳心向下，右拳屈臂护于胸部；眼看攻击的方向。

②动作要领。

力从腰发，腰绕身体纵轴向右转动；发力时屈臂，肘与肩平。

（2）右掼拳。

①动作方法。

从预备势开始，右脚的前脚掌略微蹬地，重心前移，胯部内合并向左转腰；前臂与上臂夹角在 80°至 160°之间，可随意调整，右拳向正前方横向弧形击出，或右拳快速向左前方横向弧形击出，力达拳面，左拳屈臂护于胸前；眼看攻击的方向。

②动作要领。

右脚稍内扣，胯转腰与掼拳发力要协调一致。

3）转身鞭拳

（1）转身左鞭拳。

①动作方法。

从（以左式为例）预备势开始，右脚上前一步，左脚向右脚后插步，身体向左后转 180°，动作不停，上体继续向左转体 180°，同时左拳反臂由曲到伸向外、向左横向鞭打；拳眼朝上，发力于腰，力达拳背，右拳屈臂护于胸前，眼看攻击的方向。

②动作要领。

插步转体要快，以头领先，连贯不停顿，支撑要稳，鞭拳时以腰带臂，前臂鞭打甩拳。

(2) 转身右鞭拳。

①动作方法。

从(以左式为例)预备势开始，右脚向左脚后插步，身体向右后转 180°，动作不停，上体继续向右转体 180°，同时右拳反臂由曲到伸向外、向右横向鞭打；拳眼朝上，发力于腰，力达拳背，左拳屈臂护于胸前，眼看攻击的方向。

②动作要领。

插步转体要快，以头领先，连贯不停顿，支撑要稳，鞭拳时以腰带臂，前臂鞭打甩拳。

4) 抄拳

抄拳是以拳面为发力点，拳运行的路线一般由下向上或由下向前运行的拳法，分为左抄拳和右抄拳。

(1) 左抄拳。

①动作方法。

预备势开始，重心略下沉，前脚蹬地，左拳屈臂由下向前上方勾起，上臂与前臂夹角在 90°～110°之间，拳心朝里，力达拳面，右拳屈臂护于头部及胸前，眼看攻击的方向。

②动作要领。

利用重心下沉能更好地把前脚蹬地拧转的反作用力通过腰向右的略转传递到臂，左臂应先内旋再外旋，力达拳面，发力短促，整个动作要协调连贯，用力应由下至上。

(2) 右抄拳。

①动作方法。

从预备势开始，右脚蹬地，扣膝合胯，腰略微左转的同时，右拳屈臂由下向前、向上方勾起，右拳屈臂向正前上方冲出，上臂与前臂夹角在 90°～110°之间，拳心朝里，力达拳面，左拳屈臂头部及胸前，眼看攻击的方向。

②动作要领。

右抄拳要借助右脚蹬地、扣膝、合胯、转腰的力量发力，由下至上，协调顺达；抄拳时，右臂应内旋再外旋，螺旋形出拳。

2. 基本拳法的技术要求

(1) 拳法技术要求速度快、力量重、力点准、预兆小、方法巧。

(2) 拳法攻击时要与灵活的步法配合一致，可以在适合的时机，适当的距离内使拳法攻击力量完全爆发于目标，产生良好的效果，拳随步走，拳到步到是拳法运用的精髓。

(3) 攻守一体是散打技法的特点，双拳必须紧密配合，一拳出，一手结合身体和其他技法进行防守，保护好身体要害部位，训练时养成拳法原路迅速收回的习惯。

(4) 出拳进攻虚实配合，与各种攻防技术联用。拳法进攻虚实配合可以控制出拳力度，避免用力过度，无法适应对手的变化；也可以声东击西，窥对手虚实，迷惑对手，乘虚进攻。拳法和腿法、摔跤结合，长短互补，立体攻防，更能发挥出整体威力。

15.3.2 散打基本腿法

腿法是指以小腿前部及脚的各部分为着力点而实施攻击的各种技术。散打中的腿法技术根据运动方式、发力点部位、运行路线的不同，我们将腿法分为直线型、横线型、上下型和旋转型四种；直线型包括蹬腿、踹腿等；横线型包括鞭腿、勾腿等；上下型包括劈腿等；旋转型包括转身后摆腿和前、后扫腿等。

1. 蹬腿

1）左蹬腿

①动作方法。

预备势站立，右脚前移半步外展，右腿微屈支撑，左腿提膝抬起，勾脚，当膝稍高于髓时，送髓迅速向正前蹬出，力达脚掌，以脚跟或全脚掌为发力点；右臂在上置于胸前，左臂自然下垂，眼看攻击的方向。

②动作要领。

右脚步法移动和提膝要一致，屈膝高抬，左髓前送，用爆发力向前蹬，动作快速连贯。

2）右蹬腿

①动作方法。

预备势站立，左脚前移半步外展，左腿微屈支撑，右腿由后向前提膝抬起，勾脚，当膝稍高于髓时，送髓迅速向正前蹬出，力达脚掌，以脚跟或全脚掌为发力点；左臂在上置手胸前，右臂在下，眼看攻击的方向。

②动作要领。

左脚步法移动和右腿向前提膝要协调，屈膝高抬，右髓前送，用爆发力向前蹬，动作快速连贯。

3）转身后蹬腿

①动作方法。

预备势站立，左脚向右横移半步，左脚向右内扣脚，重心移在左腿，上体向右转 180°，右脚从左腿边快速向后蹬出，摆头眼看进攻方向。

②动作要领。

左脚移动扣步与转脸要同时完成，转体以头领先，后蹬要快速连贯，发力顺畅，注意平衡。

2. 踹腿

1）左踹腿

①动作方法。

预备势站立，右腿直立或稍屈支撑，左腿屈膝抬起，小腿外摆，脚尖勾起，脚掌正对攻击目标，展髓，挺膝向前踹出，力达脚掌。右拳在上置于下领处，左臂自然下垂，头保持端正；眼看踹击的方向。

②动作要领。

提膝、翻髓、踹击三个动作要连贯一气呵成，踹腿时大小腿、上体要成一条直线。

2）右踹腿

①动作方法。

预备势站立，左脚前移半步并外展，身体左转超过 180°；俯身并向后侧倾；同时，右腿屈膝迅速由体侧向前上方踹出，力达脚跟；左脚以脚掌为轴，脚跟向前转动，支撑腿要充分蹬直，并结合突然送胯的力量向前踹击，左臂在上置于下颌处，右臂自然下垂，头保持端正；眼看踹击的方向。

②动作要领。

右腿蹬地、重心移到左腿、提膝、翻髓、踹击五个动作要连贯一气呵成，踹腿时大小腿、上体要成一条直线。

3. 鞭腿

1）左鞭腿

①动作方法。

预备势开始，重心稍后移，同时左腿屈膝向前提起，支撑腿以前脚掌为轴右转，上体随腿部转动向右后略侧倒，左膝向内扣翻胯，大腿带动小腿横向击打，脚面绷直，力达脚背，右臂在上置下颌处，左臂自然下垂，动作完成后小腿、手臂按动作原路线收回。

②动作要领。

上体右旋、提膝、翻胯，以胯部带动大腿，大腿带动小腿，小腿加速横向弹击，步法、身法、弹击要整体协调一致。

2）右鞭腿

①动作方法。

预备势开始，重心前移至左腿，右腿蹬地屈膝向前提起，同时左脚前掌为轴左转，身体随之向左后侧微倾，右膝向内扣翻胯，大腿带动小腿横向击打，脚面绷直，力达脚背，左臂在上置下颌处，右臂自然下垂，动作完成后小腿、手臂按动作原路线收回。

②动作要领。

右腿蹬地上体左旋、提膝、翻胯，以胯部带动大腿，大腿带动小腿，形成合力，横向鞭击，步法、身法、鞭打要一气呵成。

4. 转身后摆腿

1）左转身后摆腿

①动作方法。

从预备势开始，重心前移，右脚上步至左脚前方，脚尖内扣，以右脚的前脚掌为轴，身体向左后方转体 180°，同时左脚蹬地提起，然后向左、向上横摆力达脚后跟，完成动作后成右架预备势，然后撤步调整回左预备势。

②动作要领。

右脚上步内扣要快，转身时要以头领先，并借其惯性，腰背发力，使出腿、摆腿的动作协调连贯。

2）右转身后摆腿

①动作方法。

从预备势开始，左脚内扣，重心前移，以左脚的前脚掌为轴，身体向右后方转体180°，右腿随身体摆转，到最高点时小腿加速横摆，力达脚后跟，完成动作后，收腿回到原来的预备势。

②动作要领。

左脚内扣要快，转身时要以头领先，并借其惯性，腰背发力，展髋、摆腿，动作协调连贯。

5. 勾踢腿

1）左勾踢腿

①动作方法。

右腿弯曲，膝稍外展，上体稍右转，收腹合胯，带动左腿直腿勾脚向前、向右弧线擦地勾踢，力达脚弓内侧。

②动作要领。

脚尖勾起，速度要快，用力的方向顺畅，整体协调。

2）右勾踢腿

①动作方法。

重心移至左腿，左腿弯曲，膝外展，身体左转180°，收腹合胯，带动右腿，直腿勾脚向前、向左弧线擦地勾踢，脚背屈紧并内扣，力达脚弓内侧。

②动作要领。

脚尖勾起，速度要快，用力的方向顺畅，整体协调。

6. 扫腿

1）前扫腿

①动作方法。

左脚上步，随之重心移至左脚；然后以左脚掌为轴，旋转发力于腰，右腿由屈到伸向前旋转横扫，力达脚弓内侧至小腿下端前面；同时左臀着地，左大小腿盘起。

②动作要领。

扫转腿时身体下降速度既要突然又要快，身体下降与扫腿要协调有力。

2）后扫腿

①动作方法。

左腿屈膝全蹲，重心移至左腿，以左前脚掌为轴，两手扶地向右后方转体一周，展髋，发力于腰，带动右腿由屈到伸向左后方弧线擦地直腿后扫，脚掌内扣，力达脚后跟至小腿下端背面；同时，左臀着地，左腿盘起。

②动作要领。

扫转腿时身体下降速度既要突然又要快，身体下降与扫腿要协调有力。

7. 劈腿

①动作方法。

从预备势开始，向右微侧半身，同时左脚脚背勾起，直腿从内向外向上旋摆，当脚跟到达最高点时，上体立即左转 90°面向正面，支撑腿稍屈，含胸收腹，重心后坐，使左脚从上到下加速下劈砸，力达脚跟，目视前方，动作完成迅速恢复预备势。

②动作要领。

动作斜向发出，脚高过头，再从顶点垂直向下劈砸，此时要借助身体体重下压发力，整个动作要连贯协调，快速有力。

思考与练习

(1) 太极有哪些基本动作?

(2) 散打的基本拳法有哪些?

第 16 章

拓展训练

16.1 拓展训练概述

16.1.1 拓展训练的起源与发展

户外拓展训练起源于第二次世界大战时期落水海员的获救经验:在第二次世界大战时期,大西洋上有很多船只由于受到攻击而沉没,大批船员落水,由于海水冰冷,又远离大陆,绝大多数的船员不幸牺牲了,但仍有极少数的人在经历了长时间的磨难后终于得以生还。当人们在了解了这些生存下来的人的情况后,发现了一个令人非常惊奇的事实,这就是这些生还下来的人不是人们想象的那样,他们既不是最年轻的,也不是体格最强壮的。经过一段时间的调查研究,专家们终于找到了这个问题的答案:这些人之所以能活下来,关键在于这些人有良好的心理素质,他们意志力特别坚强,家庭生活幸福,有强烈的责任感,有丰富的生存经验,有很多不一样的品质,包括团队的协调和配合。当他们遇到灾难的时候,首先想到的是:我一定要活下去。

1941 年,一位超前的德国教育者库尔特·哈恩和一位英国海运大亨劳伦斯·霍尔特爵士在威尔士的阿德伯威成立了世界上第一所拓展训练学校。这所学校最初有一个具体的任务,即让被德军潜艇轰炸的年轻英国海员心中充满较强的自立和精神韧性,同时还要摆脱传统的教学方式。库尔特·哈恩发现人们能够从充满挑战刺激的环境中赢得信心、自尊和自立,还能够形成和同伴通力合作的精神。

二战以后,在英国出现了一种叫作 OUT WARD-BOUND 的管理培训,这种训练利用户外活动的形式,模拟真实管理情境,对管理者和企业家进行心理和管理两方面的培训。由于拓展训练的培训形式新颖、培训效果良好,很快就由马来西亚开始在亚洲传播,由德国扩大到整个欧洲,并通过肯尼亚传播到非洲和澳大利亚。1960 年后,拓展训练在美国、加拿大及新加坡的学校影响继续扩大。1970 年英国信托基金开始为拓展训练发展提供支持,后来拓展训练学校开始在世界范围内发展。如今,这些拓展训练学校已经成为一个国际训练组织——国际拓展，组织有一个共同的使命宣言：激发自尊、帮助他人、服务社会、放眼未来。

拓展训练在发达国家已经介入高校的管理专业课程，成为 MBA 团队管理课程的重要构成部分。1995 年，拓展训练走进中国。1999 年，清华大学率先将体验式培训引入 MBA、EMBA 的教学体系中。随后，北京大学光华管理学院、中欧国际工商学院、中山大学岭南学院、浙江大学、暨南大学等学校的 MBA、EMBA 教育中也纷纷把拓展训练作为指定课程内容。短短几年中，拓展培训业不断发展，备受推崇，逐渐被列入国家机关、高校、外企和其他现代化企业的培训日程。

16.1.2 拓展训练的特点

1. 在拓展训练中参与者是主角

在拓展训练中，参与者始终是活动的中心，参与者通过自己身体力行的活动来感受并从中悟出道理。培训师的讲解都是基于所有参与者回顾的基础展开的，而不是单向的阐述，这样的学习方式充分保证了参与者的投入程度。

2. 拓展训练是一种综合性活动

拓展训练的所有项目都以体能活动为引导，引发出认知活动、情感活动、意志活动和交往活动，有明确的操作过程，要求参与者全身心投入。

3. 自我教育

教员只是在课前把课程的内容、目的、要求以及必要的安全注意事项向参与者讲清楚，活动中一般不进行讲述，也不参与讨论，充分尊重参与者的主体地位和主观能动性。即使在课后的总结中，教员只是点到为止，主要让参与者自己来讲，从而达到自我教育的目的。

4. 突出集体中的个性

拓展训练实行分组活动，强调集体合作。力图使每一名参与者竭尽全力为集体争取荣誉，同时从集体中吸取巨大的力量和信心，在集体中显示个性。

5. 培训效果明显

与常规的技能培训不同，拓展培训更多意义上是针对态度的培训。对于企业而言，员工工作态度往往决定了其工作绩效，这就给予拓展训练一个非常广阔的生存空间。从参训企业的普遍反馈来看，拓展训练对于改善团队质量具有非常明显的作用。

16.1.3 拓展训练的作用

拓展训练是以一种体验式的学习，将大部分的课程安排在户外，精心设置了一系列新颖、刺激的情景，让参与者主动去体会、去解决问题，在参与体验的过程中，让他们的心理受到挑战，思想得到启发，在特定的环境中去思考、发现、醒悟，对个人、团队重新认识，重新定位。具体来讲，通过拓展训练的作用主要体现在以下三方面。

1. 增强团队意识

参加拓展训练中很多项目都是要一个团队才能完成的，比如赛龙舟，一艘庞大的龙舟，一两个人是不可能完成的，要一个团队才可以完成，而且还要有相互配合，共同协作。在参与的项目中，参训者可以亲身体验团队的伟大力量，增强团队成员的责任心与参与意识，以及相互支持的团队精神和群体合作意识。在工作中，有些任务亦是如此。一个人的力量是渺小的，集体的力量是庞大的。

2. 提升挑战自我的勇气

拓展训练的项目有一些是有一定的难度，考验参与者的反应能力和心理极限。例如，“扎筏泅渡”训练项目的时间在 90 min 左右，大家利用一些油桶、竹子造一艘船，在规定的时间内到达目的地。这让很多人认为这是一个不可能完成的任务，但最后通过大家的努力，在规定时间内完成了任务，扬帆远航。这让所有参训者挑战了自我，面对困难时不会退缩，迎难而上。

3. 激发团队成就感

参训者在克服困难，顺利完成项目后，自己会体会到发自内心的胜利感、自豪感和喜悦感，获得人生难得的体验，也是一个美好的回忆。例如，在“扎筏泅渡”训练项目中，坐上自己搭的船扬帆起航，完成一个看似不能完成的任务，这种满满的自豪感能够进一步激发团队的成就感。

16.2 拓展训练项目

最常见的素质拓展活动项目主要分为以下 4 种：高空项目、中空项目、低空项目和地面项目。

16.2.1 高空项目

1. 高空断桥

1）项目概述

高空断桥是一个以个人挑战为主的项目，属于高空心理冲击项目，整个过程需要一个人独立完成。这个项目就是在距离地面 8 m 的高空搭起了一座独木桥，而这个桥的中间是断开的，间距为 1.2～1.8 m，要求所有队员爬上 8 m 的高空后，从一侧迈到另一侧，再从另一侧迈回来，最后原路返回，并要求队员完成两次跨越。

2）培训目标

（1）克服恐惧，勇往直前，认识自我，战胜自我。

(2) 认识心理对行为的影响，学会舒缓心理压力。

(3) 认识面对困难的互助精神，培养团队意识。

(4) 理解自我说服与自我鼓励、鼓励他人和获取鼓励的重要性。

3) 注意事项

(1) 事先了解学员病史，特别关注具有高血压和心脏病史的学员，不能强求他们参加。

(2) 培训师在断桥上必须时刻关注下面学员的情况：安全用具的穿戴，上升器的位置，提醒其他学员不要站在断桥的正下方，不要擅自攀爬器械。

(3) 学员来到桥上后先让他站在相对安全的位置，挂好铁锁，由培训师亲自复查学员的安全带、头盔的松紧情况。

(4) 培训师在帮学员时，如需换位，不得互换铁锁。

(5) 从学员上来开始直至学员下至地面，培训师要全程监控学员的安全。

(6) 注意调节气氛，适时给学员以鼓励。

(7) 在换保护时，严禁学员在高空中出现真空现象。

(8) 随时根据学员的身体情况调整断桥的跨度。

2. 垂直天梯

1) 项目概述

垂直天梯也叫巨人梯，是一个以两人共同挑战和团队配合相结合的项目。该项目具有一定的难度和心理冲击力，相对需要消耗较大体力。学员都要在穿好安全装备的情况下，以组为单位，沿着天梯尽力向上爬。当所有学员都脚踩第五根，手扶第六根时，项目成功。

2) 培训目标

(1) 全力以赴、合理分工、相互鼓励、充满信心、克服心理障碍是完成项目的保证。

(2) 培养学员相互协作完成目标的意识。

(3) 感受团队内部人员合理搭配对实现整体目标的价值。

(4) 体会阶段性目标对实现最后目标的意义。

(5) 共同学习、总结经验对提高整体工作的重要性。

(6) 珍惜别人的帮助，懂得感恩是能够继续前进的无形助力。

3) 注意事项

(1) 严格要求学员摘除身上装、戴的硬物。拓展教练必须亲自检查学员安全带、头盔的穿戴，并亲自给学员摘挂主锁，挂锁前应将保护绳的拧转除去。

(2) 若发现学员拉拽胸前的保护绳，应立即制止。

(3) 教练在每位学员开始攀登前必须要求收紧保护绳，两名学员攀登到第一根横木后，教练应该站在攀爬学员身后，双手伸出，防止学员坠落。

(4) 学员意识到两人应相互合作时候，提示学员踩踏的安全部位，必须踩大腿或者肩膀。学员攀爬由静止转为动态的时候，一定要收紧保护绳。

(5) 监控保护学员的人数与保护动作，项目进行过程中不断强调安全事项。学员攀上第二根横木后，教练应该站到攀爬学员对面指导。

(6) 天梯下禁止站人，学员完成挑战后，禁止两人同时下降。可以组织其他非保护人员，将天梯固定或者略拉向下降学员的另一侧。

(7) 全体学员轮流，如第一组学员攀登，第二组准备，第三组主保护，第四组副保护，以此类推。

(8) 如果要求学员内部组织分组，一定要观察和提醒分组是否合理，如有不妥，及时纠正。

3. 空中抓杠

1) 项目概述

空中抓杠是一个以自我挑战为主的项目，属于高空高难度项目，整个过程需要独立完成。每一位学员都要独立爬上 9 m 高的高台，并在直径仅为 25 cm 的圆盘上站立，然后从圆盘上奋力越出，去抓住横在空中的单杠。

2) 培训目标

(1) 挑战自我，克服心理障碍，增强自我控制的能力，建立培养自信心。

(2) 面对机遇，果断把握，增强自我决断的能力。

(3) 积极的心态去争取和获得机会。培养学员一种战胜自我，挑战自我心理极限的健康心态，树立为团队荣誉而战的信心与决心。

(4) 掌握目标管理与控制的成功经验。

(5) 通过相互鼓励、相互保护，体验学员之间相互信任相互负责的团队精神。

3) 注意事项

(1) 学员开始之前，应由队长带领全队队员为其加油——全体队员将手放在即将挑战自我的学员的头部、肩部，整齐地大声喊出其名字及“加油”等话语。

(2) 项目进行期间，其他队员应关注挑战自我的队友。

(3) 教练须示范讲解安全带、安全头盔的穿戴使用方法，进行上桥攀爬前须进行安全检查(特别注意安全带反扣和女学员的长发，长发者应将长发束入盔内，头发特别长的应放入衣服内)。

(4) 讲完规则时应让学员在地面实验跳跃几次，熟悉动作要领，大致了解自己能跳的距离。

(5) 教练与学员及时沟通，给予足够的鼓励。

(6) 下方保护人员高度集中注意力。

(7) 学员下降时，要注意身体与起跳台立杆不要相互碰撞。

(8) 学员在没有安全保护措施的情况下严禁攀上训练架。

16.2.2 中空项目

1. 信任背摔

1) 项目概述

信任背摔要求每一位学员轮流站在 1.6 m 左右高的背摔台上，背对着大家，按照培训师要求的动作，准备完毕，直身向后倒去，小组其他成员在其身后用双手做保护，接住倒下的学员。根据培训师的要求，所有学员体验信任与被信任。

2）培训目标

（1）建立团队成员之间相互信任的基础。

（2）通过身体接触，打破大家之间的隔膜，尽快地进入培训情景。

（3）学习换位思考，感受信任与被信任的不同心理。

（4）向自我挑战，提高心理素质，战胜恐惧。

（5）规范自我行为同社会、集体利益的关系。

3）注意事项

（1）项目开始前，让所有学员将所有尖锐物件摘下，并把衣兜掏空，有戴眼镜的学员要提醒其摘掉眼镜。

（2）如果是外训，用桌椅搭成的背摔台，请学员扶住桌椅。

（3）如果学员不足 11 人，不能做此项目。

（4）如果接人的学员回答不整齐不响亮，务必请大家重来一遍。

（5）所有的学员都要给予任务，不要有旁观者。

（6）当学员被接住之后，提醒大家“先放下脚”。

（7）如果学员在项目过程中秩序混乱，培训师必须停下项目，并向主带培训师汇报。

（8）要格外关注并采取措施保护体重在 100 公斤以上的学员。

2. 求生墙

1）项目概述

求生墙是由二战时期的军舰上的水手发明的，也是真正意义上的活命——当时的军舰下层水手几乎都是赤身裸体地在船舱最底层工作，所以没有绳子作为工具，军舰被击中，即将沉没，正常出口堵塞，只有爬墙，墙高四米，无法独立通过。因为常常将它安排在最后一个项目，所以也叫毕业墙或者胜利墙。该项目要求全队所有成员在规定的时间内翻越一面高为 4 m 的光滑墙面，在此过程中，不能借助任何外界的工具，如衣服、皮带、绳子等。参与者所能用的资源只有每个人的身体。

2）培训目标

（1）在热烈的气氛中感受团结一致、共渡难关的团队精神。

（2）让学员亲身体验从小团队到大团队，从低效团队到高效团队的转变过程。相互配合，相互支持的团队精神和整体意识，形成从容有序的团队运作风格。

（3）通过集体成功所带来的巨大喜悦，激发学员更多的信心和热情。

（4）发掘员工在工作上的更多潜能，认识到团队的力量是来自不同特长的学员。

3）注意事项

（1）所有人都要摘去身上的一切硬物，如手表、门卡、眼镜、钥匙、戒指、发卡等，穿硬底鞋、胶钉底鞋的学员必须脱掉鞋子。

（2）活动之前所有的学员必须做充分的热身运动。

（3）在送人上墙的路途时，切忌人仰马翻，否则有脑震荡的危险，不能掉以轻心，不要认为已送人上墙，就可放手，一定要确认其已攀附上墙，且有能力翻过墙时才能放手。攀爬的人的背后的保护人员不可当观众，一定要时刻注意，切不可让攀爬的人后仰摔下。

(4) 没有参加比赛的队伍到墙的另一边充当保护人员，不可当观众。

(5) 注意海绵垫的范围一定要铺平，避免扭伤脚。

3. 高台演讲

1) 项目概述

高台演讲是在一个架设好的高台上，面对下面的众人，按照既定题目在规则规定的时间内进行演讲。

2) 培训目标

(1) 在公众面前的语言表达能力。

(2) 时间的掌控和感觉能力。

(3) 体验压力下的表达组织能力。

(4) 对主题任务的全面掌握和分配能力。

(5) 学习和倾听能力。

(6) 感受不同人员的不同心智，并从中发现自己。

3) 注意事项

(1) 每个学员都必须参加，所有学员轮流站到高台上进行演讲。

(2) 演讲时间不能少于 4 min。

(3) 当每位学员在高台上进行演讲时，下面的学员(除去特殊情况下需要监控安全的学员)要全神贯注目视演讲学员，并且每分钟要鼓掌一次，以示激励。

(4) 当最后演讲结束时，大家要对刚刚进行演讲的学员进行鼓掌庆祝并以更热烈的掌声欢迎下一名演讲者。

(5) 不限制演讲的体裁及演讲者的身体动作。

(6) 高台的面积不能太小，防止高台上学员不慎跌落受伤。

16.2.3 低空项目

1. 生死电网

1) 项目概述

生死电网是一项团队合作项目，在全体学员面前悬挂一张“电网”，网上的洞口大小不一，要求学员在 40 min 内，从网的一边依次通过到达另一边。在此过程中，学员的任何部位都不允许碰网，否则洞口将被封闭，每一个洞口只能用一人次。

2) 培训目标

(1) 培养团队成员的沟通意识。

(2) 理解团队领导人及其领导风格对完成任务的影响和重要作用。

(3) 培养团队决策能力。

(4) 使学员理解角色定位及尽职尽责地完成本职工作的重要性。

3）注意事项

（1）检查场地是否有坚硬物，确定网绳与立柱的牢靠性。要求学员把身上的硬质物品放在安全的地方。

（2）学员被托起后任何时候不得将其抛起或者松手，放下时先放脚，待其站稳后所有保护学员才能松手。

（3）对贸然尝试、触摸电网、蹿跃等动作做出相应惩罚，如封网或带上眼罩。

（4）拓展教练注意站位，保持在人少的一边。

（5）设置网眼时，三角形网眼不得超过总网眼数的 1/3，以适当降低对学员的心理冲击力。

（6）如有体重过大的学员，在腰高的部位适当调整出相对容易的网眼。

2. 雷区取水

1）项目概述

学员在规定时间内，在一个直径 5 m 的雷区中间有一个水源（瓶装矿泉水），起始线至水源区为危险区，所有伙伴身体的任何一部分均不可以触碰危险区，如违反则需重新开始挑战。团队要在用两根 15 m 长的绳子，不接触危险区的情况下取到全体学员的救命水，并且水不能洒出。雷区取水团队挑战人数一般为 14 人左右，项目完成时间为 90 min 左右。

2）培训目标

（1）培养学员思维创新的能力。突破自我限制，有创意地完美解决问题。

（2）培养团队的沟通能力，组织，协作，协调的技巧。

（3）培养团队的集体荣誉感，培养学员们为团队勇于奉献的精神。

3）注意事项

（1）选择安全、平稳的场地。

（2）人与人之间的安全保护要进行标准示范讲解。

（3）项目开始时，请参与者摘取身上所有的硬物。

（4）抓手腕时采取最佳的腕与腕相扣的原则保护。

（5）开始前活动身体的头、肩、腰、膝等各个环节。

16.2.4 地面项目

1. 盲人方阵

1）项目概述

盲人方阵也叫黑夜协作，是一个团队挑战为主的项目。每个学员都戴上眼罩并围站成一圈，教练给学员一根长度适合的绳子或者几根长度适合的绳子，要求团队将绳子分别摆放成各种形状——正三角形、正方形等。同时所有的学员须大致均匀地分布在正几边形的边上。盲人方阵团队挑战人数一般为 10～20 人、项目完成时间为 40 min 左右。

2）培训目标

（1）培养团队成员的沟通意识。

(2) 理解团队领导人及其领导风格对完成任务的影响和重要作用。

(3) 培养团队决策能力。

(4) 培养学员科学的思维方式。

(5) 使学员理解角色定位及尽职尽责地完成本职工作的重要性。

3) 注意事项

(1) 要求地面平整,周围没有障碍物。给学员讲清楚安全要点,严格监督安全操作,保证学员的安全。

(2) 学员戴上眼罩后一定要强令将双手放在胸前或正前,严禁背手行走,严禁打闹疯跑,严禁蹲坐在地上。

(3) 不要让绳子绊倒学员,强调学员不要猛烈甩动绳子以免打伤其他学员的面部。

(4) 及时阻止学员向不安全的地方移动,提醒学员摘眼罩的时候要背对阳光。闭上眼睛,摘下眼罩,过一会儿再慢慢睁开眼睛。

(5) 避免在暑期烈日下完成任务及在其他天气环境恶劣条件下完成任务。

(6) 布课时强调"一堆绳""面积最大""正方形""人均匀分布"。

(7) 回顾总结的时候不要围绕正方形纠缠不清,尽快让学员联系理论与生活实践回顾分享。

(8) 不宜让学员戴上眼罩走很长距离再开始项目,提高班的学员可以验证正方形或者相关。

2. 驿站传书

1) 项目概述

全组学员排成一列,每个学员相当于一个驿站,教练把一个带有 7 位数以内数字的信息卡片交到最后一位学员手中,要求每一组学员由后向前在最短时间内将数字传递到该组的第一名学员。当这名学员收到信息以后要迅速举手,将数字写在纸片上交给教练。驿站传书共进行四轮,团队挑战人数一般为 7 人左右,项目完成时间为 40 min 左右。

2) 培训目标

(1) 了解沟通的过程和要素。

(2) 体会沟通中的组织障碍及控制。

(3) 认识到突破性思维的益处。

(4) 善于利用规则。

(5) 增强相互合作的团队精神。

3) 注意事项

(1) 严禁从嘴里发出任何声音。

(2) 严禁扭转头至后面。

(3) 任何人不得移动,即不能离开自己的位置。

(4) 后面的学员的手的活动区域不能超过其前面学员的背部的横截面。

(5) 前面的学员的手的活动区域不能超过自己的背部的横截面。

(6) 后面的学员的脚的活动区域不能超过其前面学员的背部的横截面。

(7) 不准传递任何物品。
(8) 不得使用手机等通信工具。
(9) 若出现违规的现象,由培训师监督提醒,超过 2 次的小组取消本轮成绩。

16.3 拓展运动

16.3.1 定向越野

定向源自瑞典语 orientering 一词,其原意是:借助地图和指北针,穿越未知地带。定向越野作为一种新兴的,利用地图和指北针导航的运动,在世界各地正吸引着越来越多的人参与并为之狂热。它既是一种户外休闲、娱乐运动,又是一种竞技运动。

1. 定向越野的起源与发展

19 世纪末、20 世纪初,欧洲北部斯堪的纳维亚半岛广阔而崎岖不平的土地上覆盖着一望无际的森林,散布着无数的湖泊。城镇、村庄稀疏散落,人们的交通主要是依靠那些隐现在林中湖畔的弯弯曲曲的小路。在这样的地理环境中生活,理所当然地要比别的地方更需要地图和指北针,否则,要想穿越那茫茫林海是十分困难的。正因为如此,那些最经常地在斯堪的纳维亚半岛山林中行动的军队,便成了开展定向运动的先驱。他们深知,如果不具备在山林地辨别方向、选择道路和越野行进的能力,就不能完成保卫国家的重任。1918 年,瑞典一位名叫吉兰特的童子军领袖组织了一次叫作"寻宝游戏"的活动,引起参加者的极大兴趣,这便是定向运动的雏形。由于这个活动组织方法简便,不仅对提高野外判定方向的能力及学习使用地图有好处,还能够培养和锻炼人的勇敢顽强精神,提高人的智力、体力水平。开展定向运动不需要其他体育项目那样在场地与器材上支付大量经费,娱乐性与实用性兼备,因此日益受到军队的重视,并且很快在民间流传开来。

早期的定向越野运动只在北欧国家流行,有资料记载的第一次定向越野比赛是在 1897 年由挪威举办的公开赛。1932 年举行了第一次世界定向锦标赛。第二次世界大战期间,驻扎在英国的挪威反抗军将这项运动引进英格兰,并迅速在热爱户外活动的英国人民中大受欢迎。其后,定向越野活动传播到美国、加拿大、澳大利亚、日本等国家,成了一项世界性的体育活动。1961 年,国际定向越野联合会在丹麦的首都哥本哈根成立,最初的成员国有十个,分别是保加利亚、捷克斯洛伐克、丹麦、德意志民主共和国(东德)、芬兰、匈牙利、挪威、瑞典、瑞士和德意志联邦共和国(西德)。总会制订了定向越野运动的一系列项目和规则。1977 年定向越野运动得到国际奥林匹克委员会的承认。至 2008 年,国际定向越野运动总会已经有 69 个会员国。

2. 定向越野的器材

1) 地图

地图是定向越野最重要的器材,它的质量的好坏直接关系到比赛过程是否安全、结果是否公正。为了方便使用者比较、辨别地面的障碍程度，同时保持地图在越野中的清晰易读，定向地图应尽可能多地表示出各种地物、地貌的特征，特别是在有植被的情况下，应使用较多的鲜艳色彩来表现图中的内容。

(1) 比赛路线：由赛事组织者印刷或手绘在地图上，与比赛地图一齐发给比赛人员使用。

(2) 地图比例尺：比例尺是地图上最重要的参数之一，要想学会、识别、使用地图，首先应该懂得比例尺。

(3) 地图符号：地图符号是地图与用图者对话的语言，是我们获取现地地形信号的唯一来源，因此完整、准确地识别符号是正确使用地图的前提。

(4) 地貌一等高线的识别：地貌是地表的高低起伏状态。

2) 指北针

指北针用于越野中辨别和保持方向，它是定向越野可借助的唯一合法器材，指北针的红色指针永远指向北方，要使红色指针永远与地图上标明北方的红色箭头或地图顶部红色横线保持方向一致，这样就不会迷失方向，知道自己身在何处。

3) 电子指卡、点鉴器和打印机

为了证明每个人找到并到访了各个检查点，赛前组织者每人发一个基于电子点鉴系统的成绩验证装置——电子指卡。越野员使用它时，把指卡头往点鉴器的打卡区域轻轻一靠，听到哗哗声或看到打卡器上的红灯闪烁，便可确信到访及到访时间已被记录，然后通过便携式热敏打印机就可以在越野员到达终点后立即打印出到达各个点标的时间、点与点之间的用时以及跑完全程的用时。

4) 点标

点标是设在各检查点的标志，用三面标志旗围成的“三角形灯笼”，每个面的标志旗呈正方形，沿对角线分开，左上方为白色，右下方为橙红色，尺寸为 30 cm×30 cm。每个点标上有一个编号，供运动员辨别是否要找的点标。

5) 号码布

当比赛的级别较高、运动员较多时，这是用来识别队员的必需品，保证裁判工作的正常进行。

6) 检查点说明表

检查点说明表是在越野员出发时，以表格的形式发给他们的一套世界统一的符号(和文字)系统。它可以使越野员在进入图上的检查点圆圈之后，不必再为寻找点标的位置而东奔西跑。

3. 定向越野分类

(1) 定向越野按运动工具的不同可分为两种：一是徒步走向，如传统定向越野跑、接力定向、积分定向、夜间定向、五日定向、校园定向、公园定向等；二是工具走向，如滑雪定向、山地自行车定向、摩托车定向等。

(2) 定向越野按性别的不同可分为男子组和女子组。

(3) 定向越野按年龄的不同可分为青年组、老年组和少年组。

(4) 定向越野按技术水平的不同可分为初级组(体验组和家庭组)、高级组和精英组。

(5) 定向越野按参加人数的不同可分为个人单项、个人双项和集体项。

4. 定向越野基本技术

1) 地图正置及拇指辅行法

(1) 动作要领。

先将地图正置,把拇指放在地图上自己的位置。这样你要前进的方向便在地图前面,使你清楚观察四周的环境及地理特征。当前进时,拇指随着移动,当改变前进方向时,地图也要随之转移,即保持地图北向正北方。那样你可以在任何时候都能立即指出自己在图中的位置,可省不少时间和精力。

(2) 练习方法。

①明确自己的站立点、比赛路线、到达的目标。

②转动地图,使地图与现地的方向一致。

③以左手拇指压于站立点上(此时要把拇指想象为你自己)。

④开始行进。

2) 指北针与地图结合使用法

(1) 动作要领。

利用指北针与地图,准确地找出目标的方向,每次前往目标前,可先观察目标周围的地势,加深印象,务求快速及准确地到达目的地。

(2) 练习方法。

①标定地图。

标定地图就是为了使定向地图的方位与现地的方向相一致。

• 概略标定:定向地图的方位是,上北、下南、左西、右东,当我们正确地辨别了方向之后,只要将地图的上方对着北方,地图即已标定。

• 利用磁北线标定:先使透明式指北针圆盒内的定向箭头“3”朝向地图上方,并使箭头的平行线与地图上的磁北线重合(或平行),然后转动地图,使磁针北端对正磁北方向,地图即已标定。

• 利用直长地物标定:利用直长地物(如道路、土垣、沟渠、高压线等)标定地图首先应在图上找到这段直长地物,对照两侧地形,使图与当前所在地各地形点的关系位置概略相符,然后转动地图,使图上的直长地物与当前所在地的直长地物方向一致,地图即已标定。

• 利用明显地形点标定地图:当你位于明显地形点上,并已从图上找到该地形点的位置(即自己所在的站立点)时,可以利用明显地形点标定地图。其方法是:先选择一个图上与当前所在地都有的远方明显地形点(目标),然后转动地图,使图上的站立点至目标的连线与当前所在地的站立点至目标的连线相重合,此时地图即已标定(利用明显地形标定地图)。

②对照地形。

通过仔细地观察,使图上和现地的各种地物、地貌一一“对号入座”,即相互对应。对照地形在定向越野比赛中的作用主要有两个:一是在站立点尚未确定时——只有正确地对照地形，才能在图上找出正确的站立点位置；二是在站立点已经确定，需要变换行进方向时——只有通过对照地形，才能在当前所在地找到已选定的最佳行进路线。对照地形一般应先标定地图，然后根据不同的需要采用不同的对照方法。

• 在站立点尚未确定前：首先应概略地标定地图，然后迅速地观察一下周围，记清最大或最有特征的地物、地貌的大概方位与距离，并从图上找到它们，此时站立点的位置即可概略地确定。若想较精确地确定，则需按下面所介绍的方法去做。

• 在站立点已经确定之后：同样首先应概略地标定地图，然后从图上查明自己选定的越野路线上靠近前方两侧的特征物，同时记清它们的大概方位与距离，并将它们在当前所在地辨别出来，然后再前进。如果因为地形太复杂，如山丘重叠、形状相似等，不易进行对照，可以先采用较精确的方法标定地图，然后用带刻度尺的指北针的长边切站立点和特征物，并沿这条直长边向前瞄准，则特征物一定在此方向线上。若此方法还不能解决问题，应变换对照位置，或者登高观察和对照。在这里需要特别强调的是，无论在什么情况下进行当前所在地对照地形，都必须特别注意观察和对照地形的顺序与步骤问题。当前所在地对照地形的顺序一般是：先对照大而明显的地形，后对照一般地形；由近及远，由左至右；由点及线，由线及面；逐段分片，有规律地进行对照。在步骤方面，首要的、也是必不可少的是要保持地图方位与当前所在地方位的一致，然后再根据不同需要进行下面的步骤。

③确立站立点。

• 直接确定：当自己所处位置是在明显地形点上时，只要从图上找出该地形点，站立点即可确定。这是一种在行进中，特别是奔跑中最常用的方法。可以称得上是明显地形点的地物主要有三种：单个的地物；现状地物的拐弯点、交叉点（呈“十”字形）、交汇点（呈“丁”字形），直接确定利用道路交汇点和端点；面状地物的中心或者有特征的边缘。可以称得上是明显地形点的地貌主要有：山地、鞍部、洼地；特殊的地貌形态，如陡崖、冲沟等；谷地的拐弯、交叉和交会点；山脊、山背线上的转折点、坡度变换点。

• 利用位置关系确定站立点。当站立点位于明显地形点附近时，可以采用位置关系法。利用位置关系法确定站立点主要是依据两个要素：一是站立点至明显点的方向；二是站立点至明显点的距离。在地形起伏明显的地方，还可以结合高度差情况进行判定。

3）搜集途中所遇特征

（1）动作要领。

辨别前往控制点途中所遇到的地理特征，确保前进方向及路线正确。切勿将相似的特征误认。

（2）练习方法。

当站立点距离检查点较远，途中地形又很复杂时，可用“导线法”。行进过程中，要多次利用各个明显地形点，确保前进方向与路线的正确性。需要注意的是，切勿将相似的地形点用错。

4）攻击点

（1）动作要领。

先找出控制点附近特别明显的特征，然后利用指北针，从攻击点准确而迅速地前往控制点。攻击点必须是容易辨认的，如电塔架、小路交点等。

（2）练习方法。

当检查点附近有高大、明显的地形点时，可用“借点法”。行进前，要先将目标辨认清楚，然后用最快的速度前往检查点。

5）数步测距

（1）动作要领。

先在地图上量度两点间的距离，然后利用我们的步幅准确地测量要走的路程。

（2）练习方法。

站立点（或辅助点）与检查点在同一高度，或站立点（或辅助点）与检查点之间的可通行或无其他不利奔跑的障碍物时，可用“水平位移法”沿着等高线走。先量度 100 m 我们所需步行的步数（设 120 步），当我们在地图上发觉由起点到第一点的距离是 200 m 便可计算出应走 240 步。为了减少步数的数目，我们利用“双步数”，只数右脚落地的一步，便可把步数减半。上面的例子双步数为 120 步。

6）目标偏测

（1）动作要领。

利用指北针前进，把目标偏移，当到达目标的上面或下面时，才沿“扶手”进入目标。

（2）练习方法。

当检查点位于线状地形上或其附近时，所处的位置因与其相对而不是顺延，此时如果我们直接瞄准它前进，途中多种因素造成的偏移一定会使越野员在到达该线状地形后，不知检查点在何方（应该向左找还是向右找）。相反，假如一开始我们就有意识地将目标方向往左或往右偏移一定的角度，则在到达线状地形后就非常明确检查点所在的位置了。

16.3.2 轮滑

1. 轮滑运动简述

轮滑运动，过去人们一般称之为“滑旱冰”，它是水、冰在陆上辅助训练过程中逐渐演变形成的运动项目。苏格兰人 Dutchman 在 1700 年创造性地制造了第一双轮滑鞋，从此轮滑运动在欧洲诞生并开始发展。

真正的轮滑鞋是由美国的詹姆斯·普利姆普顿于 1863 年发明的，是一双 4 个轮子且轮子并排排列的轮滑鞋。1866 年，詹姆斯在纽约投资开办了第一座室内轮滑场，并组织了纽约轮滑运动协会，首次将轮滑运动列入体育运动正式比赛项目，轮滑运动迅速传遍欧洲各国。1879 年，英国成立了国家滑冰协会，四年后，轮滑运动也归该协会管理。1924 年，国际轮滑联合会成立，现在总部设在西班牙的巴塞罗那。

作为一种娱乐项目，轮滑于 19 世纪末传入我国。而作为一个体育项目，轮滑在 20 世纪 80 年代初才开始在我国发展起来。目前，轮滑运动在我国还处于发展阶段，但作为一种休闲运动，早已在全国各地普及了。目前我国几乎所有大中城市都开展了轮滑运动，每个城市至少都有几个溜冰场，不仅青少年参加，一些老年人、中年人也纷纷参与，成为一项普及面较广的群众性体育运动。2006 年，在苏州举行的世界杯环太湖轮滑马拉松赛上，共计约 1500 名选手参加了本次比赛。另外，有 5 名轮滑爱好者分别在 2005 年和 2006 年成功完成了国内首次环青海湖之旅和西藏行。

2. 轮滑基本技术

1）陆上模仿练习

陆上模仿练习是指在不穿轮滑鞋的情况下，在平地或草地、沙地上进行正确的轮滑姿势和技术动作的模仿练习。

（1）基本姿势。

上体微前倾，膝关节弯曲成 140°角左右，小腿微前弓，脚踝约成 80°角。全身自然放松，两脚间距 15～20 cm，身体重心落在两脚之间。

（2）静蹲。

上体前倾，腰背部放松，含胸收腹屈膝，两脚平行开立相距 5～10 cm，两臂自然下垂或背于腰后，眼看前方 5～6 m 处，重心落在两脚中间。

（3）侧蹬。

在基本姿势或静蹲的基础上，上体向左侧倾倒，重心落在左腿上，左膝关节位于胸下方，右腿向侧平行伸出，蹬直后再以大腿带动小腿收回原位，换左腿侧蹬出。

2）轮滑的基本站立

（1）“丁”字脚站立。

两脚成“丁”字靠拢站立。前脚跟靠住后脚弓，上体稍前倾，重心略偏于后脚。

（2）外“八”字脚站立。

两脚尖外展 40°～50°呈“八”字，脚跟靠住站立。上体稍前倾，重心落在两脚中间。

（3）平行站立。

两脚平行分开稍窄于肩，脚尖稍内扣，膝部微屈，重心落在两脚中间。如果练习者是穿单排轮滑鞋做此练习，则还要注意站立时两脚略向内侧倾倒，有利于稳定站立。

3）移动身体重心练习

（1）原地移动身体重心练习。

①原地左右移动身体重心，两脚平行站立，上体稍向一侧倾倒，逐渐将重心完全移动至一条腿上支撑，待稳定后再向另一侧移动。

②原地抬腿练习，两脚平行站立与肩同宽，两腿微屈，上体稍前倾，两臂自然下垂。身体重心移至左腿，右腿稍抬起、放下。然后身体重心移至右腿，左腿稍抬起、放下。练习时要注意放腿时应保持脚下的轮子同时着地。

③原地蹲起练习，两脚平行站立，做下蹲并站起动作。可先做半蹲，逐渐加大下蹲的程度和速度，直至快速深蹲并做短时间的静蹲后再站起。练习时要注意在屈伸踝、膝、髋三个关节时的协调配合。

（2）外“八”字脚行走练习。

两脚尖外展 40°～50°呈外“八”字脚站立，重心移至左脚上并前移，右脚稍抬起并向前迈进一小步，重心随之移至右脚上，然后抬左脚向前迈进一步，重心随之移至左腿上。反复进行练习，逐渐加快迈步频率和迈进距离。注意放脚时应尽量保持脚下的轮子同时着地。

（3）侧向迈步练习。

两脚平行站立与肩同宽，重心向左侧移动，随之左脚向左侧横跨一步，右脚迅速靠拢，待稳定后再进行向左侧的下一步。如此反复进行5～6步后再向右侧做相同练习。

（4）侧向交叉步练习。

两脚平行站立与肩同宽，重心向左侧移动，先将重心移至左腿上并继续向左移动稍超出左腿支撑点，收右腿，向左腿前外侧迈步成双腿交叉姿势，重心随之移至右腿上，成右腿支撑重心，接着收左腿，向左侧跨一步，成开始姿势，如此反复进行5～6步后再向右侧做相同练习，并注意逐渐加快迈步频率、迈进距离，放脚时应尽量保持脚下的轮子同时着地。

4）倒滑方法

（1）单脚“S”形倒滑法。

两脚前后开立相距30～40 cm，腿部放松，微屈膝关节，上体直立稍转体、转头看后方，重心落在两腿间靠后约1/3处。蹬地时，前腿膝关节内扣，以轮子的内刃蹬地，后腿直线向后滑行。这时前腿跟随后腿在同侧体前滑出一条型弧线，后脚跟略抬起，脚尖外展沿弧线的反向再以弧线收回至后腿的前方约20 cm处。如此反复推进、收回向后滑行。

（2）双脚“八”形倒滑法。

两脚平行开立相距20～30 cm，腿部放松，膝关节微屈，上体直立稍转体、转头看后方，重心落在两腿中间略偏后。蹬地时两脚尖靠拢，脚跟向外打开约45°，用两脚同时压轮子的内刃，向两旁推开，向外画弧，身体向后滑行一段距离。这时，两腿向内夹收，两脚改内“八”字为外“八”字，同样向内画弧，继续向后倒滑，当两脚跟靠近但尚未并拢时，双脚转变为内“八”字，同时往外推开。如此反复推进、收回。

（3）双脚交替倒滑法。

两脚开立，两脚尖靠拢，脚跟向外打开约45°，腿部放松，膝关节微屈，上体直立稍转体、转头看后方，重心落在两腿中间略偏后。蹬地时右脚以内刃向右侧前方用力蹬地，重心移到左腿上向左后方滑行；右脚蹬地结束后，迅速收回到左脚内侧，此时重心开始向右后方移动，左脚以内刃向左侧前方用力蹬地，重心移到右腿上向右后方滑行；左脚蹬地结束后，迅速收回到右脚内侧。如此反复两脚交替蹬地向后倒滑。

（4）倒滑压步法。

两脚平行开立相距20～30 cm，腿部放松，膝关节微屈，如向右做压步动作，则用左脚内刃蹬地，同时身体重心移向右侧成右腿支撑倒滑并将重心继续右移超出右腿支撑点，头肩右转看后方，左脚蹬地结束后以大腿带动小腿摆动至右脚的右前方落地成交叉并继续以内刃向后倒滑，此时右腿迅速向左后方蹬直，右腿蹬地结束后跨向弧线的内侧以轮子的外刃继续倒滑，完成一次压步动作，如此反复。向左做压步动作，则方向相反。

（5）倒滑制动法。

①倒滑“V”形制动法在向后滑行的过程中，两脚尖外展约40°，呈“V”形，两脚以轮子的外刃柔和地压紧地面，加大摩擦制动，两腿逐渐伸直，上体稍前倾。

②倒滑制动器制动法在向后滑行的过程中，身体稍前倾，两膝弯曲，两脚跟逐渐抬起，以脚尖前下方的制动器摩擦地面，起到减速制动的作用。

5）制动方法

（1）连续转弯减速法。

由于在轮滑的转弯技术中，除了弯道压步技术以外，其他的各种转弯方法都会对滑进的速度产生一定的消能作用，因此，我们在需要减速或停止的时候，可做连续的惯性转弯或短步转弯动作来消耗滑行的速度惯性，逐渐减速，达到制动的目的。这种方法有较简单而容易掌握、稳定性强且不易摔倒、并适合各种场地和轮滑鞋的优点，但它的减速距离长，制动速度慢。

（2）“A”形制动法。

当我们在滑行中需要减速或停止时，两脚与肩同宽或稍宽于肩，两膝微屈内扣，以轮子的内刃着地，两脚尖内扣成“A”形，重心落在两脚中间略偏脚跟处，脚跟用力向外张挤，利用轮子的内刃与地面的摩擦来起到减速制动的作用。这种方法由于两脚的形状与犁刀相似，因此在国外的一些资料中又称其为“犁式”制动法。它可使我们在直线上进行制动而无须转弯，但减速距离较长，制动速度较慢。

（3）“T”形制动法。

在向前滑行中，将重心放在左脚上，左膝微屈，同时抬起右脚，右脚脚尖外转，横放在左脚后成“T”形，以右脚的四个轮内侧面摩擦地面，减缓滑行速度，此时，重心下降并逐渐移向右脚，加大摩擦直到停止滑行。此方法可使我们在直线上进行制动，熟练后减速的距离可有效地缩短，提高制动速度。

（4）制动器制动法。

双排花样轮滑鞋的制动器因其安装在鞋尖的前下方，因而它的制动方法是以制动器摩擦地面达到减速制动目的。

单排轮滑鞋因制动器是装在鞋的后跟处，所以在快速滑行时不可突然用此方法，而应在采用其他方法减速后再用此方法做最后的急停。其方法是，在较慢速滑行时将装有制动器的脚放在前面，两脚前后开立，重心降低并移到后腿上，上体直立，同时前脚前伸，脚尖抬起用鞋后跟的制动器着地，并用适当的力量压地，使制动器与地面摩擦，达到降速制动的作用。

附录

国家学生体质健康标准(节选)

一、说明

(1)《国家学生体质健康标准》(以下简称《标准》)是国家学校教育工作的基础性指导文件和教育质量基本标准,是评价学生综合素质、评估学校工作和衡量各地教育发展的重要依据,是《国家体育锻炼标准》在学校的具体实施,适用于全日制普通小学、初中、普通高中、中等职业学校、普通高等学校的学生。

(2)本标准的修订坚持健康第一,落实《国家中长期教育改革和发展规划纲要(2010—2020年)》《国务院办公厅转发教育部等部门关于进一步加强学校体育工作若干意见的通知》(国办发[2012]53号)和《教育部关于印发〈学生体质健康监测评价办法〉等三个文件的通知》(教体艺[2014]3号)有关要求,着重提高《标准》应用的信度、效度和区分度,着重强化其教育激励、反馈调整和引导锻炼的功能,着重提高其教育监测和绩效评价的支撑能力。

(3)本标准从身体形态、身体机能和身体素质等方面综合评定学生的体质健康水平,是促进学生体质健康发展、激励学生积极进行身体锻炼的教育手段,是国家学生发展核心素养体系和学业质量标准的重要组成部分,是学生体质健康的个体评价标准。

(4)本标准将适用对象划分为以下组别:小学、初中、高中按每个年级为一组,其中小学为6组、初中为3组、高中为3组。大学一、二年级为一组,三、四年级为一组。

(5)小学、初中、高中、大学各组别的测试指标均为必测指标。其中,身体形态类中的身高、体重,身体机能类中的肺活量,以及身体素质类中的50米跑、坐位体前屈为各年级学生共性指标。

(6)本标准的学年总分由标准分与附加分之和构成,满分为120分。标准分由各单项指标得分与权重乘积之和组成,满分为100分。附加分根据实测成绩确定,即对成绩超过100分的加分指标进行加分,满分为20分;小学的加分指标为1分钟跳绳,加分幅度为20分;初中、高中和大学的加分指标为男生引体向上和1000米跑,女生1分钟仰卧起坐和800米跑,各指标加分幅度均为10分。

(7)根据学生学年总分评定等级,90.0分及以上为优秀,80.0～89.9分为良好,60.0～79.9分为及格,59.9分及以下为不及格。

(8)每个学生每学年评定,记入《〈国家学生体质健康标准〉登记卡》。特殊学制的学校，在填写登记卡时可以按规定和需求相应地增减栏目。学生毕业时的成绩和等级，按毕业当年学年总分的50%与其他学年总分平均得分的50%之和进行评定。

(9) 学生测试成绩评定达到良好及以上者，方可参加评优与评奖；成绩达到优秀者，方可获体育奖学分。测试成绩评定不及格者，在本学年度准予补测一次，补测仍不及格，则学年成绩评定为不及格。普通高中、中等职业学校和普通高等学校学生毕业时，《标准》测试的成绩达不到50分者按结业或肄业处理。

(10) 学生因病或残疾可向学校提交暂缓或免予执行《标准》的申请，经医疗单位证明，体育教学部门核准，可暂缓或免予执行《标准》，并填写《免予执行〈国家学生体质健康标准〉申请表》，存入学生档案。确实丧失运动能力、被免予执行《标准》的残疾学生，仍可参加评优与评奖，毕业时《标准》成绩需注明免测。

(11) 各学校每学年开展覆盖本校各年级学生的《标准》测试工作，《标准》测试数据经当地教育行政部门按要求审核后，通过“中国学生体质健康网”上传至“国家学生体质健康标准数据管理系统”。测试和数据上传时间由教育行政部门确定。

(12) 本标准由教育部负责解释。

二、单项指标与权重(大学)

单项指标与权重(大学)见附表1。

附表1　单项指标与权重

测试对象	单项指标	权重/%
大学各年级	体重指标(BMI)	15
	肺活量	15
	50米跑	20
	坐位体前屈	10
	立定跳远	10
	引体向上(男)/1分钟仰卧起坐(女)	10
	1000米跑(男)/800米跑(女)	20

注：体重指数=体重(千克)/身高^2(米^2)

三、评分表

评分表见附表2～附表4。

附表2　体重指数(BMI)单项评分表　(单位：千克/米)

等级	单项得分	大学男生	大学女生
正常	100	17.9～23.9	17.2～23.9
低体重	80	≤17.8	≤17.1
超重		24.0～27.9	24.0～27.9
肥胖	60	≥28.0	≥28.0

附表 3　大学各年级评分表

	项目	男生肺活量		女生肺活量		男生 50 米跑/秒		女生 50 米跑/秒		男生坐位体前屈/厘米		女生坐位体前屈/厘米	
等级	单项得分	大一大二	大三大四	大一大二	大三大四	大一大二	大三大四	大一大二	大三大四	大一大二	大三大四	大一大二	大三大四
优秀	100	5040	5140	3400	3450	6.7	6.6	7.5	7.4	24.9	25.1	25.8	26.3
	95	4920	5020	3350	3400	6.8	6.7	7.6	7.5	23.1	23.3	24.0	24.4
	90	4800	4900	3300	3350	6.9	6.8	7.7	7.6	21.3	21.5	22.2	22.4
良好	85	4550	4650	3150	3200	7.0	6.9	8.0	7.9	19.5	19.9	20.6	21.0
	80	4300	4400	3000	3050	7.1	7.0	8.3	8.2	17.7	18.2	19.0	19.5
及格	78	4180	4280	2900	2950	7.3	7.2	8.5	8.4	16.3	16.8	17.7	18.2
	76	4060	4160	2800	2850	7.5	7.4	8.7	8.6	14.9	15.4	16.4	16.9
	74	3940	4040	2700	2750	7.7	7.6	8.9	8.8	13.5	14.0	15.1	15.6
	72	3820	3920	2600	2650	7.9	7.8	9.1	9.0	12.1	12.6	13.8	14.3
	70	3700	3800	2500	2550	8.1	8.0	9.3	9.2	10.7	11.2	12.5	13.0
	68	3580	3680	2400	2450	8.3	8.2	9.5	9.4	9.3	9.8	11.2	11.7
	66	3460	3560	2300	2350	8.5	8.4	9.7	9.6	7.9	8.4	9.9	10.4
	64	3340	3440	2200	2250	8.7	8.6	9.9	9.8	6.5	7.0	8.6	9.1
	62	3220	3320	2100	2150	8.9	8.8	10.1	10.0	5.1	5.6	7.3	7.8
	60	3100	3200	2000	2050	9.1	9.0	10.3	10.2	3.7	4.2	6.0	6.5
不及格	50	2940	3030	1960	2010	9.3	9.2	10.5	10.4	2.7	3.2	5.2	5.7
	40	2780	2860	1920	1970	9.5	9.4	10.7	10.6	1.7	2.2	4.4	4.9
	30	2620	2690	1880	1930	9.7	9.6	10.9	10.8	0.7	1.2	3.6	4.1
	20	2460	2520	1840	1890	9.9	9.8	11.1	11.0	−0.3	0.2	2.8	3.3
	10	2300	2350	1800	1850	10.1	10.0	11.3	11.2	−1.3	−0.8	2.0	2.5

	项目	男生立定跳远/厘米		女生立定跳远/厘米		男生引体向上/个		女生 1 分钟仰卧起坐/个		男生 1000 米跑		女生 800 米跑	
等级	单项得分	大一大二	大三大四	大一大二	大三大四	大一大二	大三大四	大一大二	大三大四	大一大二	大三大四	大一大二	大三大四
优秀	100	273	275	207	208	19	20	56	57	3′17″	3′15″	3′18″	3′16″
	95	268	270	201	202	18	19	54	55	3′22″	3′20″	3′24″	3′22″
	90	263	265	195	196	17	18	52	53	3′27″	3′20″	3′35″	3′28″
良好	85	256	258	188	189	16	17	49	50	3′34″	3′32″	3′37″	3′35″
	80	248	250	181	182	15	16	46	47	3′42″	3′40″	3′44″	3′42″

续表

等级	项目	男生立定跳远/厘米		女生立定跳远/厘米		男生引体向上/个		女生1分钟仰卧起坐/个		男生1000米跑		女生800米跑	
等级	单项得分	大一大二	大三大四	大一大二	大三大四	大一大二	大三大四	大一大二	大三大四	大一大二	大三大四	大一大二	大三大四
及格	78	244	246	178	179			44	45	3′47″	3′45″	3′49″	3′47″
	76	240	242	175	176	14	15	42	43	3′52″	3′50″	3′54″	3′52″
	74	236	238	172	173			40	41	3′57″	3′55″	3′59″	3′57″
	72	232	234	169	170	13	14	38	39	4″02	4′00″	4′04″	4′02″
	70	228	230	166	167			36	37	4′07″	4′05″	4′09″	4′07″
	68	224	226	163	164	12	13	34	35	4′12″	4′10″	4′14″	4′12″
	66	220	222	160	161			32	33	4′17″	4′15″	4′19″	4′17″
	64	216	218	157	158	11	12	30	31	4′22″	4′20″	4′24″	4′22″
	62	212	214	154	155			28	29	4′27″	4′25″	4′29″	4′27″
	60	208	210	151	152	10	11	26	27	4′32″	4′30″	4′34″	4′32″
不及格	50	203	205	146	147	9	10	24	25	4′52″	4′50″	4′44″	4′42″
	40	198	200	141	142	8	9	22	23	5′12″	5′10″	4′54″	4′52″
	30	193	195	136	137	7	8	20	21	5′32″	5′30″	5′04″	5′02″
	20	188	190	131	132	6	7	18	19	5′52″	5′50″	5′14″	5′12″
	10	183	185	126	127	5	6	16	17	6′12″	6′10″	5′24″	5′22″

附表4 大学生加分指标评分表

	男生引体向上/个		女生1分钟仰卧起坐/个		男生1000米跑		女生800米跑	
加分/分	大一大二	大三大四	大一大二	大三大四	大一大二	大三大四	大一大二	大三大四
10	10	10	13	13	—35″	—35″	—50″	—50″
9	9	9	12	12	—32″	—32″	—45″	—45″
8	8	8	11	11	—29″	—29″	—40″	—40″
7	7	7	10	10	—26″	—26″	—35″	—35″
6	6	6	9	9	—23″	—23″	—30″	—30″
5	5	5	8	8	—20″	—20″	—25″	—25″
4	4	4	7	7	—16″	—16″	—20″	—20″
3	3	3	6	6	—12″	—12″	—15″	—15″
2	2	2	4	4	—8″	—8″	—10″	—10″
1	1	1	2	2	—4″	—4″	—5″	—5″

注：引体向上、1分钟仰卧起坐均为高优指标，学生成绩超过单项评分100分后，以超过的次数所对应的分数进行加分；1000米跑、800米跑均为低优指标，学生成绩高于单项评分100分后，以减少的秒数所对应的分数进行加分。

参考文献

[1] 胡志勇,彭福根.大学体育与健康[M].南京:南京大学出版社,2011.
[2] 杨乃彤,王建军.新编体育与健康[M].北京:人民体育出版社,2007.
[3] 邹师.大学体育健康教程[M].北京:北京体育大学出版社,2011.
[4] 何珍泉,李晖.大学体育[M].北京:北京体育大学出版社,2006.
[5] 陈志军,张君其.大学体育[M].苏州:苏州大学出版社,2014.
[6] 邓伟,刘锡洋.体育与健康[M].苏州:苏州大学出版社,2015.
[7] 陈永生.体育与健康[M].重庆:西南师范大学出版社,2009.
[8] 崔云霞.健美操[M].2版.北京:高等教育出版社,2010.
[9] 文雄,裘进.大学体育[M].重庆:重庆大学出版社,2015.
[10] 陈静,姜晓飞.体育与健康[M].镇江:江苏大学出版社,2015.